HISTOIRE DE L'EMPIRE DE RUSSIE SOUS PIEF
LA SIGNIFICATION DES IDIOTISMES EN ANGL. I
WANOSTROCHT • FRANÇOIS MARIE AROUET DE VOLTAIRE

Note de l'éditeur

Les descriptions livre, nous demandons aux libraires de manière visible avertir que le livre peut avoir de nombreuses fautes de frappe, le texte manquant, des images et des index.

Nous avons scruté ce livre en utilisant le logiciel de reconnaissance de caractères qui comprend une vérification orthographique automatique. Notre logiciel est de 99 pour cent exact si le livre est en bon état. Cependant, nous ne comprenons que même un pour cent peut être un nombre très ennuyeux de fautes d'orthographe! Et parfois tout ou partie d'une page est absent de notre exemplaire d'un livre. Ou le papier peut être décolorés par l'âge que vous ne pouvez plus lire le type. S'il vous plaît accepter nos excuses les plus sincères.

Après nous avons re-composition et la conception d'un livre, les numéros de page changent si l'ancien indice et table des matières ne fonctionnent plus. Par conséquent, nous avons souvent de les supprimer.

Nous tenons à la main relire et corriger les fautes de frappe et des indices, analyser manuellement et ajouter des illustrations, et traquer un autre exemplaire du livre pour ajouter n'importe quel texte manquant. Mais nos livres se vendent si peu de copies, vous auriez à payer jusqu'à un millier de dollars pour le livre comme un résultat.

Par conséquent, la mesure du possible, nous laissons à nos clients de télécharger gratuitement une copie de l'original typo sans livre numérisé. Il suffit de saisir le numéro de code-barres de la couverture arrière du livre de poche sous la forme du livre gratuit à www.general-books.net. Vous pouvez également bénéficier d'un abonnement d'essai gratuit dans notre club de lecture de télécharger jusqu'à quatre livres gratuitement. Il suffit de saisir le numéro de code-barres de la couverture arrière

sur le formulaire d'adhésion sur la même page. Le club du livre vous donne droit à choisir parmi plus d'un million de livres, sans frais supplémentaires. Il suffit de saisir le titre ou le sujet sur le formulaire de recherche pour trouver les livres.

Si vous avez des questions, pourriez-vous s'il vous plaît être bien vouloir consulter notre page Foire aux questions au www.general-books.net/faqs. cfm? Vous êtes également invités à communiquer avec nous là-bas.
General Books LLC™, Memphis, USA, 2012.

❧ ❧ ❧ ❧ ❧ ❧ ❧ ❧

HISTOIRE
    L'EMPIRE DE RUSSIE
    PIERRE LE GRAND.
    PREMIERE PARTIE.
    AVANT-PROPOS.

Dans les premières années du siècle où nous sommes, le vulgaire ne connaissait dans le Nord *de* héros *que* Charles XII. Sa valeur personnelle, qui *"tenait* beaucoup plus d'un soldat que d'un roi, l'éclat de ses victoires et même de ses malheurs, frappaient tous les yeux qui voient aisément ces Îrrands événements, et qui ne voient pas les travaux ongs et utiles. Les étrangers doutaient même alors que les entreprises du czar Pierre I. pussent *se soutenir;* elles ont subsisté, et *se sont* perfectionnées sous les impératrices Anne et Elisabeth, mais surtout sous Catherine II. qui a *porté* si loin la gloire de la Russie. Cet empire est aujourd'hui compté parmi les plus florissants Etats, et Pierre est dans le rang des plus grands législateurs. Quoique ses entreprises n eussent pas besoin de succès *%aux* yeux des sages, ses succès ont affermi pour jamais any. but. had. be lasting. have been. 'carried. in the.

sa gloire. *On juge* aujourd'hui que Charles XII. meritait d'être le premier soldat de Pierre le grand. L'un n'a laissé

que des ruines, l'autre est un fondateur en tout genre. *'J'osai kporter à-peu-près* ce jugement, *il y a trente années,* lorsque j'écrivis l'histoire de Charles. Les mémoires *qiion me fournit* aujourd'hui sur la Russie *"me mettent en état* de faire connaître cet empire, dont les peuples sont si anciens, et *chez* qui les lois, les mœurs et les arts, sont d'une création nouvelle. L'histoire de Charles XII. était amusante, celle de Pierre I. est instructive.

CHAPITRE PREMIER.
Description de la Bussie.

L'empire de Russie est le plus vaste de notre hémisphère; il s'étend d'Occident en Orient l'es

Îace de plus de deux mille lieues communes de 'rance, et il a plus de huit cents lieues du Sud au Nord dans sa plus grande largeur. Il *v*confine à la Pologne et a la mer Glaciale; il *Houche* à la Suède et à la Chine. Sa longueur *de* l'île de Dago à l'occident de la Livonie, jusqu'à ses bornes les plus orientales, comprend près de cent soixante et dix degrés; *e sorte que,* quand *on a midi* à l'Occident, ore *a près de* minuit à l'Orient de l'empire. Sa largeur est de trois mille six cents verstes du Sud au Nord, ce qui fait huit cent cinquante de nos lieues communes.

Nous connaissins si peu les limites de ce pays dans le siècle passé, que, lorsqu'en 1689 nous apprîmes que les Chinois et les Russes étaient en it is thought. 1 ventured. to give nearly.
thirty years ago. wim which I am supplied. cnable me. among. bordera uport. qjoins to. from. 'so that. it is noon. it is nearly. guerre, et que l'empereur Camhi d'un côté, et de Vautre les czars Ivan et Pierre envoyaient, pour terminer leurs différents, une ambassade à trois cents lieues de Pékin, sur les limites des deux empires, nous traitâmes d'abord cet événement tfe *fable.*

Ce qui est compris aujourd'hui sous le

nom de Russie ou des Russies est plus vaste que tout le reste de l'Europe et que ne le fut jamais l'empire Romain, ni celui de Darius conquis par Alexandre, car il contient plus de onze cent mille de nos lieues carrées. L'empire Romain et celui d'Alexandre n'en contenaient chacun qu'environ cinq cent cinquante mille, et il n'y a pas un royaume en Europe qui soit la douzième partie de l'empire Romain. *Pour rendre* la Russie aussi peuplée, aussi abondante, aussi couverte de villes que nos pays méridionaux, il *faudra* encore des siècles et des czars tels que Pierre le grand.

Un ambassadeur Anglais, qui résidait, en 1733, à Pétersbourg, et qui avait été à Madrid, dit, dans sa relation manuscrite, que dans l'Espagne, qui est le royaume de l'Europe le moins peuplé, on peut compter quarante personnes *par* chaque mille carré, et que dans la Russie on n'en peut compter que cinq: nous verrons au chapitre second si ce ministre ne *"s'est pas abusé.* Il est dit dans la *Dîme,* faussement attribuée au maréchal Vauban, qu'en France chaque mille carré contient à-peu-près deux cents habitants, *H'un portant l'autre.* Ces évaluations ne sont jamais exactes, mais elles servent à montrer l'énorme différence de la population d'un pays à celle d'un autre.

Je remarquerai ici que de Pétersbourg à Pékin on trouverait *à peine* une grande montagne dans la route; que les caravanes *pourraient* prendre as'a fiction. to make. will require. ".

wasnot mistaken. upon an average. hardly. mit. *'par* la Tartarie indépendante, par les plaines des Kalmoucks et par le grand désert de Kobi; et il est à *remarquer* que d'Archangelà Pétersbourg, et de P-étersbourg aux extrémités de la France septentrionale, en passant par Dantzick, Hambourg, Amsterdam, on ne voit pas seulement une colline un peu haute. Cette observation *% peut faire douter* de la vérité du système dans lequel *un veut* que les montagnes n'aient été formées que par le roulement des flots de la mer, en supposant que tout ce qui est terre aujourd'hui a été mer très long-temps. Mais comment les flots, qui, dans cette supposition, ont

formé les Alpes, les Pyrénées et le Taurus, n'auraient-ils pas formé aussi quelque coteau élevé de la Normandie à la Chine, dans un espace tortueux de trois mille lieues? La géographie ainsi considérée pourrait prêter des lumières à la physique, ou du moins donner des doutes.

Nous appelions autrefois la Russie *'du* nom de Moscovie, parce que la ville de Moscou, capitale de cet empire, était la résidence des grands ducs de Russie: aujourd'hui l'ancien nom de Russie a prévalu.

Je ne dois point Rechercher ici pourquoi on a nommé les contrées depuis Smolensko jusqu'au-delà de Moscou la Russie blanche, et pourquoi Hubner la nomme noire, ni pour quelle raison la Kiovie *doit être* la Russie rouge. *"Il se peut* encore que Madiès le Scythe, qui fit une irruption en Asie, près de sept siècles avant notre ère, ait porté ses armes dans ces régions, comme ont fait depuis Gengis et Tamerlan, et comme probablement on avait fait long-temps avant Madiès. Toute antiquité ne mérite pas nos recherches; celles des Chinois, des Indiens, des Perses, des Egyptiens, sont *"constatées* par des monuments through. 'to be observed. leaves room to doubt. it is assRrted. 'by ihe. it is not my business. to inquire. should be. "may be. ascertained. illustres et intéressants. Ces monuments en supposent encore d'autres très antérieurs, *puisqu'vil faut* un grand nombre de siècles avant qu'on puisse seulement établir l'art de transmettre ses pensées par des signes durables, et qu'il faut encore une multitude de siècles précédents pour former un langage régulier. Mais nous n'avons point de tels monuments dans notre Europe aujourd'hui si policée; l'art de l'écriture fut long-temps inconnu dans tout le Nord: le patriarche Constantin, qui a écrit en russe l'histoire de Kiovie, avoue que dans ces pays on n'avait point l'usage de l'écriture au cinquième siècle. *iQue d'autres* examinent si des Huns, des Slaves et des Tatars ont conduit autrefois des familles errantes et affamées vers la source du Borysthène. Mon dessein est de faire voir ce que le czar Pierre a créé, plutôt

que *de débrouiller* inutilement l'ancien chaos. Il faut toujours se souvenir qu'aucune famille sur la terre ne connaît son premier auteur, et que par conséquent aucun peuple ne peut savoir sa première origine.

Je *'me sers* du nom de Russes pour désigner les habitants de ce grand empire. Celui de Roxelans, qu'on leur donnait autrefois, serait plus sonore, mais il faut se conformer à l'usage de la langue dans laquelle on écrit. Les gazettes et d'autres mémoires depuis quelque temps emploient le mot de Russiens; mais comme ce mot approche trop de Prussiens, je wtV« *tiens à* celui de Russes que presque tous nos auteurs leur ont donné; et *Hl m'a paru* que le peuple le plus étendu de la terre *doit* être connu par un *Herme* qui le distingue absolument des autres nations, *y II faut* d'abord que le lecteur *se fasse,* la carte

'it requires. let others. 'to clear up. use the.

abide by. it appeared to me. ought. appellation. 'it is proper. form to himself. à la main, une idée *"nette* de cet empire, partagé aujourd'hui en seize grands gouvernements, qui seront un jour subdivisés, quand les contrées du Septentrion et de l'Orient auront plus d'habitants. *Voici quels sont* ces seize gouvernements, dont plusieurs renferment des provinces immenses.

DE LA LIVONIE.

La province la *plus voisine de* nos climats est celle de la Livonie. C'est une des plus fertiles du Nord. *EUe était* païenne au douzième siècle. Des négociants de Brême et de Lubeck *y commercèrent,* et des religieux *croisés,* nommés *%porteglaives,* unis ensuite à l'ordre teutonique, *s'en emparèrent* au treizième siècle, *dans le temps que* la fureur des croisades armait les chrétiens contre tout ce qui n'était pas de leur religion. Albert, margrave de Brandebourg, grand-maître de ces religieux conquérants, se fit souverain de la Livonie et de la Prusse brandebourgeoise, *vers* l'an 1514. Les Russes et les Polonais *se disputèrent "dès-lors* cette province. Bientôt les Suédois y entrèrent: elle fut long-temps ravagée par toutes ces puissances. Le roi de Suède, Gustave-

Adolphe, la conquit. Elle fut cédée à la Suède, en 1660, par la célèbre paix d'Oliva; et enfin le czar Pierre l'a conquise sur les Suédois, comme *on le verra* dans le cours de cette histoire.

La Courlande, qui *Hient* à la Livonie, est *toujours* vassale de la Pologne, mais dépend beaucoup de la Russie. *Ce sont-là* les limites occidentales de cet empire dans l'Europe chrétienne.

clear these are. nearest to. '1 its inhabitants were pagans. traded to this country.

'crusaders. 'sword bearers. made themselves mastersofit. at. when. 'about. disputed for the possession of. "from that time. will be seen. joins to. q still. 'those are.

GOUVERNEMENTS DE RÉVEL, DE PETERSBOURG, ET DE VIBOURG.

Plus *'au Nord, se trouve* le gouvernement de Rével et de l'Estonie. Rével fut bâtie par les Danois, au treizième siècle. Les Suédois ont possédé l'Estonie, depuis que le pays *"se fut mis* sous la protection de la Suède, en 1561; et *"c'est encore une* des conquêtes de Pierre. *Au bord* de l'Estonie est le golfe de Finlande. C'est à l'orient de cette mer, et a la jonction de la Neva, et du lac de Ladoga, qu'est la ville de Pétersbourg, la plus nouvelle et la plus belle ville de l'empire, bâtie par le czar Pierre, *malgré* tous les obstacles réunis qui s'opposaient à sa fondation. Elle *"s'élève* sur le golfe de Cronstadt, au milieu de neuf bras de rivières qui divisent ses quartiers; un *château* occupe le centre de la ville, dans une île formée par le *"grand cours* de la Neva: sept canaux *tirés* des rivières *"baignent* les murs d'un palais, ceux de l'amirauté, du *lchantier des galères,* et plusieurs manufactures. Trente-cinq grandes églises sont autant d'ornements à la ville; et parmi ces églises il y en a cinq pour les étrangers, soit catholiques-romains, soit reformés, soit luthériens: ce sont cinq temples *%élevés* à la tolérance, et autant d'exemples donnés aux autres nations. Il y a cinq palais; l'ancien que l'on nomme celui d'été, situe sur la rivière de Neva, est bordé d'une balustrade immense de belles pierres, tout le long du rivage. Le nouveau palais d'été, près de la porte triomphale, est un des plus beaux morceaux d'architecture qui soient en Europe; les bâtiments élevés pour l'amirauté, pour le corps des cadets, pour les northward. 'is. put itself. this is another.

on the. in spite of. is situated. fortress. main stream. eut. 'wash. 'dock for the gallies. 'raised. collèges impériaux, pour l'académie des sciences, la *bourse,* le *'magasin* des marchandises, celui des galères, sont autant de monuments magnifiques. La maison de la police, celle de la *kpharmacie* publique où tous les vases sont de porcelaine, le magasin pour la cour, la fonderie, l'arsenal, les ponts, les marchés, les *places,* les *casemes* pour la garde à cheval et pour les gardes à pied, contribuent à l'embellissement de la ville, autant qu'à sa sûreté. *On y compte actuellement* quatre cent mille âmes. Aux environs de la ville sont des *"maisons de plaisance* dont la magnificence étonne les voyageurs: il y en a une dont les *vjets-aVeau* sont très supérieurs à ceux de Versailles, *Il n'y avait rien* en 1702; c'était un marais impraticable. Pétersbourg est regardé comme la capitale de l'Ingrie, petite province conquise par Pierre I. Vibourg, conquis par lui, et la partie de la Finlande, perdue et cédée par la Suede en 1742, sont un autre gouvernement.

ARCHANGEL.

Plus haut, en *'montant* au nord, est la province d'Archangel, pays entièrement nouveau pour les nations méridionales de l'Europe, *ï prjj* son nom de saint Michel l'archange, sous la protection duquel il fut mis, long-temps après que les Russes eurent reçu le christianisme, qu'ils n'ont embrassé qu'au commencement du onzième siècle. Ce ne fut qu'au milieu du seizième que ce pays fut connu des autres nations. Les Anglais, en 1533, cherchèrent un passage par la mer du Nord et de l'Est pour aller aux Indes orientales. Chancelor, capitaine d'un des vaisseaux *"équipés* pour cette exchange. 'warehouse. dispensary. 'squares.

"barracks. it is said to contain at present. villas.

waterwork". there was nothing of ail this. 'proceeding. 'fitted out.

expédition, découvrit le port d'Archangel dans la mer Blanche. Il n'y avait dans ce desert qu'un couvent avec Ja petite église de saint Michel l'archange.

De ce port ayant *Remonté* la rivière de la Duiria, les Anglais arrivèrent au milieu des terres, et enfin à la ville de Moscou. Ils se'rendirent aisément les maîtres du commerce de la Russie, lequel de la ville de Novogorod, où il se faisait par terre, fut transporté à ce port de mer. Il est, à la vérité, *"inabordable* sept mois de l'année: cependant il fut beaucoup plus utile que les *foires* de la grande Novogorod, tombées *en décadence* par les guerres contre la Suède. Les Anglais obtinrent le privilège d'y commercer sans payer aucun *'droit,* et c'est ainsi que toutes les nations devraient peutêtre *znégocier* ensemble. Les Hollandais *"partaCrent* bientôt le commerce d'Archangel, qui n'e t pas connu des autres peuples.

Long-temps auparavant, les Génois et les Vénitiens avaient établi un commerce avec les Russes par l'embouchure du Tanaïs, où ils avaient bâti une ville appelée Tana: mais depuis les ravages de Tamerlan dans cette partie du monde, cette branche du commerce des Italiens avait été détruite; celui d'Archangel a subsisté avec de grands avantages pour les Anglais et les Hollandais, i'usqu'au temps où Pierre le grand a ouvert la mer Jaltique à ses Etats.

LAPONIE RUSSE, GOUVERNEMENT D'archangel.

A l'occident d'Archangel, et dans son gouvernement, est la *Laponie* russe, troisième partie de cette contrée; les deux antres appartiennent à la Suède et au Danemarck. C'est un très grand pays, qui occupe environ huit degrés de longitude, et

'tailed up. inaccessible. fair». to decay. 'duty. trade. sharcd. Lapland.

qui s'étend en latitude du cercle polaire au cap Nord. Les peuples qui l'habitent étaient confusément connus de l'antiquité sous le nom de Troglodytes et de Pygmées septentrionaux; ces noms *Convenaient* en effet à des hommes hauts pour la plupart de trois coudées, et qui habitent des cavernes: ils sont tels qu'ils étaient alors, d'une *àcouleur tannée,* quoique les autres peuples septentrionaux soient blancs; presque tous petits, tandis que leurs voisins et les peuples d'Islande, sous le cercle polaire, sont d'une haute stature; ils semblent faits pour leur pays montueux, agiles, *ramOssês,* robustes; la peau dure, pour mieux résister au froid; les cuisses, les jambes *déliées,* les pieds % *menus,* pour courir plus légèrement au milieu des rochers dont leur terre est toute couverte; aimant passionnément leur patrie qu'eux seuls peuvent aimer, et ne pouvant môme vivre ailleurs. "Ora *a prétendu,* sur la foi d'Olaiis, que ces peuples étaient *originaires* de Finlande, et qu'ils se sont retirés dans la Laponie, où leur *tail/e* a dégénéré. Mais pourquoi n'auraient-ils pas choisi des terres moins au nord, où la vie eût été plus commode? pourquoi leur visage, leur figure, leur couleur, tout diffère-t-il entièrement de leurs prétendus ancêtres? Il serait peut-être aussi *convenable* de dire que l'herbe qui croît en Laponie vient'de Therbe du Danemarck, et que les poissons "*particuliers* à leurs lacs viennent des poissons de Suède. Il y a grande apparence que les "*Lapons* sont indigènes, comme leurs animaux sont une production de leur pays, et que la nature les a faits les uns pour les autres. Ceux qui habitent vers la Finlande ont adopté quelques expressions de leurs voisins, ce qui arrive were suitable. tawny complexion. squat.

'slender. 'small. sonie have affirmed. 'credit.

originally natives. 'stature. "reasonable. peculiar. Laplanders.

à tous les peuples: mais, quand deux nations donnent aux choses d'usage, aux objets qu'elles voient sans cesse, des noms absolument différents, c'est une grande présomption qu'un de ces peuples n'est pas une colonie de l'autre. Les Finlandais appellent un ours *haru,* et les Lapons *muriet:* le soleil en finlandais se nomme *auringa,* en langue laponne *beve.* Il n'y a là aucune analogie. Les habitants de Finlande et de la Laponie suédoise ont adoré autrefois une idole qu'ils nommaient Iumalac; et depuis le temps de Gustave-Adolphe, auquel ils doivent le nom de luthériens, ils appellent Jésus-Christ le fils d'Iumalac. Les Lapons moscovites *sont vaujourd'hui censés* de l'Eglise grecque; mais ceux qui errent vers les montagnes septentrionales du cap, se contentent d'adorer un Dieu sous quelques formes grossières, ancien usage de tous les *peuples nomades.*

Cette espèce d'hommes peu nombreuse a très peu d'idées, et ils sont heureux de n'en avoir pas davantage; car alors ils auraient de nouveaux besoins qu'ils ne pourraient satisfaire; ils vivent contents et sans maladies, en ne buvant guère que de l'eau dans le climat le plus froid, et arrivent à une longue vieillesse.

MOSCOU.

Quand on a remonté la Duina du nord au sud, on arrive au milieu des terres à Moscou, la capitale de l'empire. Cette ville fut long-temps le centre des Etats russes, avant *qu'on se fût étendu* du côté de la Chine et de la Perse.

Moscou, situé par le cinquante-cinquième degré et demi de latitude, dans un terrain moins froid et plus fertile que Pétersbourg, est au milieu d'une vaste et belle plaine sur la rivière de la Moska et En russe *Moskwa.* are at present thought to be. q wandering nations.

'they were extended.

de deux autres petites qui se perdent avec elle dans l'Occa, et vont ensuite "*grossir* le fleuve du Volga. Cette ville n'était, au treizième siècle, qu'un assemblage de cabanes, peuplées de malheureux opprimés par la race de Gengiskan.

Le Krémelin, qui fut le séjour des grands ducs, n'a été bâti qu'au quatorzième siècle, tant les ville» ont peu d'antiquite dans cette partie du monde. Ce Krémelin fut construit par des architectes italiens, ainsi que plusieurs églises dans ce goût gothique était alors celui de toute l'Europe; il y en a deux du célèbre Aristote de Bologne, qui fleurissait au quinzième siècle; mais les *maisons des particuliers* n'étaient que des huttes de bois.

Le premier écrivain qui nous fit connaître Moscou est Oléarius, qui, en 1633, accompagna une ambassade d'un duc de Holstein, ambassade aussi vaine dans sa pompe qu'inutile dans son objet. Un "*Holstenois* "devait être *frappé* de '*immensité* de Moscou, de ses cinq *enceintes,* du vaste quartier des czars, et d'une splendeur asiatique qui régnait alors à cette cour. Il n'y avait rien de pareil en Allemagne; nulle ville à *beaucoup près* aussi vaste, aussi peuplée.

Le comte de Carlisle, au contraire, ambassadeur de Charles II, en 1663. "*auprès du* czar Alexis, se plaint dans sa relation *de n'avoir trouvé ni aucune* commodité de la vie dans Moscou, ni hôtellerie dans la route, ni secours d'aucune espèce. L'un jugeait comme un Allemand du nord, l'autre comme un Anglais; et tous deux par comparaison. L'Anglais fut révolté de voir que la plupart des "*boyards* avaient pour lit des *planchea* ou des bancs, sur lesquels on étendait une peau ou une En russe *Kremln.* to «well. 'private houses. native of Holstein. must have been struck. immense extent. 'enclosure».

by far. to the. that he could not meet with any oue. 'Muscovite nobleman. boards. couverture; c'est l'usage antique de tous les peuples: les maisons presque toutes de bois étaient sans meubles, presque toutes les tables à manger sans linge; point de pavé dans les rues, rien d'agréable et de commode; très peu d'artisans, "*encore étaient-ils* "*grossiers,* et ne travaillaientils qu'aux ouvrages indispensables. Ces peuples auraient %*paru des* Spartiates, s'ils avaient été sobres.

Mais la cour *da7is les jours de cérémonie* paraissait celle d'un roi de Perse. Le comte de Carlisle dit qu'il ne vit qu'or et pierreries sur les robes du czar et de ses courtisans: ces habits n'étaient pas fabriqués dans le pays; cependant il était évident qu'on pouvait rendre les peuples industrieux, puisqu'on. avait '*fondu* à Moscou, long-temps auparavant, sous le règne du czar Boris Godono, la plus grosse cloche qui soit en Europe, et qu'on voyait dans l'église patriarchale des ornements d'argent qui avaient exigé beaucoup de soins. Ces ouvrages *kdirigés* par des Allemands et des Italiens étaient des efforts *passagers;* c'est *"l'industrie de tous les jours, et la multitude de»* arts continuellement exercés, qui fait une nation florissante. La Pologne alors, et tous les pays voisins des Russes, ne leur étaient pas supérieurs. *"Les arts de la main* n'étaient pas plus perfectionné» dans le nord de l'Aliemagne; les beaux arts n'y étaient *"guère plus* connus au milieu du dix-septième siècle.

Quoique Moscou n'eût rien alors de la magnificence et des arts de nos grandes villes d'Europe, cependant son circuit de *vvingt mille pas;* la partie appelée, la ville chinoise, où les raretés de la nnd even those were. 'awkward. passed for. on public days. 'cast. made under the direction. transient. daily industry. "handicraft tradcs.

much better. twenty miles.

Chine *s'étalaient,* le vaste quartier du Krémelin, où est le palais des czars; quelques dômes dorés, des tours elevées et singulières, et enfin le nombre de ses habitants qui monte à près de cinq cent mille; tout cela *'faisait de* Moscou une des plus considérables villes de l'univers.

Théodore, ou Fœdor, frère aîné de Pierre le grand, commença *à policer* Moscou. Il *Jit* construire plusieurs grandes maisons de pierre, quoique sans aucune architecture régulière. Il encourageait les principaux de sa cour à bâtir,'leur avançant de l'argent, et leur fournissant des matériaux. C'est à lui qu'on doit les premiers *"haras* de-beaux chevaux, et quelques embellissements utiles. Pierre, qui a tout/ait, a eu soin de Moscou, en construisant. Pétersbourg; il l'a fait paver, il l'a orné et enrichi par des édifices, par des manufactures: enfin un chambellan de l'impératrice Elisabeth, fille de Pierre, y a été *"T instituteur* d'une université depuis quelques années. C'est le même qui m'a fourni tous les mémoires sur lesquels j'écris. Il était bien plus capable que moi de composer cette histoire, même dans ma langue; tout ce qu'il m'a écrit *fait Jbi* que ce n'est que par modestie qu'il m'a laissé le soin de cet ouvrage.

SMOLENSKO.

A l'occident du duché de Moscou, est celui de Smolensko, partie de l'ancienne Sarmatieeuropéane. Les duchés de Moscovie et de Smolensko composaient la Russie blanche proprement dite. Smolensko, qui appartenait d'abord aux grands ducs de Russie, fut conquise par le grand duc de Lithuanie au commencement du quinzième siècle, reprise cent ans après par ses anciens maîtres.

M. de Shouvalof. were exhibited. 'rendered 'to improve. 'caused. studs. "the fournlcr. proves.

Le roi de Pologne Sigismond III. *s'en empara* en 1611. Le czar Alexis, père de Pierre, la recouvra en 1651; et depuis ce temps elle a fait toujours partie de l'empire de Russie. Il est dit dans l'éloge du czar Pierre, prononcé à Paris dans l'académie des sciences, que les Russes avant lui n'avaient rien conquis à l'occident et au midi; il est évident qu'on s'est trompé.

GOUVERNEMENTS DE NOVOGOROD, ET DE KI0VIE OU UKRAINE.

Entre Pétersbourg et Smolensko est la province de Novogorod. On dit que c'est dans ce pays que les anciens Slaves ou Slavons firent leur premier établissement. Mais d'où venaient ces Slaves, dont la langue s'est étendue dans le nord-est de l'Europe? *S la* signifie un chef, et *esclave* appartenant au chef. Tout ce qu'on sait de ces anciens Slaves, c'est qu'ils étaient des conquérants. Ils bâtirent la ville de Novogorod la grande, située sur une rivière navigable *dès sa source,* laquelle jouit longtemps d'un florissant commerce, et fut une puissante alliée des villes anséatiques. Le czar Ivan Basilovitz la conquit en 1467, et en emporta toutes les richesses, qui contribuèrent à la magnificence de la cour de Moscou, presque inconnue jusqu'alors.

Au midi de la province de Smolensko, vous trouvez la province de Kiovie, qui est la petite Russie, la Russie rouge ou l'Ukraine, *"traversée par* le Dnieper, que les Grecs ont appelé Borysthène. La différence de ces deux noms, l'un dur à prononcer, l'autre mélodieux, sert à

faire voir, avec cent autres *épreuves,* la rudesse de tous les anciens peuples du nord et les grâces de la langue En russe *Iuian WassUiewitsch.* 'got possession of it. "at its hcad.

through which runs. instances. grecque. La capitale Kiou, autrefois Kisovie, fut âtie par les empereurs de Constantinople, qui en firent une colonie: on y voit encore des inscriptions grecques de douze cents années: c'est la seule ville qui ait quelque antiquité dans ces pays, où les hommes ont vécu tant de siècles sans bâtir des murailles. Ce fut là que les grands ducs de Russie firent leur résidence dans l'onzième siècle, avant que les Tartares asservissent la Russie. Les Ukraniens qu'on nomme Cosaques sont un *"ramas* d'anciens Roxelans, de Sarmates, de Tartares réunis. Cette contrée faisait partie de l'ancienne Scythie. *Il s'en faut de beaucoup que Rome et Constantinople, qui ont dominé sur tant de nations, soient* des pays comparables pour la fertilité à celui de l'Ukraine. La nature s'y efforce de faire du bien aux hommes; mais les hommes n'y ont pas secondé la nature, vivant des fruits que produit une terre aussi inculte que féconde, et vivant encore plus de rapine; *"amoureux* à l'excès d'un bien préferable à tout, la liberté; et cependant ayant servi tour à tour la Pologne et la Turquie. Enfin ils se donnèrent à la Russie, en 1654, sans trop se soumettre, et Pierre les a soumis.

Les autres nations sont distinguées par leurs villes et leurs bourgades. Celle-ci est partagée en dix régiments. A la tête de ces dix régiments était un chef élu à la pluralité des voix, nommé *hetman* ou *itman.* Ce capitaine de la nation n'avait pas le pouvoir suprême. C'est aujourd'hui un seigneur de la cour que les souverains de Russie leur donnent pour hetman; c'est un véritable gouverneur de province, semblable *h.* nos gouverneurs de ces pays d'états qui ont encore quelques privilèges.

Il n'y avait d'abord dans ce pays que des païens et des mahométans; ils ont été baptisés chrétiens mixture. Home and Constantinople whcih once ruled ovcr so many nations are far from being. fond.

de la communion romaine, quand ils ont servi la Pologne; et ils sont aujourd'hui baptisés chrétiens de l'Eglise grecque depuis qu'ils sont à la Russie.

Parmi eux sont compris ces Cosaques Zaporaviens qui sont à peu près ce qu'étaient nos *'flibustiers, des %brigands* courageux. Ce qui les distinguait de tous les autres peuples, c'est qu'ils ne souffraient jamais de femmes dans leurs peuplades, comme on prétend que les Amazones ne souffraient point d'hommes chez elles. Les femmes qui leur servaient à peupler demeuraient dans d'autres îles du fleuve: point de mariage, point de famille: ils enrôlaient les enfants mâles dans leur milice, et laissaient les filles à leurs mères. Point d'autres lois chez eux que les usages établis par les besoins: cependant ils eurent quelques prêtres du rite grec. On a construit depuis quelque temps le fort SainteElisabeth sur le Borysthène pour les contenir. Ils servent dans les armees comme troupes irrégulières, *et nialheur à gui* tombe dans leurs mains!

GOUVERNEMENTS DE BELGOROD, DE VÉRONISE, ET DE NISCHGOROD.

Si vous remontez au nord-est de la province de Kiovie entre le Borysthène et le Tanaïs, c'est le gouvernement de Belgorod qui se présente: il est aussi grand que celui de Kiovie. C'est une des plus fertiles provinces de la Russie; c'est elle qui fournit à la Pologne une quantité prodigieuse de ce gros bétail qu'on connaît sous le nom de bœufs de l'Ukraine. Ces deux provinces sont *'à l'abri des* incursions des petits Tartares, par des lignes qui s'étendent du Borysthène au Tanaïs, garnies de forts et de redoutes.

Remontez encore au nord, passez le Tanaïs, vous entrez dans le gouvernement de Véronise qui

'freebooter». robbers. woe to those who.

secured from the. s'étend jusqu'aux bords des Palus-Méotides. Auprès de la capitale que nous nommons Véronise, à l'embouchure de la rivière de ce nom qui se jette dans le Tanaïs, Pierre le grand a fait construire sa première flotte; entreprise dont on n'avait point

encore d'idée dans tous ces vastes Etats. Vous trouverez ensuite le gouvernement de' Nischgorod fertile en grains, traversé par le Volga.

ASTRACAN.

De cette province vous entrez *au midi* dans le royaume d'Astracan. Ce pays commence au quarante-troisième degré et demi de latitude, sous le plus beau des climats, et finit vers le cinquan tième, comprenant environ autant de degrés de longitude que de latitude; *bordê* d'un côté par la mer Caspienne, de l'autre par les montagnes de la Circassie, et s'avançant encore au-delà de la mer Caspienne, le long du mont Caucase; arrosé du grand fleuve Volga, du Jaik et de plusieurs autres rivières entre lesquelles on peut, *à ce que prétend* l'ingénieur anglais Perri, *"tirer des canaux qui, en servant de lit aux inondations, "feraient le même effet* que les canaux du Nil, et augmenteraient la fertilité de la terre. Mais à la droite et à la gauche du Volga et du Jaïk, ce beau pays était infesté plutôt qu'habité par des Tartares qui n'ont jamais rien cultivé, et qui ont toujours vécu comme étrangers sur la terre.

L'ingénieur Perri, employé par Pierre le grand dans ces quartiers, y trouva de vastes déserts couverts de pâturages, de légumes, de cerisiers, d'amandiers. Des moutons sauvages *v d'une nourriture excellente* paissaient dans ces solitudes. Il En Russie on écrit et on prononce *Voronestch.* southward. 'bounded. according to. "eut.

answer the same purpose. whose flesh was excellent. fallait commencer par *domter* et par civiliser les hommes de ces climats, pour y seconder la nature qui a été forcée dans le climat de Pétersbourg.

Ce royaume d'Astracan est une partie de l'ancien Capshak conquis par Gengis-kan, et ensuite par Tamerlan; ces Tartares dominèrent jusqu'à Moscou. Le czar ' Jean Basilidès, petit-fils d'Ivan Basilovitz, et le plus grand conquerant d'entre les Russes, délivra son pays du joug tartare au seizième siècle, et ajouta le royaume d'Astracan à ses autres conquêtes, en 1554.

Astracan est la *"borne* de l'Asie et de l'Europe, et peut faire le commerce de l'une et de l'autre, en transportant par le Volga les marchandises apportées par la mer Caspienne. C'était encore un des grands projets de Pierre le grand: il a été exécuté en partie. Tout un faubourg d'Astracan est habité par des Indiens.

OREMBOURG.

Au sud-est du royaume d'Astracan est un petit flays nouvellement formé qu'on appelle Orembourg; a ville de ce nom a été bâtie, en 1784, sur le bord du fleuve Jaïk. Ce pays est *"hérissé des branches du mont Caucase.* Des forteresses élevées de distance en distance défendent les passages des montagnes et des rivières qui en descendent. C'est dans cette région auparavant inhabitée qu'aujourd'hui les Persans viennent déposer et cacher *à la rapacité des brigands* leurs effets échappés aux guerres civiles. La ville d'Orembourg est devenue le refuge des Persans et de leurs fortunes, et *s'est accrue de* leurs calamités; les Indiens, les peuples de la grande Bukarie, y viennent trafiquer: elle devient *"l'entrepôt* de l'Asie.

to conquer. boundary. "thickly covered with hills which are part of mount Caucasus. 'frora.

'is grown considerable by. the mart.

GOUVERNEMENTS DE CASAN ET DE LA GRANDE PERMIE.

'Au-delà du Volga et du Jaïk, vers le *Septentrion* est le royaume de Casan qui, comme Astracan, *"tomba dans le partage* d'un fils de Gengiskan et ensuite d'un fils de Tamerlan, conquis de même par Jean Basilidès. Il est *encore* peuplé de beaucoup de Tartares mahométans. Cette grande contrée s'étend jusqu'à la Sibérie: il est *"constant* qu'elle a été florissante et riche autrefois; elle a conservé encore quelque opulence. Une province de ce royaume appelée la grande Permie, et ensuite le Solikam, était l'entrepôt des marchandises de la Perse et des fourrures de Tartarie. On a trouvé dans cette Permie une grande quantité *de monnaie au coin des premiers califes,* et quelques idoles des Tartares; mais ces monuments d'anciennes richesses ont été trouvés au milieu de la pauvreté et dans les déserts: il n'y avait plus aucune trace de com-

merce; ces révolutions n'arrivent que trop vite et trop aisément dans un pays ingrat, puisqu'elles sont arrivées dans les plus fertiles.

Ce célèbre prisonnier suédois, Stralemberg, qui *mit si bien a profit* son malheur, et qui examina tous ces vastes pays avec tant d'attention, est le premier qui a rendu vraisemblable un fait qu'or n'avait jamais pu croire, concernant l'ancien commerce de ces régions. Pline et Pomponius-Mela rapportent que du temps d'Auguste un roi des Suèves fit présent à Metellus Celer de quelques Indiens jétés par la tempête sur les côtes voisines de l'Elbe. Comment des habitants de l'Inde Mémoires de Stralemberg confirmés par mes mémoires russes.

beyond. north. fell by partition to. still. evident. 'of the coin of the first caliphs. 'turned to such advantage.

auraient-ils navigué sur les mers germaniques? Cette aventure a paru fabuleuse à tous nos modernes, surtout depuis que le commerce de notre hémisphère a changé par la découverte du Cap de Bonne-Espérance: mais autrefois il n'était pas plus étrange de voir un Indien trafiquer dans les

Ïays septentrionaux de l'Occident, que de voir un Lomain passer dans l'Inde par l'A rabie. Les Indiens allaient en Perse, s'embarquaient sur la mer d'Hyrcanie, remontaient le Rha, qui est le Volga, allaient jusqu'à la grande Permie par la Kama, et de là pouvaient aller s'embarquer sur la mer du Nord ou sur la Baltique. *Il y a eu de tout temps* des hommes entreprenants. Les Tyriens *firent* de plus surprenants voyages.

Si, après avoir parcouru de l'œil toutes ces vastes provinces, vous jetez la vue sur l'Orient, c'est là 3ue les limites de l'Europe et de l'Asie se confonent encore. Il aurait fallu un nouveau nom pour cette grande partie du monde. Les anciens divisèrent en Europe, Asie et Afrique leur univers connu; ils n'en avaient pas vu la dixième partie; *c'est ce qui fait* que quand on a passé les PalusMéotides, *on ne sait plus* où l'Europe finit, et où l'Asie commence; tout ce qui est au-delà du mont Taurus était désigné par le

mot vague de Scythie, et le fut ensuite par celui de Tartarie ou Tatarie. Il serait *convenable* peut-être d'appeler terres arctiques ou terres du Nord tout le pays qui s'étend depuis la mer Baltique jusqu'aux confins de la Chine, comme on donne le nom de terres australes à la partie du monde, non moins vaste, située sous le pôle antarctique, et qui *faii le contre-poids* du globe.

there have been at ail tîmes. undertook. hence it happens. 'we are at a loss to know. TM proper. serves to counterpoise.

GOUVERNEMENTS DE LA SIBÉRIE, DES SAMOÏÉDES, DES OSTIAKS.

Des frontières des provinces d'Archangel, de Résan, d'Astracan, s'etend à l'orient la Sibérie avec *"les terres ultérieures* jusqu'à la mer du Japon; elle *Houche* au midi de la Russie par le mont Caucase; de là au pays de Kamshatka on compte environ douze cents lieues de France; et de la Tartarie méridionale, qui lui sert de limite, jusqu'à la mer Glaciale, on en compte environ quatre cents; ce qui est la moindre largeur de l'empire. Cette contrée produit les plus riches fourrures, et c'est ce qui servit à en faire la découverte en 1563. Ce ne fut pas sous le czar Fœdor Ivanovitz, mais sous Ivan Basilidès, au seizième siècle, qu'un *particulier* des environs d'Archange!, nommé Anika, homme riche pour son *élat* et pour son pays, s'aperçut que des hommes d'une figure extraordinaire, vêtus d'une manière jusqu'alors inconnue dans ce canton, et parlant une langue que personne n'entendait, descendaient tous les ans une rivière qui tombe dans la Duina, et venaient apporter au marché des martres et des renards noirs qu'ils *"troquaient* pour des clous et des morceaux de verre, *comme* les premiers sauvages de l'Amérique donnaient leur or aux Espagnols; *il les fit suivre* par ses enfants et par ses valets jusque dans leur pays. *"C'étaient* des Samoïèdes, peuples qui paraissent semblables aux Lapons, mais qui ne sont pas de la même race Ils *ignorent* comme eux l'usage du pain; ils ont comme eux le secours des rangifères ou rennes qu'ils attèlent à leurs

traîneaux. Ils vivent dans des Mémoires envoyés de Pétersbourg.

the territories beyond it. joins. private individual. 'condition of life. 'exchanged. 'just as. he caused them to be followed. these were. are unacquainted with. sledges. cavernes, dans des huttes au milieu des neiges: mais d'ailleurs la nature *a mis* entre cette espèc» d'hommes et celle des Lapons des differences très marquées. On m'assure leur *"mâchoire supérieure* plus *avancée au niveau de* leur nez; leurs oreilles sont plus rehaussées. Les hommes et les femmes n'ont de poil que sur la tête; le mamelon est d'un noir d'ébene. Les Lapons et les Laponnes ne sont *àmarqués à* aucun de ces *signes. On m'a averti,* par des mémoires envoyés de ces contrées si peu connues, qu'on s'est trompé dans la belle histoire naturelle du jardin du roi, lorsqu'en parlant de tant de choses curieuses concernant la nature humaine, on a confondu l'espèce des Lapons avec l'espèce des Sainoïèdes.

On n'entend parler chez eux ni de larcins ni de meurtres: étant presque sans passion, ils sont sans injustice. Il n'y a aucun terme dans leur langue pour exprimer le vice et la vertu. Leur extrême simplicité ne leur a pas encore permis de former des notions abstraites; le sentiment seul les dirige; et c'est peut-être une preuve incontestable que les hommes aiment la justice par instinct, quand leurs passions funestes ne les aveuglent pas.

On, persuada quelques-uns de ces sauvages de se laisser conduire à Moscou. Tout les y frappa d'admiration. Ils regardèrent l'empereur comme leur Dieu, et %se soumirent à lui donner tous les ans une offrande de deux *martres zibelines 'par habitant.* On établit bientôt quelques colonies au-delà de l'Oby et de l'Irtis;-f-on y bâtit même des forteresses. Un Cosaque fut envoyé dans le pays en 1595, et le conquit pour les czars avec quelques soldats et quelque artillerie, comme Cortez subjugua le Mexique; mais il ne conquit guère que des déserts. par neiges et non par la marche apparente du soleil; comme il neige régulièrement et long-temps chaque hiver, ils disent: Je suis âgé de tant de neiges, comme nous disons: J'ai tant d'années.

Mémoires envoyés de Pétersbourg f En russe *Irtisch*. has made. "upperjaw. projecting forward.

'on a level with. distinguished by. marks.

'I have been informed. voluntarily engaged.

martins. 'for each inhabitant. iged. *En remontant* l'Oby à la jonction de la rivière d'Irtis avec celle du Tobol, on trouva une petite *habitation dont on a fait* la ville de Tobol, capitale de la Sibérie, aujourd'hui considérable. Qui croirait que cette contrée a été long-temps le séjour de ces *"mêmes* Huns qui ont tout ravagé jusqu'à Rome sous Attila, et que ces Huns venaient du nord de la Chine? Les Tartares Usbecks ont succédé aux Huns, et les Russes aux Usbecks. *"On s'est disputé ces contrées sauvages,* ainsi qu'on s'est exterminé pour les plus fertiles. La Sibérie fut autrefois plus peuplée qu'elle ne l'est, surtout vers le midi: on en juge par des tombeaux et par des ruines.

Toute cette partie du monde, depuis le soixantième degré ou environ jusqu'aux montagnes éternellement glacées qui *vbornent* les mers du Nord, ne ressemble en rien aux régions de la zone tempérée; ce ne sont ni les mêmes plantes, ni les mêmes animaux sur la terre, ni les mêmes poissons dans les lacs et dans les rivières.

Au-dessous de la contrée des Samoïédes est celle des Ostiaks, le long du fleuve Oby. *Ils ne tiennent en rien des Samoïédes,* sinon qu'ils sont, comme eux et comme tous les premiers hommes, chasseurs, pasteurs et pêcheurs; les uns sans religion, parce qu'ils ne sont pas rassemblés; les autres qui composent des hordes, ayant une espèce de culte, faisant des vœux au principal objet de leurs besoins. Ils adorent, dit-on, une peau de mouton, parce que rien ne leur est plus nécessaire que ce bétail; de même que les anciens Egyptiens Kn russe *Tobolskoy*. in sailing up. 'seulement. which they converted into. yery. the possession of these savage countries has been disputed. border. q they have no resemblance in any respect with.

agriculteurs choisissaient un bœuf, pour adorer dans l'emblème de cet animal la divinité qui l'a fait naître pour l'homme. Quelques auteurs *'prétendent* que ces Ostiaks adorent une peau d'ours, *attendu* çw'elle est plus chaude que celle de mouton; il se peut qu'ils n'adorent ni l'une ni l'autre.

Les Ostiaks ont aussi d'autres idoles dont ni l'origine ni le culte ne méritait pas plus notre attention que leurs adorateurs. On a fait chez eux quelques chrétiens vers l'an 1712; ceux-là sont chrétiens comme nos paysans les plus grossiers, sans savoir ce qu'ils sont. Plusieurs auteurs prétendent que ce peuple est originaire de la grande Permie: mais cette grande Permie est presque déserte, pourquoi ses habitants se seraient-ils établis si loin et si *"mal?* Ces obscurités ne valent pas nos recherches. Tout peuple qui n'a point cultivé les arts doit être condamné à être inconnu.

C'est surtout *chez* ces Ostiaks, chez les Burates et les Jakutes, leurs voisins, qu'on trouve souvent dans la terre de cet ivoire dont on n'a jamais pu savoir l'origine: les uns le croient un ivoire fossile; les autres, les dents d'une espèce d'éléphant dont la race est détruite. Dans quel pays ne trouve-t-on pas des productions de la nature qui étonnent et qui confondent la philosophie?

Plusieurs montagnes de ces contrées sont remplies de cet amiante, de ce lin incombustible dont on fait tantôt de la toile, tantôt une espèce de papier.

Au midi des Ostiaks sont les Burates, autre

Peuple qu'on n'a pas encore rendu chrétien. A Est il y a plusieurs hordes qu'on n'a pu entièrement soumettre. Aucun de ces peuples n'a la moindre connaissance du calendrier. *"Ils comptent* 'maintain. because. inconvcnicntly.

"in the country of. "they reckon their time. C

Je dois *rapporter* ici ce que dit l'officier suédois Stralemberg qui, ayant été pris à Pultava, passa auinze ans en Sibérie, et la parcourut toute entière; dit qu'il y a encore des restes d'un ancien peuple dont la peau est bigarrée et tachetée, qu'il a vu des hommes de cette race; et ce fait m'a été confirmé par des Russes nés à Tobol. Il semble que la variété des espèces humaines ait beaucoup diminué; *on trouve peu* de ces races *singulières,* que probablement les autres ont exterminées: par exemple, il y a très peu de ces Maures blancs ou de ces Albinos dont un a été présenté à l'académie des sciences de Paris, et que j'ai vu. Il en est ainsi de plusieurs animaux dont l'espèce est très rare.

Quant aux Borandiens dont *"il est parlé* souvent dans la savante histoire du jardin du roi de France, mes mémoires disent que ce peuple est absolument inconnu.

Tout le *midi* de ces contrées est peuplé de nombreuses hordes de Tartares. Les anciens Turcs *"sont sortis de* cette Tartarie pour aller subjuguer tous les pays dont ils sont aujourd'hui eu possession. Les Calmouks, les Monguls sont ces mêmes Scythes qui, conduits par Madiès, *s'emparèrent* de la haute Asie, et vainquirent le roi des Mèdes Cyaxarès. Ce sont eux que Gengiskan et ses enfants menèrent depuis jusqu'en Allemagne, et qui formèrent l'empire du Mogol sous Tamerlan. Ces peuples sont un grand exemple des changements arrivés chez toutes les nations.

mention. we find very few. extraordinary. mention is made. southern part. came front. maJe themselves masters.

Quelques-unes de leurs hordes, loin d'être redoutables, sont devenues vassales de la Russie.

Telle est une nation de Calmouks qui habite entre la Sibérie et la mer Caspienne. C est là qu'on a trouvé, en 1720, une maison souterraine de pierres, des urnes, des lampes, *"des pendants d'oreilles,* une statue équestre d'un prince oriental portant un diadème sur sa tête, deux femmes assises sur des trônes, un rouleau de manuscrits envoyés par Pierre le grand à l'académie des inscriptions de Paris, et *(reconnus* pour être en langue du Thibet; tous % *témoignages singuliers* que les arts ont habité ce pays aujourd'hui barbare, et *épreuves subsistantes* de ce qu'a dit Pierre le grand plus d'une fois, que les arts avaient fait le tour du monde.

DU KAMSHATKA.

La dernière province est le Kamshatka, le pays le plus oriental du continent. Le nord de cette contrée fournit aussi de belles fourrures; les habitants s'en revêtaient l'hiver, et marchaient nus l'été. On fut surpris de trouver dans les parties méridionales des hommes avec de longues barbes, tandis que dans les parties septentrionales, depuis le pays des Samoïèdes jusqu'à l'embouchure du fleuve Amour ou Amur, les hommes n'ont pas plus de barbe que les Américains. C'est ainsi que dans l'empire de Russie il y a plus de différentes espèces, plus de singularités, plus de mœurs différentes que dans aucun pays de l'univers.

Des mémoires récents m'apprennent que ce peuple sauvage a aussi ses théologiens qui font descendre les habitants de cette presqu'île d'une espèce d'être supérieur qu'ils appellent Kouthou.
car-rings. 'proved. striking proofs.
"Utting evidences of the truth.

Ces mémoires disent qu'ils ne lui *rendent* aucun culte, qu'ils ne l'aiment ni ne le craignent.
Ainsi ils auraient une mythologie, et ils n'ont point de religion; cela pourrait être vrai, et n'est guère vraisemblable: la crainte est l'attribut naturel des hommes. *On prétend* que dans leurs absurdités ils distinguent des choses permises et des choses défendues; ce qui est permis, c'est de satisfaire toutes ses passions; ce qui est défendu, c'est d'aiguiser un couteau ou une hache quand on est en voyage, et de sauver un homme qui se noie. Si en effet c'est un péché parmi eux de sauver la vie à son prochain, ils sont en cela différents de tous les hommes qui courent par instinct au secours de leurs semblables, quand l'intérêt ou la passion ne corrompt pas en eux ce *penchant* naturel. Il semble qu'on ne pourrait "parvenir à faire un crime d'une action si commune et si nécessaire qu'elle n'est pas même une vertu, "que par une philosophie également fausse et superstitieuse, qui persuaderait qu'il *vne faut pas* s'opposer à la Providence, et qu'un homme destiné par le ciel à être noyé, ne doit pas être secouru par un homme: mais les barbares sont

bien loin d'avoir même une *fausse* philosophie.
Cependant ils célèbrent, dit-on, une grande fête, qu'ils appellent dans leur langage d'un mot qui signifie *purification;* mais de quoi se purifient-ils, si tout leur est permis? et *"pourquoi* se purifient-ils, s'ils ne craignent ni n'aiment leur dieu Kouthou?

Il y a, sans doute, des contradictions dans leurs idées, comme dans celles de presque tous les peuples; les leurs sont un defaut d'esprit, et les nôtres en sont un abus; nous avons beaucoup plus de contradictions qu'eux, parce que noue avons plus raisonné.
i pay. accordingly. it is asserted. propensity. succeed in. except by means of. one must not. wrong. to what purpose.
Comme ils ont une espèce de dieu, ils ont aussi des démons; enfin, il y a parmi eux des sorciers, ainsi qu'il y en a toujours eu chez toutes les nations les plus policées. Ce sont les vieilles qui sont sorcières daus le Kamshatka, comme elles l'étaient parmi nous avant que la saine physique nous éclairât. C'est donc partout *Papanage* de l'esprit humain, d'avoir des idées absurdes, fondées sur notre curiosifé et sur notre faiblesse. Les Kamshatkales ont aussi des prophètes qui expliquent les songes; et il n'y a pas long-temps que nous n'en avons plus.

Depuis que la cour de Russie a assujetti ces peuples en bâtissant cinq forteresses dans leur pays, on leur a annoncé la religion grecque. Un gmtilhomme russe très instruit m'a dit qu'une de urs grandes objections était, que ce culte ne pouvait être fait pour eux, puisque le pain et le vin sont nécessaires à nos mystères, et qu'ils ne peuvent avoir ni pain ni vin dans leur pays.

Ce peuple d'ailleurs mérite peu d'observations; je n'en ferai qu'une: c'est que, si *on jette* les yeux sur les trois quarts de l'Amérique, sur toute la Eartie méridionale de l'Afrique, sur le Nord, depuis i Laponie jusqu'aux mers du Japon, on trouve 3ue *la moitié* du genre humain n'est pas *au-desSus* es peuples du Kamshatka.

D'abord un officier cosaque.alla par terre, de la Sibérie au Kamshatka, en

1701, par ordre de Pierre qui, après la malheureuse journée de Narva, étendait encore ses soins d'un bord du continent à l'autre. Ensuite, en 1725, quelque temps avant que la mort le surprît au milieu de ses grands projets, il envoya le capitaine Béring, danois, avec ordre exprès d'aller par la mer du Kamshatka sur les terres de l'Amérique, si cette entreprise était praticable. Bering ne put réussir dans sa première the lot. 'we cast. one half. "more civilized. navigation. L'impératrice Anne l'y envoya encore en 1738. Spengenberg, capitaine de vaisseau, associé à ce voyage, partit le premier du Kamshatka; mais il ne put *se mettre en mer 'qu'en* 1739, tant il avait fallu de temps pour arriver au port où l'on s'embarqua, pour y construire des vaisseaux, pour les *zagréer* et les fournir des choses nécessaires. Spengenberg pénétra jusqu'au nord du-Japon, par un détroit que forme une longue *"suite* d'îles, et revint sans avoir *découvert que* ce passage.

En 1741, Béring *courut* cette mer, accompagné de l'astronome de Lisle de la Croyère, de cette famille de Lisle qui a produit de st savants géographes; un autre capitaine allait de son côté à. la découverte. Bering et lui*atteignirent* les côtes de l'Amérique au nord de la Californie. Ce passage, si long-temps cherché par les mers du Nord, fut donc enfin découvert; mais *on ne trouva nul secours* sur ces côtes désertes. L'eau douce manqua; le scorbut fit périr une partie de *Féquipage:* on vit l'espace de cent milles les rivages septentrionaux de la Californie; on aperçut des canots de cuir qui portaient des hommes semblables aux Canadiens. Tout fut infructueux. Béringmourut dans une île à laquelle il donna son nom. L'autre capitaine, se trouvant plus près de la Californie, *%fit descendre à terre* dix hommes de son équipage; ils ne reparurent plus. Le capitaine fut forcé *de regagner le* Kamshatka, après les avoir attendus inutilement, et de Lisle expira en descendant *'à terre.* Ces désastres sont la destinée de presque toutes les premières tentatives sur les mers septentrionales. On ne sait pas encore
'put to sea. till. "ta fit ont. chain.

» made any discovery but. cruised over. reached.

no refresnments werc met with. 'the crew. sent on shore. "to return ta 'on shore. quel *fruît* on tirera de ces découvertes si pénibles et si dangereuses.

Nous avons marqué tout ce qui compose en général la domination de la Russie, depuis la Finlande à la mer du Japon. Toutes les grandes parties de cet empire ont été unies en divers temps, comme dans tous les autres royaumes du monde. Des Scythes, des Huns, des Massagètes, des Slavons, sont aujourd'hui les sujets des ozars: les Russes proprement *dits* sont les anciens Roxelans ou Slavons.

Si l'on y fait réflexion, la plupart des autres Etats sont ainsi composés. La France est un-assemblage de Goths, de Danois appelés Normands, de Germains septentrionaux appeles Bourguignons, de Francs, d'Allemands, de quelques Romains mêlés aux anciens Celtes. II y a dans Rome et dans Tltalie beaucoup de familles descendues des peuples du nord, et l'on n'en connaît aucune des anciens Romains. Le souverain pontife est souvent le *rejeton* d'un Lombard, d un Goth, d'un Teuton ou d'un Cimbre. Les Espagnols sont une race d'Arabes, de Carthaginois, de Juifs, de Tyriens, de Visigoths, de Vandales, incorporés avec les habitants du pays. Quand les nations se sont ainsi "*mêlées,* elles sont long-temps à e civiliser, et même à former leur langage: les unes "*se policent* plus tôt, les autres plus tard. La police et les arts s'établissent si difficilement, les révolutions ruinent si souvent l'édifice commencé, que si l'on doit s'étonner, c'est que la plupart des nations ne vivent pas *en* Tartares.

advantage. 'so callcd. oflipring, "intennixed. become enlightened. like.

CHAPITRE II.

SUITE DE LA DESCRIPTION DE LA RUSSIE.

Population, finances, armées, usages, religion, état de la Russie, avant Pierre le grand.

Plus un pays est civilisé, plus il est peuplé. Ainsi la Chine et l'Inde sont les plus peuplés de tous les empires, parce qu'après la multitude des révolutions qui ont changé la face de la terre, les Chinois et les Indiens ont formé le corps de peuple le plus anciennement policé que nous connaissions. Leur gouvernement a plus de quatre mille ans d'antiquité: ce qui suppose, comme on l'a dit, des essais et des efforts tentés dans des siècles précédents. Les Russes sont venus tard, et ayant introduit chez eux les arts tout perfectionnés, il est arrivé qu'ils ont fait plus de progrès en cinquante ans qu'aucune nation n'en avait fait par elle-même en cinq cents années. Le pays n'est pas peuplé à proportion de son étendue, *Ul s'en faut de beaucoup* ,mais, tel qu'il est, il possède autant de sujets qu'aucun état chrétien.

Je puis, d'après les *'rôles de la capitation,* et dit dénombrement des marchands, des artisans, des paysans mâles, assurer qu'aujourd'hui la Russie contient au moins vingt-quatre millions d'habitants. De ces vingt-quatre millions d'hommes la plupart sont des "*serfs,* comme dans la Pologne, dans plusieurs provinces de 1 Allemagne, et autrefois dans presque toute l'Europe. On compte en Russie et en Pologne les richesses d'un gentilhomme et d'un ecclésiastique, non par leur revenu en argent, mais par le nombre de leurs esclaves.

lly far. 'capitation liste. 'bonJraen. Voici ce qui résulte d'un dénombrement, fait en 1747, des mâles qui payaient la capitation.

Marchands 198,000.

Ouvriers 16,500

Paysans incorporés avec les marchands etles ouvriers 1,950

Pavsans appelés *odonoskis,* qui contribuent à l'entretien de la milice., 430,220

Autres qui n'y contribuent pas 26,080

Ouvriers de différents métiers, dont les parents sont inconnus 1,000

Autres qui ne sont point incorporés dans les *classes des métiers* 4,700

Paysans dépendants immédiatement de la couronne, "environ 555,000

Employés aux mines de la couronne, "*tant* chrétiens *que* mahométans et païens 64,000

Autres paysans de la couronne, travaillant aux mines et aux *fabriques des particuliers* 24,000

Nouveaux convertis à l'Eglise grecque 57,000

Tartares et Ostiaks païens 241,000

Mourses, Tartares, Morduates, et autres, *soit* païens, *soit* grecs, employés aux travaux de l'amirauté 7,800

Tartares *contribuables,* appelés *tepteris* et *bobilitz,* etc 28,900

Serfs de plusieurs marchands et autres privilégiés, lesquels, sans posséder de terres, peuvent avoir des esclaves 9,100

Paysans des terres destinées à *H'en tretien* de la cour 418,000 2,083,250 companies of tradesmen. about. "partly. partly. private manufactures. whether.,« subject to contribution. support. *CUontre* 2,083,250

Paysans des terres *appartenantes en propre* à sa majesté, indépendamment du droit de la couronne 6'0,50O

Paysans des terres confisquées à la couronne — 13,600

Serfs des gentilshommes 3,550,000

Serfs appartenants à l'assemblée du clergé, et qui défrayent ses dépenses 37,500

Serfs des évêques 116,400

Serfs des couvents que Pierre avait beaucoup diminués 721,500

Serfs des eglises cathédrales et paroissiales . 23,700

Paysans travaillants aux ouvrages de l'amirauté ou aux autres ouvrages publics, environ.... 4,000

Travailleurs aux mines et fabriques des particuliers 16,000

Paysans de terres données aux principaux manufacturiers 14,500

Travailleurs aux mines de la couronne.. 3,000

Bâtards élevés par des prêtres. 40

Sectaires appelés *raskolnïky* 2,200 6,646,390

Voilà en nombre rond six millions six cent quarante mille mâles payant la capitation. Dans ce dénombrement, les enfants et les vieillards sont comptés; mais les filles et les femmes ne le sont point, non plus que les garçons qui naissent depuis "rétablissement d'un %cadastre jusqu'à la confection d'un autre cadastre. Triplez seulement le nombre des têtes *taillables, en y comptant* les femmes et les filles, vous trouverez près de vingt millions d'âmes.

brought forward. the priyate property. 'the niaking. register. » taxable. 'including.

Il faut ajouter à ce nombre *kVétat militaire,* qui monte à trois cent cinquante mille hommes. Ni la noblesse de tout l'empire; ni les ecclésiastiques, qui sont au nombre de deux cent mille, ne sont soumis à cette capitation. Les étrangers dans l'empire sont tous exempts, de *quelque* profession et de quelque pays qu'ils soient. Les habitants des 1)rovinces conquises, savoir la Livonie, l'Estonie, 'Ingrie, la Carélie, et une partie de la Finlande, l'Ukraine et les Cosaques du Tanaïs, les Calmouks et d'autres Tartares, les Samoièdes, les Lapons, les Ostiaks, et tous les peuples idolâtres de la Sibérie, pays plus grand que la Chine, ne sont pas *'"compris* dans le dénombrement.

Par ce calcul, il est impossible que le total des habitants de la Russie ne montât au moins à vingtquatre millions d'habitants en 1759, lorsqu'on m'envoya de Pétersbourg ces mémoires tirés des archives de l'empire. *A ce compte,* il y a huit personnes par mille carré. L'ambassadeur anglais, dont j'ai parlé, n'en donne que cinq; mais il n'avait pas, sans doute, des mémoires aussi fidèles que ceux *"dont on a bien voulu me faire part.*

Le terrain de Russie est donc, proportion gardée, précisément cinq fois moins peuplé que lEspagne; mais il a près de quatre fois plus d'habitants: il est *Pà peu près* aussi peuplé que la France et que l'Allemagne; mais, en considérant sa vaste étendue, le nombre des peuples y est trente-trois fois plus petit.

Il y a une remarque importante à faire sur ce dénombrement; c'est que, de six millions six cent quarante mille contribuables, on en trouve environ neuf cent mille appartenans au clergé de la Russie, *Vn n'y comprenant* ni le clergé des pays conquis ni celui de l'Ukraine et de la Sibérie.

the military list. 'whatever. included. "at this rate. with which I have been favoured. almost. without reckoning.

Ainsi, "sur sept personnes contribuables, le clergé en avait une; mais*'il s'en faut bien qu'en* possédant ce septième, ils jouissent de la septième partie des revenus de l'Etat, comme en tant d'autres royaumes, où ils ont au moins la septième partie de toutes les richesses; car leurs paysans payaient une capitation au souverain, et il faut compter pour beaucoup les autres revenus de la couronne de Russie *"dont le clergé ne touche rien.*

Cette évaluation est très différente de celle de tous les écrivains qui ont fait mention de la Russie: les ministres étrangers, qui ont envoyé des mémoires à leurs souverains, s'y sont tous trompés. Il faut *fouiller* dans les archives de l'empire.

Dans cette vaste étendue de pays, on compte environ sept mille quatre cents moines et cinq mille six cents religieuses, malgré le soin que prit Pierre le grand de les réduire à un plus petit nombre; soin digne d'un législateur dans un empire où ce qui manque principalement est l'espèce humaine. Ces treize mille personnes *cloîtrées,* et perdues *pour* l'Etat, avaient, comme le lecteur a pu le remarquer, sept cent vingt mille serfs pour cultiver leurs terres, et c'est évidemment beaucoup trop. Cet abus, si commun et si funeste à tant d'Etats, n'a été corrigé que par l'impératrice Catherine II: elle a osé venger la nature et la religion, en étant au clergé et aux moines des richesses odieuses; elle les a payés *du* trésor public, et a voulu les forcer d'être utiles en les empêchant d'être dangereux.

Je trouve, par un état des finances de l'empire, en 1725, en comptant le tribut des Tartares, tous les impôts et tous les droits en argent, que le total *'allait* à treize millions de roubles, ce qui fait soixante-cinq millions de nos livres de France, in accordingly. out of. they are very far fron».

in which the clergy have np share. to search. immured. 'to. 'out of the 'amounted. dépendamment des tributs *en nature.* Cette somme modique suffisait alors *"pour entretenir* trois cent trente-neuf mille cinq cents hommes, tant sur terre que sur mer. Les revenus

et les troupes ont augmenté depuis.

Les usages, les vêtements, les mœurs en Russie avaient toujours *plus tenu de* l'Asie que de l'Europe chrétienne: telle était l'ancienne coutume de recevoir les tributs des peuples *en denrées,* de défrayer les ambassadeurs dans leurs routes et dans leur séjour, et celle de ne se présenter ni dans l'église ni devant le trône avec une épée, coutume orientale opposée à notre usage ridicule et barbare d'aller parler à Dieu, aux rois, à ses amis et aux femmes avec une longue arme offensive qui *'descend au bas* des jambes. L'habit long *%dans les jours de cérémonie* semblait plus noble que le vêtement court des nations occidentales de l'Europe. Une tunique *doublée de pelisse* avec une longue simarre enrichie de pierreries dans les jours solennels, et ces espèces de hauts turbans qui élevaient la taille, étaient plus imposants aux yeux que les perruques et les *justaucorps,* et plus convenables aux climats froids, mais cet ancien vêtement de tous les peuples paraît moins fait pour la guerre et moins commode pour les travaux. Presque tous les autres usages étaient grossiers; mais *il ne faut pas sefigurer* que les mœurs fussent aussi barbares que le disent tant d'écrivains. Albert Krantz parle d'un ambassadeur italien à qui un czar *jit clouer* son chapeau sur la tête, parce qu'il ne se découvrait pas en le haranguant. D'autres attribuent cette aventure à un Tartare; enfin on a fait ce conte d'un ambassadeur français.

in kind. to maintain. bore a greater affinity to. in kind. 'hangsdown to the bottom. "on public days. "Iincd with fur. 'close coats. we murt not imagine. 'had nailed.

Oléarius prétend que le czar Michel Fœdérovitz relégua en Sibérie un marquis d'Exideuil, ambassadeur du roi de France Henri IV.; mais jamais assurément ce monarque n'envoya d'ambassadeur à Moscou. C'est ainsi que les voyageurs parlent du pays de Borandie qui n'existe pas; ils ont trafiqué avec les peuples de la nouvelle Zemble, qui à peine est habitée; ils ont eu de longues conversations avec des Samoièdes, comme s'ils avaient pu les entendre. Si on retranchait des énormes compilations de voyages ce qui n'est ni vrai ni utile, ces voyages et le public *y* gagneraient.

Le gouvernement ressemblait à celui des Turcs par la milice des strélitz qui, comme celle des janissaires, disposa quelquefois du trône, et troubla l'État presque toujours autant qu'elle le soutint. Ces strélitz étaient au nombre de quarante mille hommes. Ceux qui étaient dispersés dans les provinces subsistaient de brigandages; ceux de Moscou vivaient *"en bourgeois,* trafiquaient, ne servaient point, et *"poussaient à* l'excès l'insolence. Pour établir l'ordre en Russie, il fallait les casser; rien n'était ni plus nécessaire ni plus dangereux.

L'État ne possédait pas au dix-septième siècle cinq millions de roubles (environ vingt-cinq millions de France) de revenu. C'était assez quand Pierre parvint à la couronne, *Ppour demeurer* dans l'ancienne médiocrité; ce n'était pas le tiers de ce qu'il fallait pour en sortir et pour se rendre considérable en Europe: mais aussi beaucoup d'impôts étaient payés en denrées selon l'usage des Turcs; usage qui *foule bien moins* les peuples que celui de payer leurs tributs en argent.

"' woulJ be gainers by it. "like citizens. carried.

to remain. which i» less burlhensoine to.
Quant au titre de czar, *Hl se peut qu'il vienne* des tzars ou tchars du royaume de Casan. Quand le souverain de Russie Jean ou Ivan Basilidès eut, au seizième siècle, conquis ce royaume subjugué par son aïeul, mais perdu ensuite, il en prit le titre qui est demeuré à ses successeurs. Avant Ivan Basilidos, les maîtres de la Russie portaient le nom de *veliki lents, grand prince, grand seigneur, grand chef,* que les nations chrétiennes traduisent par celui de grand duc. Le czar Michel Fœdérovitz prit avec l'ambassade holstenoise les titres de *grand seigneur et grand Jcnès, conservateur de tous les Russes, ptince de Volodimer,. Moscou, Novogorod, etc., tzar de Casan, tzar d'Astracan, tzar de Sibérie.* Ce nom de *tzar* était donc le titre de ces princes orientaux; il était donc

vraisemblable qu'il dérivait plutôt des tshas de Perse que des césars de Rome, dont probablement les tzars sibériens n'avaient jamais entendu parler sur les bords du fleuve Oby.

Un titre, quel qu'il soit, n'est rien, si ceux qui le portent ne sont grands *par eux-mêmes.* Le nom *d'empereur,* qui ne signifiait que *général d'armée,* devint le nom des maîtres de la république romaine: *on le donne aujourd'hui* aux souverains des Russes, "à *pins juste titre* qu'à aucun autre potentat, si l'on considère l'étendue et la puissance de leur domination.

La religion de l'État fut toujours depuis le onzième siècle celle qu'on nomme grecque par opposition à la latine: mais il y avait plus de pays mahométans et de païens que de chrétiens. La Sibérie jusqu'à la Chine était idolâtre, et dans plus d'une province toute espèce de religion était inconnue.

L'ingénieur Perri et le baron de Stralemberg,

'as to the. 'it may possibly corne. 'of. nowgiven. "morejustly. qui ont été si long-temps en Russie, disent qu'ils ont trouvé plus de bonne foi et de probité *dans* les païens que dans les autres; ce n'est pas le paganisme qui les rendait plus vertueux; mais menant une vie pastorale, éloignés du commerce des hommes, et vivant comme dans ces temps qu'on appelle le premier âge du monde, exempts de grandes passions, ils étaient nécessairement plus *gens de bien.*

Le christianisme ne fut reçu que très tard dans la Russie, ainsi que dans tous les autres pays du Nord. *On prétend* qu'une princesse nommée Olha l'y introduisit, à la fin du dixième siècle, comme Clotilde, nièce d'un prince arien, *"le fit recevoir chez* les Francs; la femme d'un JYlicislas, duc de Pologne, chez les Polonais; et la sœur de l'empereur Henri II. chez les Hongrois. C'est le sort des femmes d'être sensibles aux persuasions des ministres de la religion, et de persuader les autres hommes.

Cette princesse Olha, ajoute-t-on, se fit baptiser à Constantinople: on l'appela Hélène; et dès qu'elle fut chré-

tienne, l'empereur Jean Zimiscès ne manqua pas d'en être amoureux. *Apparemment qu'elle* était veuve. Elle ne voulut point de l'empereur. L'exemple de la princesse Olha ou Olga ne fit pas d'abord un grand nombre de prosélytes; son fils qui régna long-temps ne pensa point du tout comme sa mère; mais son petit-fils Volodimer, né d'une concubine, ayant assassiné son frère pour régner, et ayant recherché l'alliance de l'empereur de Constantmple, Basile, ne l'obtint qu'à condition qu'il se ferait baptiser. C'est à cette epoque de l'année 987 que la religion grecque commença en effet à s'établir en Russie. Un patriarche de Constantinople, nommé Chrysoberge, On l'appelait Sowastoslnw. among. » honest. 'it it said. introduced it among. » it is likely that. envoya un évêque baptiser Volodimer pour ajouter à son patriarchat cette partie du monde.

Volodimer acheva donc i'ouvrage commencé par son *aïeule.* Un grec fut premier métropolitain de Russie ou patriarche. C'est delà que les Russes ont adopté dans leur langue un alphabet *Hiré* en partie du grec; ils y auraient gagné si le fond de leur langue, qui est la *"slavone,* n'était toujours demeuré le même, à *quelques mots près* 3ui concernent leur liturgie et leur hiérarchie. Jn es patriarches grecs, nommé Jérémie, ayant un procès *%au diva7i,* et étant venu à Moscou demander des secours, renonça enfin à sa prétention sur les églises russes, et sacra patriarche l'archevêque de Novogorod, nommé Job, en 1588.

Depuis ce temps l'Eglise russe fut aussi indépendante que son empire. Il était en effet danfereux, honteux et ridicule que l'Eglise russe épendit d'une Eglise grecque esclave des Turcs. Le patriarche de Russie fut *dès-Iors sacré* par les évêques russes, non par le patriarche de Constantrnople. Il eut rang dans l'Eglise grecque après celui de Jérusalem; mais il fut en effet le seul patriarche libre et puissant et par conséquent le seul réel. Ceux de Jérusalem, de Constantinople, d'Antioche, d'Alexandrie, ne sont que les chefs mercenaires et avilis d'une Eglise esclave des Turcs. Ceux même d'Antioche et de

Jérusalem ne sont plus regardés comme patriarches, et n'ont pas plus de crédit que les rabbins des synagogues établies en Turquie.

C'est d'un homme devenu patriarche de toutes les Russies que descendait Pierre le grand en droite ligne. Bientôt ces premiers prélats voulu Tir« d'un manuscrit particulier intitulé: *Du gouvernement ecclésiastique de Russie.* 'grandmother. taken. "Sclavonian. 'except a few terms. befbre the divan. ever iince consecrated.

rent partager l'autorité des czars. *'C'était peu* que le souverain marchât *nue tête* une fois l'an devant le patriarche, en conduisant son cheval par la briae. Ces respects extérieurs ne servent qu'à irriter la soif de la domination. Cette fureur de dominer causa de grands troubles, comme ailleurs.

Le patriarche Nicon, que les moines regardent comme un saint, et qui siégeait du temps d'Alexis père de Pierre le grand, voulut élever sa chaire audessus du trône; non seulement il usurpait le droit de s'asseoir dans le sénat à côté du czar, mais il prétendait qu'on ne pouvait faire ni la guerre ni la paix sans son consentement. Son autorité, *Soutenue* par ses richesses et par ses intrigues, par le clergé et par le peuple, tenait son maître dans une espèce de sujetion. Il osa excommunier quelques sénateurs qui s'opposèrent à ses excès; et enfin Alexis, qui ne se sentait pas assez puissant pour le déposer par sa seule autorité, fut obligé de convoquer un synode de tous les évoques. On l'accusa d'avoir reçu de l'argent des Polonais; on le déposa; on le confina pour le reste de ses jours dans un cloître, et les prélats élurent un autre patriarche.

Il y eut toujours, depuis la naissance du christianisme en Russie, quelques sectes, *ainsi que* dans les autres Etats; car les sectes sont souvent le fruit de l'ignorance, aussi-bien que de la science prétendue. Mais la Russie est le seul grand Etat chrétien où la religion n'ait pas excité des guerres civiles, quoiqu'elle ait produit quelques tumultes.

Lasectedeces raskolniky, composée aujourd'hui d'environ deux mille mâles, et delaquelle il est fait mention dans le

dénombrement, est la plus ancienne; elle s'établit dès le douzième siècle par des zélés qui avaient quelque connaissance du Page 34.
itwns not enough. bare-headed. 'supporteU.
'" as well as.

nouveau testament; ils eurent et ont encore la prétention de tous les sectaires, celle de le suivre a la lettre, accusant tous les autres chrétiens de *"relâchement,* ne voulant point souffrir qu'un prêtre qui a bu *"de l'eau-de-vie* confère le baptême, assurant avec Jésus-christ qu'il n'y a ni premier ni dernier parmi les fidèles, et surtout qu'un fidèle *fpeut* se tuer pour l'amour de son Sauveur. C'est, selon eux, un très grand péché de dire *alleluia* trois fois; il ne faut le dire que deux, et ne donner jamais la bénédiction qu'avec trois doigts. Nulle société', d'ailleurs, n'est ni plus réglée ni plus sévère dans ses mœurs: ils vivent comme les quakers, mais ils n'admettent point comme eux les autres chrétiens dans leurs assemblées; Quelquefois on les a persécutés: ils se sont alors enfermés dans leurs *bourgades,* ont mis le feu à leurs maisons, et se sont jetés dans les flammes. Pierre a pris avec eux le seul *parti* qui puisse les *ramener,* celui de les laisser vivre en paix. Au reste, il n'y a dans un si vaste empire que vingt-huit *sièges* épiscopaux, et du temps de Pierre on n'en comptait que vingt-deux: ce petit nombre était peut-être une des raisons qui avaient tenu l'Eglise russe en paix. Cette Eglise d'ailleurs était si peu instruite, que le czar Fœdor, frère de Pierre le grand, fut le premier qui introduisit le *2)lain-chant* chez elle.

Fœdor et surtout Pierre admirent indifféremment dans leurs armées et dans leurs conseils ceux du *"rite* grec, latin, luthérien, calviniste: ils laissèrent à chacun la liberté de servir Dieu *suivant* sa conscience, pourvu que l'Etat fût bien servi. Il n'y avait dans cet empire de deux mille *"lieues* de longueur aucune église latine. Seulement lorsque Pierre eut établi de nouvelles manufactures dans remissness. brandy. may. hanilets. 'method. reclaira. 'sees. psalmody. "communion. after. 'leagues.

Astracan, il y eut environ soixante familles catholiques dirigées par des capucins; mais quand les j ésuites voulurent s'introduire dans ses Etats, *U lès chassa* par un édit au mois d'avril 1718. Il *'souffrait* les capucins comme des moines sans conséquence, et *regardait* les jésuites comme des politiques dangereux. Ces jésuites s'étaient établis en Russie en 1685; ils furent expulsés quatre ans après: ils revinrent encore, et furent encore chassés.

L'Eglise grecque *est flattée* de se voir étendue *dans* un empire de deux mille lieues, tandis que la romaine n'a pas la moitié de ce terrain en Europe. Ceux du rite grec ont voulu surtdut conserver dans tous les temps leur égalité avec ceux du rite latin, et ont toujours craint le zèle de l'Eglise de Rome, qu'ils ont pris pour de l'ambition, parce qu'en effet l'Eglise romaine, très *"resserrée* dans notre hémisphère, et se *disant* universelle, a volu *%remplir* ce grand titre.

Il n'y a jamais eu en Russie d'établissement pour les Juifs, comme ils en ont dans tant d'Etats de l'Europe depuis Constantinople jusqu'à Rome. Les Russes ont toujours *fait* leur commerce par eux-mêmes et par les nations établies chez eux. De toutes les Eglises grecques la leur est la seule qui ne voie pas des synagogues *'à côté de* ses temples.

La Russie, qui doit uniquement à Pierre le grand sa grande influence dans les affaires de l'Europe, n'en avait aucune depuis qu'elle était chrétienne. On la voit auparavant faire sur la mer Noire ce que les Normands faisaient sur nos côtes maritimes de l'Océan, armer du temps d'Héraclius quarante mille petites barques, se he expelled them. tolerated. considered.
has the satisfaction. throughout. circumscribed. 'calling. « to act up to. carried on. by the side of. présenter pour assiéger Constantinople, imposer un tribut aux césars grecs. Mais le grand knès Volodimer, *koccupé du soin* d'introduire chez lui le christianisme, et *fatigué* des *troubles* intestins de sa maison, affaiblit encore ses *Etats "en les partageant* entre ses enfants, *vils furent presque tous la proie* des Tartares, qui

asservirent la Russie pendant deux cents années. Ivan Pasilidès la délivra et l'agrandit: mais après lui les guerres civiles la ruinèrent. *Il s'en fallait beaucoup* avant Pierre le grand *que la Russie fût* aussi puissante, *'qu'elle eût* autant de terres cultivées, autant de sujets, autant de revenus *que de nos jours.* Elle ne possédait rien dans la Finlande, rien dans la Livonie: et la Livonie seule vaut mieux que n'a valu long-temps toute la Sibérie. Les Cosaques n'étaient point soumis; les peuples d'Astracan obéissaient mal; le peu de commerce-*que l'on faisait* était désavantageux. La mer Blanche, la mer Baltique, celle du Pont-Euxin, d'Azof, et la mer Caspienne étaient entièrement inutiles à une nation qui n'avait pas un vaisseau, et qui môme dans sa langue manquait de terme pour exprimer une flotte. *"S'il n'eût fallu qu'être "au-dessus des* Tartares et des peuples du Nord *jusqu'à la* Chine, la Russie jouissait de cet avantage; mais il fallait s'égaler aux nations policées, et se mettre *en état d'en* surpasser un jour plusieurs. Une telle entreprise paraissait impracticable, *puisqu'on n'avait pas* un seul vaisseau sur les mers, *'qu'on ignorait absolument* sur la terre la discipline militaire, que les manufactures les plus simples étaient à *peine* encouragées, et que being taken up with the care. 'wearied. broils.
"dominions. by dividing them. they fell almost ail a prey to. q Russia w as very far from being.
'from possessing. 'as at present. that was carried on. if nothing more hadbeen wanting but. superiorto the. as far as. 'in a condition to. since they had not. were ab olutely ignorant. hardly. l'agriculture même, qui est le premier mobile de tout, était négligée. Elle *"exige* du gouvernement de l'attention et des encouragements, et c'est ce qui a fait trouver aux Anglais dans leurs blés un trésor supérieur à celui de leurs laines.
Ce peu de culture des arts nécessaires montre assez *"qu'on n'avait pas d'idée* des beaux arts, qui deviennent nécessaires à leur tour quand on a tout le reste. *On aurait pu envoyer* quelques *(naturels du pays* s'instruire chez les

étrangers; mais la différence des langues, des mœurs et de la religion s'y opposait: une loi même d'Etat et de religion, également sacrée et pernicieuse, défendait aux Russes de sortir de leur patrie, et semblait les condamner à une éternelle ignorance. Ils possédaient les plus vastes Etats de l'univers, et tout y était à faire. Enfin Pierre naquit, et la Russie *fut formée.*

Heureusement, de tous les.grands législateurs du monde, Pierre est le seul dont l'histoire soit bien connue. Celles des Thésée, des Romulus, qui firent beaucoup moins que lui, celles des fondateurs de tous les autres Etats *policés* sont mêlées de fables absurdes, et nous avons ici l'avantage d'écrire des vérités qui passeraient pour des fables si elles n'étaient attestées.

CHAPITRE III.

Des ancêtres de Pierre le grand.

La famille de Pierre était sur le trône depuis l'an 1613. La Russie avant ce temps avait *esstiyé* des révolutions qui *kéloignaient* encore la réforme

'requirti. that they had no idea. they might have sent. 'natives. becamc civilized. well governed.

'andergone. retanled.

et les arts. C'est le sort de toutes les sociétés d'hommes. Jamais il n'y eut de troubles plus cruels dans aucun royaume. Le tyran Boris Godonou fit assassiner en 1597, l'héritier légitime Démétri, que nous nommons Démétrius, et usurpa l'empire. Un jeune moine pritle nom de Démétrius, prétendit être le prince échappé aux assassins; et secouru des Polonais et d'un grand parti que les tyrans ont toujours contre eux, il chassa l'usurpateuret usurpa lui-même la couronne. On reconnut son imposture dès qu'il fut maître, parce qu'on fut mécontent de lui; il fut assassiné. Trois autres faux Démétrius s'élevèrent l'un après l'autre. Cette *suite* d'impostures supposait un pays tout en désordre. *Moins* les nommes sont civilisés, plus il leur est aisé de leur en imposer. On peut juger *"à quel point* ces fraudes augmentaient la confusion et le malheur public. Les Polonais, qui avaient commencé les révolutions en établissant le premier faux Démétri,

furent sur le point de régner en Russie. Les Suédois *"partagèrent* les dépouilles du côté de la Finlande, et *vprétendirent* aussi au trône; l'Etat était menacé d'une ruine entière.

Au milieu de ces *malheurs,* une assemblée composée des principaux boyards élut pour souverain, en 1613, un jeune homme de quinze ans; ce qui ne paraissait pas un *moyen* sur de finir les troubles. Ce jeune homme était Michel Romano, grandpère du czar Pierre, fils de l'archevêque de Rostou, surnommé Philarète, et d'une religieuse; *'allié par les femmes* aux anciens czars.

Il faut savoir que cet archevêque était un seigneur puissant que le tyran Boris avait forcé *'de se faire prêtre.* Sa femme Shéréméto fut aussi Les Russes écrivent Romanow: les Français ne se servent point du w. On prononce aussi Roma-nof.

succession. the less. how much. shared in. 'laid claim. calamities. 'method. 'related by the raother's side. to tnrn priest.

contrainte de prendre le voile: c'était un ancien usage des tyrans occidentaux chrétiens latins; celui des chrétiens grecs était *"de crever* les yeux. Le tyran Démétn donna à Philarète l'archevêché de ïtostou, et l'envoya ambassadeur en Pologne. Cet ambassadeur était prisonnier chez les Polonais alors en guerre avec les Russes, tant le droit des gens était ignoré chez tous;ces peuples. Ce fut pendant sa détention que le jeune Romano, fils de cet archevêque, fut elu czar. On échangea son père contre des prisonniers polonais, et le jeune czar créa son père patriarche: ce vieillard fut souverain en effet sous le nom de son fils.

Si un tel gouvernement paraît singulier aux étrangers, le mariage du czar Michel Romano *le semble davantage.* Les monarques des Russies ne prenaient plus des épouses dans *les autres Etats* depuis l'an 1490. Il paraît que depuis qu'ils eurent Casan et Astracan, ils suivirent presqu'en tout les coutumes asiatiques, et principalement celle de ne se marier qu'à leurs sujettes.

Ce qui ressemble encore plus aux usages de l'ancienne Asie, c'est que pour marier un czar on faisait venir à la cour les plus belles filles des provinces; la grand maîtresse de la cour les recevait chez elle, les logeait séparément et les faisait manger toutes ensemble. Le czar les voyait ou sous un nom emprunté, ou sans déguisement. Le jour du mariage était fixé, sans que le choix fût encore connu; et le jour marqué on présentait un habit de noce à celle sur qui le choix secret était tombé: on distribuait d'autres habits aux *prétendantes* qui s'en retournaient chez elles. Il y eut quatre *'exemples* de pareils mariages.

"Cest de cette manière que Michel Romano épousa Eudoxe, fille d'un pauvre gentilhomme, nommé to put out. seems still more so. foreign states. candidates. instances. in this manner. Streshneu. *Il cultivait* ses champs lui-même avec ses domestiques, lorsque des chambellans, envoyés par le czar avec des présents, lui apprirent que sa fille était sur le trône. Le nom de cette princesse est encore cher à la Russie. Tout cela est *"éloigné* de nos mœurs, et *n'en est pas moins respectable.*

Il est nécessaire de dire qu'avant l'élection de Romano un grand parti avait élu le prince Ladislas, fils du roi de Pologne Sigismond III.; les provinces *"voisines de* la Suède avaient offert la couronne à un frère de Gustave-Adolphe. Ainsi la Russie était dans la même situation où l'on a vu si souvent la Pologne, *chez qui* le droit d'élire un monarque a été une source de guerres civiles; mais les Russes n'imitèrent point les Polonais, qui *%font un contrat* avec le roi qu'ils élisent. Quoiqu'ils eussent éprouvé la tyrannie, ils se soumirent à un jeune homme sans rien exiger de lui.

La Russie n'avait jamais été un royaume électif: mais *Ha race masculine* des anciens souverains ayant *'manqué,* six czars ou prétendants ayant péri malheureusement dans les derniers troubles, *Hl fallut,* comme on l'a vu, élire un monarque: et cette élection *causa* de nouvelles guerres avec la Pologne et la Suède, qui combattirent pour leurs prétendus *"'droits* au trône de Russie. *"Ces droits* de gouverner une nation malgré elle *"ne se soutiennent Jamais*

long-temps. Les Polonais d'un côté, après s'être avancés jusqu'à Moscou, et après des pillages qui étaient les expéditions militaires de ces temps-là, conclurent une trêve de quatorze ans. La Pologne par cette trêve *vdemeura* en possession du duché de Smolensko, dans lequel le Borysthène prend sa source. Les Suédois firent aussi la paix; he was ploughing. is very different. is not less respectable on that account. bordering on. 'where.
enter into a compact. the maie issue. 'failed. there was a necessity. 'occasioned. rights. the right. can.never be supported. 'remained.
D s ils restèrent en possession de l'Ingrie, et privèrent les Russes de toute communication avec la mer Baltique, *de sorte que* cet empire resta plus que jamais séparé du reste de l'Europe.

Michel Romano depuis cette paix régna tranquille, et *il ne se fit dans ses Etats aucun changement* qui corrompît ni qui perfectionnât l'administration. Après sa mort arrivée en 1645, son fils Alexis Michaelovitz, ou fils de Michel, âgé de seize ans, régna par le droit héréditaire. *"On peut remarquer* que les czars étaient *sacrés* par le patriarche suivant qulques rites de Constantinople, *à cela près* que le patriarche de Russie était assis sur la même *"estrade* avec le souverain, et affectait toujours une égalité *quichoquait* le pouvoir suprême.

Alexis se maria comme son père, et choisit parmi les filles *fqu'on lui amena* celle qui lui parut la plus aimable. Tl épousa une des deux filles du boyard Milostauski en 1647, et ensuite une Nariskin en 1671. Son favori Morosou épousa l'autre. On ne peut donner à ce Morosou un titre plus *convenable* que celui de vizir, puisqu'il était despotique dans l'empire, et que sa puissance excita des révoltes parmi les strélitz et le peuple, comme il est arrivé souvent à Constantinople.

Le règne d'Alexis fut troublé par des *"séditions* sanglantes, par des guerres *intestines* et étrangères. Un chef des cosaques du Tanaïs, nommé StenkoRasin, *"voulut* se faire roi d'Astracan, il inspira long-temps la terreur; mais enfin vaincu et pris, *il finit* par *le dernier supplice,*

comme tous ses semblables pour lesquels il n'y a jamais que le trône ou Téchafaud. Environ douze mille de ses *parii so that.* no alteration took place in the state.
it may be observed. 'crowned. except. throne. insulting to. who were presented to him. suitable. insurrections domestic. endeavoured. he ended his life. the hands of the executioner. 'adherents. *sans* furent pendus, diton, sur le grand chemin d'Astracan. Cette partie du monde était celle où les hommes étant le moins gouvernés par «les mœurs, ne l'étaient que *par les supplices;* et de ces supplices affreux naissaient la servitude et *Ha fureur secrète* de la vengeance.

Alexis eut une guerre contre la Pologne; elle fut *kheureuse,* et terminée par une paix qui *7m» assura* la possession de Smolensko, de Kiovie et de l'Ukraine: mais il fut malheureux avec les Suédois, et les bornes de l'empire étaient toujours *très resserrées* du côté de la Suède.

Les Turcs étaient alors plus à craindre; il» tombaient sur la Pologne et menaçaient les pays du czar voisins de la Tartarie Crimée, l'ancienne Chersonèse Taurique. Us prirent, en 1671, la ville importante de Kaminieck, et tout ce qui *"dépendait de* la Pologne en Ukraine. Les cosaques de l'Ukraine, qui n'avaient jamais voulu de maîtres, ne savaient alors s'ils appartenaient, à la Turquie, à la Pologne, ou à la Russie. Le sultan Mahomet IV. vainqueur des Polonais, et qui *"venait de* leur imposer un tribut, demanda, avec tout l'orgueil d'un ottoman et d'un vainqueur, que le czar évacuât tout ce qu'il possédait en Ukraine, et fut refusé avec la même fierté.. *vOn ne savait point* alors déguiser Torguei! par *îles dehors de la bienséance.* Le sultan dans sa lettre ne *'traitait* le souverain des Russies que de *hospodar chrétien,* et s'intitulait *très glorieuse majesté, roi de tout l'univers.* Le czar répondit *'qu'il n'était pas fait pour se soumettre à un chien de mahométan, et que son cimeterre valait bien le sabre du grand seigneur.*

Alexis alors forma un dessein qui semblait annoncer l'influence que la Russie devait avoir un jour dans l'Europe chrétienne. Il envoya des ambassadeurs au pape, et à presque tous les grands souverains de l'Europe, excepté à la France, alliée des Turcs, pour tâcher de former une ligue contre la Porte ottomane. Ses ambassadeurs ne réussirent dans Rome *"qu'à ne point baiser* les pieds du pape, et n'obtinrent ailleurs que des *"vœux im* morality. » by rigour. 'a secret thirst.

successful. 'secured him. contractee! vvithin a ery narrow conipa s. "belonged to. had just.

'niiMi did not know. an outside of civility. 'stjled.

'that it was not for him. 'was as good as.

Ímissants; les querelles des princes chrétiens, et es intérêts ç«i *naissent* de ces querelles mêmes, *les mettant toujours hors d'état* de «£ réunir contre l'ennemie de la chrétienté. 1674. Les Ottomans cependant menaçaient de subjuguer la Pologne, qui refusait de payer le tribut. Le czar Alexis la secourut du côté de la Crimée, et le général de la couronne Jean Sobieski *Hava* la honte de son pays dans le sang des Turcs, à la célèbre bataille de Choczim qui *Hui fraya le chemin* au trône. Alexis disputa ce trône, et proposa d'unir ses vastes Etats à la Pologne, comme les Jagellons y avaient joint la Lithuanie; mais plus son offre était grande, moins elle fut acceptée. Il était très *"digne,* dit-on, de ce nouveau royaume, par la manière dont il gouvernait les siens: c'est lui qui le premier *fi.t rédiger* un code de lois, quoique imparfait; il introduisit des manufactures de toile et de soie, qui, à la vérité, *ne se soutinrent pas,* mais qu'il eut le mérite d'établir. Il peupla des déserts vers le Volga et la Kamade familles lithuaniennes, polonaises et tartares, prises dans ses guerres. Tous les prisonniers auparavant étaient esclaves de ceux *(auxquels ils tombaient en partage;* Alexis en fit des cultivateurs: il mit, autant in not being obligee! to kiss. unprofitable good wishes. arising. always preventing them. uniting..

"wiped off. paved his way. deserving. caused to be digested. were not kept up. 'to whose lot theyfell.

qu'il put, la discipline dans ses armées;

en etait digne d'être le père de Pierre le grand; enfin il mais il n'eut le temps de perfectionner rien de ce qu'il entreprit; une mort prématurée l'enleva à l'âge de quarante-six ans, au commencement de 1677, *%selon notre calendrier,* qui *avance* toujours de onze jours sur celui des Russes.

Après Alexis, fils de Michel, tout retomba dans la confusion. Il laissait Vie son premier mariage deux princes et six princesses. L'aîné, Fœdor, monta sur le trône, âgé de quinze ans, prince d'un tempérament faible et *kvalétudinaire,* mais d'un mérite qui ne tenait pas de la faiblesse de son corps. Alexis son père l'avait fait reconnaître pour son successeur un an auparavant. *Cest ainsi qu'en usèrent* les rois de France depuis HuguesCapet jusqu'à Louis le jeune, et tant d'autres souverains.

Le second des fils d'Alexis était Ivan, ou Jean, encore plusipialtraité par la nature que son frère Fœdor presque privé de la vue et de la parole, ainsi que de santé, et attaqué souvent de convulsions. Des six filles nées de ce premier mariage, la seule célèbre en Europe fut la princesse Sophie, distinguée par les talents de son esprit, mais malheureusement plus connue encore par le mal qu'elle *voulut faire a* Pierre le grand.

Alexis, de son second mariage avec une autre de ses sujettes, fille du boyard Nariskin, laissa Pierre et la princesse Nathalie. Pierre, né le 30 mai 1672, et suivant le nouveau style 10 juin, avait à peine quatre ans et demi quand il perdit son père. On n'aimait point les enfants d'un second lit, et on ne s'attendait pas qu'il dût un jour régner., *L'esprit* de la famille de Romano fut toujours according to our stile. gains. 'by. sickly. the saine conduct waa observed by. intended against.

tlje bent. *"de policer* l'Etat; tel fut encore le caractère de Fœdor. Nous avons déjà remarqué, en parlant de Moscou, qu'il encouragea les citoyens à bâtir plusieurs maisons de pierre. Il agrandit cette capitale; on lui doit quelques règlements de police générale: mais *en voulant* réformer les boyards, il les indisposa tous. D'ailleurs, il n'était ni assez instruit, ni assez actif, ni assez dé-

terminé pour oser concevoir un *changement* général. La guerre avec les Turcs, ou plutôt avec les Tartares de la Crimée, qui continuait toujours avec *des succès balancés,* ne permettait pas à un prince d'une santé faible de tenter ce grand ouvrage. Fœdor épousa, comme ses autres prédécesseurs, une de ses sujettes, *'originaire* des frontières de Pologne: et l'ayant perdue au bout d'une année, il prit pour seconde femme, en 1682, Marthe Matéona, fille du secrétaire Apraxin. Il tomba malade quelques mois après de la maladie dont il mourut, et ne laissa point d'enfants. Comme les czars se mariaient sans avoir égard à la naissance, ils pouvaient aussi choisir (du moins alors) un successeur sans égard à la primogéniture. Il semblait que le rang de femme et d'héritier du souverain dût être uniquement le prix du mérite; et en cela l'usage de cet empire était bien supérieur aux coutumes des Etats les plus civilisés.

Avril 1682. Fœdor, avant d'expirer, voyant que son frère Ivan, trop disgracié de la nature, etait incapable de régner, nomma pour héritier des Russies son second frère Pierre, qui n'était âgé que de dix ans, et qui faisait déjà concevoir de grandes espérances.

Si la coutume *à"élever* les sujettes au rang de czarine était favorable aux femmes, il y en avait une autre bien dure: les filles des czars se mari to civiliz'e. by attempting. refonnatioa.

'alternate suceras. 'a native. 'of raising.

aient alors rarement; la plupart passaient leur vie dans un monastère.

La princesse Sophie, la troisième des filles *"du premier lit* du czar Alexis, princesse d'un esprit aussi supérieur que dangereux, ayant vu qu'il restait à son frère Fœdor peu de temps à vivre, ne prit point le parti du couvent; et se trouvant entre ses deux autres frères qui ne pouvaient gouverner, l'un *par* son incapacité, l'autre par son enfance, elle conçut le dessein de se mettre à la tête de l'empire; elle *voulut,* dans les derniers temps de la vie du czar Fœdor, renouveler le *rôle* que joua autrefois Pulchérie avec l'empereur Théodose, son frère.

CHAPITRE IV.
IVAN ET PIERRE.

*Horrible sédition de la milice des stré-
litz. A peine* Fœdor fut-il expiré, que
la nomination d'un prince de dix ans
au trône, l'exclusion de l'aîné, et les
intrigues de la princesse Sophie, leur
sœur, excitèrent *"dans le corps des* strê-
litz une des plus sanglantes révoltes.
Les janissaires ni les gardes préto-
riennes ne furent jamais si barbares.
D'abord, deux jours après les obsèques
du czar Fœdor, ils courent en armes au
krémelin; c'est, comme on sait, le palais
des czars à Moscou: ils commencent par
se plaindre de neuf de leurs colonels,
qui ne les avaient pas assez exactement
payés. Le ministère est obligé de casser
les colo Tiré tout entier des mémoires
envoyés de Moscou et de Pétersbourg.
by his first marriage. "through. attempt-
ted.

'part. "scarcely. amongst the.

nels et de donner aux strélitz l'argent
qu'ils demandent. Ces soldats ne sont
pas contents; ils *veulent qiïon leur re-
mette les neuf officiers,* et les
condamnent, à la pluralité des voix, au
supplice qu'orr appelle des *batogues:*
voici comme on inflige ce supplice.

On dépouille nu le patient; *on le couche
sur le ventre,* et deux hourreaux le
frappent sur le dos avec des baguettes
jusqu'à ce que le juge dise, *C'est assez.*
Les colonels, ainsi traités par leurs soldats, furent encore obligés de les remer-
cier, selon l'usage oriental des criminels, qui, après avoir été punis, baisent
la main de leurs juges; ils ajoutèrent à
leurs remercîments une somme
d'argent, ce qui n'était pas *"d'usage.*

Tandis que les strélitz commençaient
ainsi à se faire craindre, la princesse Sophie, qui les *animait* sous main pour
les conduire de crime en crime, convo-
quait chez elle une assemblée des princesses du sang, des généraux d'armée,
des boyards, du patriarche, des évêques,
et même des principaux marchands: elle
leur représentait que le prince Ivan, par
s,wn *droit d'aînesse,* et par son mérite,
devait avoir l'empire, dont elle espérait
en secret tenir les rênes. *'Au sortir* de
l'assemblée, elle fait promettre aux strélitz une augmentation de paie et des pré-

sents: ses émissaires *kexcitent* surtout la
soldatesque contre la famille des Nariskin, et principalement contre les deux
Nariskin, frères de la jeune czarine
douairière, mère de Pierre I. On persuade aux strélitz qu'un de ces frères,
nommé Jean, a *pris* la robe du czar,
qu'il s'est mis sur le trône, et qu'il a
"voulu étouffer le prince Ivan; on ajoute
qu'un malheureux médecin hollandais,
insist. upon having these ninc ofiicers
delivered up to them. he is laid flat. customary. 'encouraged.

right of birth. « as entitled to. 'at the
breakin up. 6tir up. soldiery. put on. attempted. nommé Daniel Vangad, a empoisonné le czar Fœdor. Enfin, Sophie
fait remettre *"entre* leurs mains une liste
de quarante seigneurs, qu'elle appelle
leurs ennemis et ceux de l'Etat, qu'ils
doivent massacrer. Rien ne ressemble
plus aux proscriptions de Sylla et des
triumvirs de Rome. Christiern II. les
avait *' 'renouvelées* en Danemarck et en
Suède. On voit par-là que ces horreurs
sont de tout pays dans les temps de
trouble et d'anarchie.

On jette d'abord par les fenêtres les
knès Dolgo» rouki et Maft'eu: les strélitz les reçoivent sur la pointe de leurs
épiques, "les dépouillent, et les traînent
sur la grande place. Aussitôt ils entrent
dans le palais: ils y trouvent un des
oncles du czar Pierre, Athanase Nariskin, frère de la jeune czarine; ils le massacrent de la même manière; ils *forcent*
les portes d'une église voisine, où trois

Froscrits *s'étaient réfugiés;* ils les arrachent de autel, les dépouillent et les
assassinent *à coups de couteau.*

Leur fureur était si aveugle que,
voyant passer un jeune seigneur de la
maison de Soltikof qu'ils aimaient, et
qui n'était point sur la liste des proscrits, quelques-uns d'eux ayant *pris* ce
jeune homme pour Jean Nariskin qu'ils
cherchaient, ils le tuèrent sur-le-champ.
Ce qui *découvre* bien les mœurs de ce
temps-là, c'est qu'ayant reconnu leur
erreur, ils portèrent le corps du jeune
Soltikof à son père pour l'enterrer, et
le père malheureux, loin d'oser se
plaindre, leur donna des récompenses
pour lui avoir rapporté le corps sanglant
de son fils. Sa femme, ses filles, et

l'épouse du mort lui reprochèrent sa faiblesse. *Attendons le temps de la vengeance,* leur dit le vieillard. Quelques
strélitz Ou Matheoff: c'est Mathieu
dans notre langue.

into. revived. spears strip them. break
open. 'had taken refuge. with knive».
'miitaken. shows. J, entendirent ces paroles; ils rentrent furieux dans la
chambre, traînent le père par les che-
veux, et l'égorgent à la porte de sa maison.

D'autres strélitz vont chercher partout le médecin hollandais *Vangad;* ils
rencontrent son fils; ils lui demandent
où est son père; le jeune homme, en
tremblant, répond qu'il l'ignore, et sur
cette réponse ii est égorgé. Us trouvent
un autre médecin allemand: "Tu es médecin, lui disent-ils; si *"tu n'as pas empoisonné notre maître Foedor, tu en *"as
empoisonné d'autres; tu mérites bien la
"mort:" et ils le tuent.

Enfin ils trouvent le Hollandais qu'il
cherchaient; il s'était déguisé *en men-
diant;* ils le traînent devant le palais: les
princesses, qui aimaient ce bon homme,
et qui avaient confiance en lui, demandent sa grâce aux strélitz, en les assurant qu'il est un fort bon médecin, et
qu'il a très bien traité leur frère Fœdor. Les strélitz répondent que nonseulement il mérite la mort comme médecin, mais aussi comme sorcier, et qu'ils
ont trouvé chez lui un grand crapaud sé-
ché et une peau de serpent. Ils ajoutent
qu'il leur faut absolument livrer le jeune
Ivan Nariskin, qu'ils cherchent en vain
depuis deux jours; qu'il est sûrement caché dans le palais; qu'ils y mettront le
feu si on ne leur donne leur victime. La
sœur d'Ivan Nariskin, les autres princesses, épouvantées, vont dans la retraite où. Jean Nariskin est caché; le patriarche le confesse, *Hui donne* le via-
tique et l'extrême-onction; après quoi
il prend une image de la Vierge, qui
passait pour miraculeuse; il mène par
la main le jeune homme, et s'avance
aux strélitz, en leur montrant l'image de
la Vierge. Les princesses en larmes entourent Nariskin, "e *mettent à genoux*
devant les soldats, les conjurent, au nom
de la Vierge, d'ac

» in the garb of a beggar. "adminbters

to him. faH npon their kuees.

corder la vie à leur parent; mais les soldats *l'arrachent* des mains des princesses; ils le traînent au bas des escaliers avec *Vangad:* alors "ilsjbrment entre eux une espèce de tribunal; *ils appliquent à la question* Nariskin et le médecin. Un d'entre eux, qui "savait écrire, (dresse un procès-verbal; ils condamnent les deux infortunés à être *%hachés* en pièces: c'est un supplice usité à la Chine et en Tartane pour les parricides; on l'appelle le supplice des dix mille morceaux. Après avoir ainsi *Hraité* Nariskin et Vangad, ils exposent leurs têtes, leurs pieds, et leurs mains sur les pointes de fer d'une balustrade. Pendant qu''ifo *assouvissaient* leur fureur aux yeux des princesses, d'autres massacraient tous ceux qui leur étaient odieux, ou suspects à Sophie.

Juin 1682. Cette exécution horrible *finit* par

Ïroclamer souverains les deux princes Ivan et 'ierre, en leur associant leur soeur Sophie en qualité de co-régente. Alors elle approuva tous leurs crimes, et les récompensa, confisqua les *biens* des proscrits, et les donna aux assassins: elle leur permit même d'élever un monument, sur lequel ils firent graver les noms de ceux qu'ils avaient massacrés comme traîtres à la patrie; elle leur donna enfin des lettres-patentes par lesquelles elle les remerciait de leur zèle et de leur fidélité.

tear him. they hold. they put to the torture. could 'draws up aform of accusation. eut used. they were glutting. concluded. 'estates.

'i'

CHArïTRE V.
GOUVERNEMENT DE LA PRINCESSE SOPHIE.
Querelle singulière de religion. Conspiration. Voila par quels degrés la princesse Sophie monta en effet sur le trône de Russie sans être déclarée czarine, et voilà les premiers exemples qu'eut Pierre I. devant les yeux. Sophie eut tous les honneurs d'une souveraine, son buste sur les monnaies, la signature pour toutes les expéditions, la première place au conseil, et surtout la puissance suprême. Elle avait beaucoup *vd'esprit,*

faisait même des vers dans sa langue, écrivait et parlait bien: une figure agréable *relevait encore* tant de talents; son ambition seule *les ternit.*
Elle *maria* son frère Ivan suivant la coutume dont nous avons tant d'exemples. Une jeune Soltikof, de'la maison de ce même Soltikof que les strélitz avaient assassiné, fut choisie au milieu de la Sibérie, où son père commandait dans une forteresse, pour être présentée au czar Ivan à Moscou. Sa beauté *H'emporta sur* les *brigues* de toutes ses rivales: Ivan l'épousa en 1684. Il semble, à chaque mariage d'un czar, qu'on lise l'histoire d'Assuérus, ou celle du second Théodose.

Au milieu des "fêtes de ce mariage les strélitz excitèrent un nouveau *soulèvement;* et qui le croirait? c'était pour la religion, c'était pour le dogme. S'ils n'avaient été que soldats, ils ne seraient pas devenus controversistes; mais ils Tiré tout entier des mémoires envoyas de Pétersbourg.

"extraordinary. "about. such were the steps by which. 'wit. set off. sullied them. procured a wife for. 'triumphed dver. intrigues.

"fête. insurrection.

étaient *bourgeois* de Moscou. Du fond des Indes jusqu'aux extrémités de l'Europe, quiconque se trouve ou se met en droit de parler avec autorité à la populace, peut fonder une secte; et c'est ce qu'on a vu dans tous les temps, surtout depuis que *la fureur du dogme* est devenue l'âme des audacieux et le joug des imbéciles.

On avait déjà *essuyé* quelques séditions en Russie, dans les temps où l'on disputait si la bénédiction devait se donner avec trois doigts ou avec deux. 16 juillet 1682, n. st. Un certain Abakum, archi-prêtre, avait dogmatisé sur le Saint-esprit, qui, selon l'évangile, doit illuminer tout fidèle, sur l'égalité des '"premiers chrétiens, sur ces paroles de Jésus: *Il n'y aura ni premier ni dernier.* Plusieurs citoyens, plusieurs strélitz embrassèrent les opinions *à'* Abakum: le parti *se fortifia;* un certain Raspop en fut le chef. Les sectaires enfin entrèrent dans la cathédrale, où le patriarche et son clergé officiaient; ils le *àchassèrent*

lui et les siens à *coups de pierres,* et *se mirent* dévotement à leur place pour recevoir le Saint-esprit. Ils appelaient le patriarche *%loup ravisseur dans le bercail;* titre que toutes les communions se sont libéralement donné les unes aux autres. On courut avertir la princesse Sophie et les deux czars de ces *désordres;* 'on fit dire aux autres strélitz, qui soutenaient la bonne cause, que les czars et l'Église étaient en danger. Le parti des strélitz et bourgeois patriarchaux *en vinrent aux mains contre* la faction des Abakumistes; mais le carnage fut suspendu dès qu'on parla de convoquer un concile. Aussitôt un concile s'assemble dans une salle du palais: cette convocation n'était pas difficile; on fit venir tous les prêtres qu'on trouva. Le patriarche et un évêque disputèrent contre Raspop, et au second syllogisme on se jeta des pierres au visage. Le concile finit par couper le cou à Raspop et à quelques-uns de ses fidèles disciples, qui furent exécutés sur les seuls ordres des trois souverains, Sophie, Ivan et Pierre.

citizens. the passion of dogmatising. expcrienced. primitive. became considerable. drove out. with stones. 'seated themselves. ravenous wolf. duturbances. 'it was given to undcrstand. attacked.
"

Dans ce temps de trouble, il y avait un knès Chovanskoi, qui, ayant contribué à l'élévation de la princesse Sophie, voulait pour prix de ses services partager le gouvernement. *On croit bien* qu'il trouva Sophie ingrate. Alors il *prit le parti* de la dévotion et des Raspopites persécutés; il "souleva encore une partie des strélitz et du peuple au nom de Dieu: la conspiration fut plus serieuse que l'enthousiasme de Raspop. Un ambitieux hypocrite va toujours plus loin qu'un simple fanatique. Chovanskoi "ne *prétendait pas moins que* l'empire; et pour n'avoir jamais rien a craindre, il résolut de massacrer les deux czars et Sophie, et les autres princesses, et tout ce qui était attaché à la famille czarienne. Les czars et les princesses furent obligés de se retirer au monastère de la Trinité, à douze lieues de Moscou.

C'était?à *la fois* un couvent, un palais et une forteresse, comme MontCassin, Corbie, Fulde, Kempten, et tant d'autres chez les chrétiens du rite latin. Ce monastère de la Trinité appartient aux moines basiliens; il est entouré de larges fossés et de remparts de brique *garnis* d'une artillerie nombreuse. Les moines possédaient quatre lieues de pays à la ronde. La famille czarienne y était en sûreté, plus encore par la force que par la sainteté du lieu. 1682. De là Sophie *négocia* avec le rebelle, le trompa, *"l'attira 'à moitié chemin; eiHuiJit trancher ta tête,* ainsi it may be supposee!. he espoused the cause.

"stirred up. "aimed at no less. at the same time.
lined. q treated. decoyed him. "halfway.
'cauied bis head to be struck off.
qu'à un de ses fils et à trente-sept strélitz qui l'accompagnaient.

Le corps des strélitz, "à cette nouvelle, s'apprête à marcher en armes au couvent de la Trinité; il menace de tout exterminer: la famille czarienne se fortifie; les boyards arment leurs vassaux; tous les gentilshommes accourent; une guerre civile sanglante commençait. Le patriarche apaisa un peu les strélitz: les troupes qui venaient contre eux de tous côtés les intimidèrent: ils passèrent enfin de la fureur à la crainte, et de la crainte à la

Elus aveugle soumission; changement ordinaire à i multitude. Trois mille sept cents des leurs, suivis de leurs femmes et de leurs enfants, *se mirent une corde au cou,* et marchèrent en cet état au couvent de la Trinité, que trois jours auparavant ils voulaient *réduire en cendres.* Ces malheureux *se rendirent* devant le monastère, portant deux *à* deux un *'billot* et une hache; ils se prosternèrent à terre et attendirent leur supplice: on leur pardonna. Ils s'en retournèrent à Moscou en bénissant leurs maîtres, et prêts, sans le savoir, à renouveler tous leurs attentats à la première occasion.

Après ces *convulsions,* l'Etat *"reprit* un extérieur tranquille: Sophie eut *toujours* la principale autorité, abandonnant Ivan à son incapacité, et tenant

Pierre *"en tutelle.* Pour augmenter sa puissance, elle la partagea avec le prince Basile Gallitzin, qu'elle fit généralissime administrateur de 1 Etat et *(garde des sceaux;* homme supérieur, en tout genre, à tout ce qui était alors dans cette cour orageuse, poli, magnifique, n'ayant que de grands desseins, plus instruit qu'aucun Russe, parce upon. "tied ropes round their necks. to bu m to the ground. 'presented themselves. by.
block. "commotions. resumed. itiÛ. iii the lubjection of a ward. 'Lord-keeper. qu'il avait reçu une éducation meilleure, possédant même la langue latine, presque totalement ignorée en Russie; homme d'un esprit actif, laborieux, d'un génie au-dessus de son siècle, et capable de changer la Russie, s'il en avait eu le temps et le pouvoir, comme il en avait la *%volonté.* C'est l'éloge que fait de lui la Neuville, envoyé pour lors de la Pologne en Russie; et les éloges des étrangers sont moins suspects.
Ce ministre *contint* la milice des strélitz en distribuant les plus mutins dans des régiments en Ukraine, à Casan, en Sibérie. C'est sous son administration que la Pologne, long-temps rivale de la Russie, *céda* en 1686 toutes ses prétentions sur les grandes provinces de Smolensko et de l'Ukraine. C'est lui qui le premier *fit* envoyer en 1687 une ambassade en France; pays qui était, depuis vingt ans, dans toute sa gloire par les conquêtes et les nouveaux établissements de Louis XIV., par sa magnificence, et surtout par la perfection des arts, sans lesquels on n'a que de la grandeur et point de gloire véritable. La France n'avait eu encore aucune correspondance avec la Russie, on ne la connaissait pas; et l'académie des inscriptions célébra par une médaille cette ambassade, comme si elle fut venue des Indes: mais, malgré la médaille, l'ambassadeur Dolgorouki *échoua;* il *essuya* même de violents dégoûts par la conduite de ses domestiques: on eût mieux fait *"de tolérer* leurs fautes; mais la cour de Louis XIV. ne pouvait' prévoir alors que la Russie et la France compteraient un jour parmi leurs avantages celui d'être étroitement alliées.

L'Etat était alors tranquille *"au-dedans,* toujours *vresserré* du côté de la Suède, mais *étendu* du 'inclination. "checked. 'gave up. caused.
miscarried. suffered. to overlook. at home. pent up. « enlarged. côté de la Pologne, sa nouvelle alliée; continuellement en alarmes vers la Tartarie Crimée, et *en mésintelligence* avec la Chine pour les frontières.
Ce qui était le plus intolérable pour cet empire, et ce qui'marquait bien qu'i7 *n'était point parvenu* encore à une administration vigoureuse et regulière, c'est que le kan des Tartares de Crimée exigeait un tribut annuel de soixante mille roubles, comme la Turquie en avait imposé un à la Pologne.
La Tartarie Crimée est cette même Chersonèse Taurique, célèbre autrefois par le commerce des Grecs, et plus encore par leurs fables, contrée fertile et toujours barbare, nommée Crimée, du titre des premiers kans, qui s'appelaient *crim* avant les conquêtes des enfants de Gengis. 1687-1688. C'est *pour s'affranchir* et se venger de la honte d'un tel tribut, que le premier ministre, Gallitzin, alla lui-même en Crimée à la tête d'une armée nombreuse. Ces armées ne ressemblaient en rien à celles que le gouvernement entretient aujourd'hui; point de discipline, pas même de régiment bien armé; point d'habits uniformes, rien de régulier; une milice, à la vérité, endurcie au travail et à la disette, mais une profusion de bagages, qu'on ne voit pas même dans nos camps, où règne le luxe. Ce nombre prodigieux de chars qui portaient des munitions et des vivres dans des pays dévastés et dans des déserts, *"nuisit* aux entreprises sur la Crimée. *On se trouva* dans de vastes solitudes, sur la rivière de Samare, sans magasins. Gallitzin fit dans ces déserts ce qu'on n'a point, je pense, fait ailleurs: il employa trente mille hommes à bâtir sur la Samare une ville qui pût servir d'entrepôt pour la campagne *prochaine;* elle fut commencée dès cette année, et achevée en trois mois l'année
'at variance. «t had not attained. to free the country. retarded. "the army

found itself.

ensuing. suivante, toute de bois, à la vérité, avec deux maisons de briques et des remparts de *gazon,* mais *munie* d'artillerie et en état de défense.

C'est tout ce qui se fit de singulier dans cette expédition ruineuse. Cependant Sophie régnait; Ivan n'avait que le nom de czar; et Pierre, Agé de dix-sept ans, avait déjà le courage de l'être. L'envoyé de Pologne, la Neuville, résidant alors à Moscou, et *".témoin oculaire* de ce qui se passa, prétend que Sophie et Gallitzin engagèrent le nouveau chef des strélitz à leur sacrifier le jeune czar: il paraît au moins que six cents de ces strélitz *devaient s'emparer* de sa personne. Les mémoires secrets que la cour de Russie m'a confiés assurent que le parti était près de tuer Pierre I: *le coup allait être porté,* et la Russie était privée à *jamais* de la nouvelle existence qu'elle a reçue depuis. Le czar fut encore obligé *"de se sauver* au couvent de la Trinité; refuge ordinaire de la cour menacée de la soldatesque. Là il convoque les boyards de son parti, assemble une milice, *fait parler* aux capitaines des strélitz, *%appelle à lui* quelques Allemands établis dans Moscou depuis long-temps, tous attachés à sa personne, parce qu'il favorisait déjà les étrangers. Sophie et Ivan, restés dans Moscou, *conjurent* le corps des strélitz de leur demeurer fidèles; mais la cause de Pierre, qui se plaint d'un *attentat* médité contre sa personne et contre sa mère, *Remporte* sur celle d'une princesse et d'un czar dont le seul aspect éloignait les cœurs. Tous les complices furent punis avec une sévérité à laquelle le pays était alors aussi accoutumé qu'aux attentats: quelques-uns furent turf, 'lined with. an eye witness. were to have made themselves masters. the blow was on the point of being itruck. for ever. to take refuge. 'treats with. 'calls in the assistance of. cntreat. 'attempt.

prevails over. décapités, après avoir éprouvé le supplice du knout ou des batoques. Le chef des strélitz périt de cette manière: on coupa la langue à d'autres qu'on soupçonnait. Le prince Gallitzin, qui avait. un de ses parents auprès du czar Pierre, obtint la vie; mais, dépouillé

de tous ses biens, qui étaient immenses, il fut *relégué* sur le chemin d'Archangel. La Neuville, présent à toute cette catastrophe, dit qu'on prononça la sentence à Gallitzin en ces termes: *Il t'est ordonné par le très clément czar de te rendre à Karga, ville sous le pole, et d'y.rester le reste de tes jours. La bonté extrême de sa majesté t'accorde trois sous par jour.*

Il n'y a point de ville sous le pole. Karga est au soixante et deuxième degré de latitude, six degrés et demi seulement *"plus au nord '* que Moscou. Celui qui aurait prononcé cette sentence *"eût été* mauvais géographe: on prétend que la Neuville a été trompé par un *vrapport infidèle.* 1689. Enfin, la princesse Sophie fut reconduite dans son monastère de Moscou, après avoir régné longtemps: ce changement était un assez grand *supplice.*

De ce moment, Pierre régna. Son frère Ivan n'eut d'autre *'part au,* gouvernement que celle de voir son nom dans les actes publics; il mena une *'vie-privée,* et mourut en 1696.

banished. to repair.. further north. muit have been. 'false account. punishment. share. 'retiree! life. /

CHAPITRE VI.

REGNE DE PIERRE PBEMIER.

Commencement de la grande réforme.

Pierre Le Grand avait une taille haute, *dégagée,* bien formée, le. visage noble, des yeux animés, un *"tempérament* robuste, *"propre* à tous les exercices et à tous les travaux; son *esprit* était *ajuste,* ce qui est le *zfond* de tous les *'vrais taïens;* et cette justesse était mêlée d'une inquiétude qui *le portait* à tout entreprendre et à tout faire. *Il s'en fallait beaucoup que son éducation eût été* digne de son génie: l'intérêt de la princesse Sophie avait été surtout de le laisser dans l'ignorance, et de l'abandonner aux excès que la jeunesse, l'oisiveté, la coutume et son rang ne rendaient que trop permis. Cependant il était récemment marié, et il avait épousé en juin 1689, comme tous les autres czars, une de ses sujettes, fille du colonel Lapouchin; mais étant jeune, et n'ayant eu pendant quelque temps d'autre prérogative du trone que celle de se livrer à ses

plaisirs, les *Hiens* sérieux du mariage ne le retinrent pas assez. Les plaisirs de la table avec quelques étrangers, attirés a Moscou par le ministre Gallitzin, ne firent pas auguror qu'il serait un réformateur: cependant, malgré les mauvais exemples, et même malgré les plaisirs, il s'appliquait à Part militaire et au gouvernement; on devait déjà reconnaître en lui le germe d'un grand homme.

'genteel. constitution. fitted for. understanding. 'sound. "basis. real abilities. prompted him.

lus education was far fro'n being. ties. *On s'attendait* encore moins qu'un prince qui était saisi *'rfW effroi machinal* qui allait jusqu'à la sueur froide et à des convulsions, quand *%U fallait* passer un ruisseau, deviendrait un jour le meilleur *homme de mer* dans le Septentrion. Il commença par dompter la nature en se jetant dans l'eau malgré son horreur pour cet élément; l'aversion se changea même en *un goût dominant.* L'ignorance dans laquelle *on l'éleva* le faisait *'rougir.* Il apprit de lui-même, et presque sans maître, assez d'allemand et de hollandais pour s'ex

Sliquer et pour écrire intelligiblement dans ces eux langues. Les Allemands et les Hollandais étaient pour lui les peuples les plus polis; puisque les uns exerçaient déjà dans Moscou une partie des arts qu'il voulait *faire naître* dans son empire, et les autres excellaient *"dan.s-la marine* qu'il *Regardait* comme l'art le plus nécessaire.

Telles étaient ses dispositions malgré les penchants de sa jeunesse..Cependant il avait toujours des factions a craindre, l'humeur turbulente des strélitz à reprimer, et une guerre presque continuelle contre les Tartares de la Crimée à soutenir. Cette guerre avait fini en 1689 par une trêve qui ne dura que peu de temps.

Dans cet intervalle Pierre *vse fortifia* dans le dessein d'appeler les arts dans sa patrie.

Son père Alexis avait eu déjà les mêmes vues; mais ni la fortune ni le temps ne le secondèrent: il transmit son génie à son fils, mais plus développé, plus vigoureux, plus *opiniâtre* dans les difficultes.

Alexis avait fait venir de Hollande à

grands frais
’it was expected. ’a constitiona!
dread. he was obliged. "seamen, ’particular fondness. he had becn brought up.
’blush. to establUh.

"the art ot navigation. looked upon.
bccame more confirmed. "persevering.
le ’*constructeur* Bothler, ’*patron* de vaisseau, avec des charpentiers et des matelots, qui bâtirent sur le Volga une grande frégate et un yacht: ils descendirent ce fleuve jusqu’à Astracan: o» *devait les employer* avec des navires qu’on allait construire pour trafiquer avantageusement avec la Perse par la mer Caspienne. Ce fut alors "quléc&xta la révolte de Stenko-Rasin. Ce rebelle fit détruire les deux *bâtimens* qu’il *eût dû* conserver pour *y son intérêt*, il massacra le capitaine: le reste de *équipage* se sauva en Perse, et de là gagna les terres de la compagnie hollandaise des Indes. Un maître charpentier bon constructeur resta dans la Russie et y fut long-tems ignoré.

Un jour, Pierre se promenant à Ismaël-of, une des "*maisons de plaisance* de son aïeul, aperçut parmi quelques raretés une petite chaloupe anglaise qu’on avoit absolument *abandonnée:* il demanda à l’Allemand Timmerman, son maître de mathématique, pourquoi ce petit bateau était autrement construit que ceux qu’il avait vus sur la Moska? Timmerman lui répondit qu’il était fait pour aller o *voiles* et à rames. Le jeune prince voulut *incontinent* en faire *l’épreuve;* mais il fallait le *(radouber,* le *%ragréer:* on retrouva ce même constructeur Brant; il était retiré à Moscou: il mit *en é/at* la chaloupe et la fit voguer sur la rivière d’Yauza qui *’baigne* les faubourgs de la ville.

Pierre *ftt transporter* sa chaloupe sur un grand lac clans le voisinage du monastère de la Trinité; il fit bâtir par Brant deux frégates et trois yachts, et en fut lui-même le pilote. Enfin long-temps
Mémoires de Pétersbourg et de Moscou.

ship builder. captai n. they were to be employed. ’broke out. vessels. otight to have. his own sake. crew. sunimer-palaces. neglected. with sails. "instantly. a trial.

’to repair. to rig. "in order. ’wasbcs. caused to be removed. après, en 1694, il alla à Archangel, et ayant *fait* construire un petit vaisseau dans ce port par ce même Brant, il s’embarqua sur la mer Glaciale qu’aucun souverain ne vit jamais avant lui: il était escorté d’un vaisseau de guerre hollandais, commandé par le capitaine Jolson, et suivi de tous les navires marchands abordés à Archangel. Déjà il apprenait la manœuvre, et malgré l’empressement des courtisans à imiter leur maître, il était le seul qui *l apprît*.

Il n’était pas moins difficile de former des troupes de terre affectionnées et disciplinées que d’avoir une flotte. Ses premiers essais de "*marine* sur un lac avant son voyage d’Archangel semblèrent seulement des amusements de l’enfance de l’homme de génie; et ses premières tentatives pour former des troupes ne parurent aussi qu’un jeu. C’était pendant la régence de Sophie; et si l’on eût soupçonné ce jeu d’être sérieux, il "*eût pu* lui être funeste.

Il *vdonna* sa confiance à un étranger; c’est ce célèbre Lefort, d’une noble et ancienne famille de Piémont, transplantée depuis près de deux siècles à Genève, où elle a occupée les premiers emplois. On voulut l’élever dans le négoce, qui seul a rendu considérable cette ville autrefois connue uniquement par */a controverse.* ’

Son génie, qui *’le portait* à de plus grandes choses, le fit quitter la maison paternelle *’dès* l’âge de quatorze ans; il servit quatre mois en qualité de cadet dans la citadelle de Marseille; de là il passa en Hollande, servit quelque temps *volontaire,* et fut blessé au siège de Grave sur la Meuse, ville assez forte, que le prince d’Orange, depuis roi d’Angleterre, reprit "*sur* Louis XIV. en 1674. Cherchant ensuite son avancement partout où l’espérance le guidait, il s’embarqua en 1675 avec un colonel allemand nommé Verstin, qui "*s’était fait donner par* le czar Alexis, père de Pierre, une commission *de lever* quelques soldats dans les PaysBas, et de les amener au port d’Archangel. Mais, quand on y arriva après avoir essuyé tous les périls de la mer, le czar Alexis

n’était plus; le ordered. made a proficiency in it. "navigation it might have. ’placed. "religious convroversies ’prorapted him. ’at. «vohmteer. versie» fouvernement avait changé; la Russie était troulée: le gouverneur d’Archangel laissa long-temps Verstin, Lefort et toute sa troupe dans la plus grande misère, et les menaça de les envoyer *au fond* de la Sibérie: chacun *se sauva* comme il put. Lefort "*manquant de tout* alla à Moscou, et se présenta au résident de Danemarck, nommé de Horn, qui le fit son secrétaire; il y apprit la langue russe; quelque temps après il trouva le moyen d’être présenté au czar Pierre. L’aîné Ivan n’était pas ce qu’il lui fallait; Pierre *le goûta,* et lui donna d’abord une compagnie d’infanterie. A peine Lefort avait-il servi; il n’était point savant; il n’avait étudié *à fond* aucun art, mais il avait beaucoup vu avec le talent de bien voir; sa conformité avec le czar était de devoir tout à son génie: il savait d’ailleurs le hollandais et l’allemand que Pierre apprenait, comme les langues de deux nations qui pouvaienttre utiles à ses desseins. Tout le rendit agréable à Pierre; il s’attacha à lui; les plaisirs commencèrent sa faveur, et les talents la confirmèrent: il fut confident du plus dangereux dessein que pût former un czar, celui de se mettre en état de casser un jour sans péril la milice séditieuse et barbare des strélitz. Il en avait coûté la vie au grand sultan ou padisha Osman, pour avoir. *voulu réformer* les janissaires. Pierre, tout jeune had obtained from. to raise. Mnto the extremity. thifted for himself. in want of every thing. was takeo with him. thoroughly. attempted to disband. qu’il était, "*s’y prit* avec plus d’adresse qu’Osman. Il forma d’abord dans sa maison de campagne Préobazinski une compagnie de cinquante de ses
Elus jeunes domestiques; quelques enfants de oyards furent choisis pour en être officiers: mais *pour apprendre à* ces boyards une subordination qu’ils ne connaissaient pas, il les fit passer par tous les grades, et lui-même en donna l’exemple, servant d’abord *%comme tambour,* ensuite soldat, sergent et lieutenant dans la compagnie. Rien n’était

plus extraordinaire ni plus utile: les Russes avaient toujours fait la guerre comme nous la faisions du temps du gouvernement féodal, lorsque des seigneurs sans expérience menaient au combat des vassaux sans discipline et mal armés; méthode barbare, suffisante contre des armées pareilles, *impuissante* contre des troupes régulières.

Cette compagnie, formée par le seul Pierre, fut bientôt nombreuse, et devint depuis le régiment des gardes préobazinski. Une autre compagnie formee sur ce modèle devint l'autre régiment des gardes séménouski.

Il y avait déjà un régiment de cinq mille hommes sur lequel on pouvait compter, formé par le général Gordon écossais, et composé 'presque tout entier' d'étrangers. Lefort, qui avait porté les armes peu de temps, mais qui était capable de tout, *se chargea* de lever un régiment de douze mille hommes, et 'iZ *en vint à bout;* cinq colonels furent établis sous lui; il se vit tout d'un coup général de cette petite armée, levée en effet contre les strélitz, autant que contre les ennemis de l'Etat.

Ce qu'on doit remarquer, et ce qui *confond* Manascrits du général Lefort. went to work in order to teach. as a drummer. of no use. 'almost entirely. underto' he effected it. confutes.

E bien l'erreur *Hémêraire* de ceux qui prétendent que la révocation de l'édit de Nantes et ses suites avaient coûté peu d'hommes à la France, c'est que le tiers de cette armée, appelée régiment, fut composé de Français réfugiés. Lefort exerça sa nouvelle troupe, comme s'il n'eût jamais eu d'autre profession.

Pierre voulut voir une de ces images de la guerre, un de ces camps dont l'usage commençait à s'introduire en temps de paix. On construisit un fort qu'une partie de ses nouvelles troupes devait défendre, et que l'autre devait attaquer. La différence entre ce camp et les autres fut qu'au lieu de l'image d'un combat, on donna un combat réel, dans lequel il y eut des soldats de tués et beaucoup de blessés. Lefort, qui commandait l'attaque, reçut une blessure considérable. Ces jeux sanglants de-

vaient aguerrir les troupes; cependant "il fallut de longs travaux et même de longs malheurs *vpour en venir à bout.* Le czar mêla ces fêtes guerrières aux soins qu'il se donnait pour la marine; et comme il avait fait Lefort général de terre sans qu'il eût encore commandé, il le fit amiral sans qu'il eût jamais conduit un vaisseau: mais il le voyait digne de l'un et de l'autre. Il est vrai que cet amiral était sans flotte, et que ce général n'avait d'armée que son régiment.

On réformait *peu à peu* le grand abus *du militaire,* cette indépendance des boyards, qui amenaient à l'armée les milices de leurs paysans: c'était le véritable gouvernement des Francs, des Huns, des Goths et des Vandales, peuples vainqueurs de l'empire romain dans sa "décaderice, et qui eussent été exterminés, s'ils avaient eu à combattre les Manuscrits du général Lefort. hasty. it required. to compass this end. by degrees. in the army. decline. anciennes légions romaines disciplinées, ou des armées telles que celles de nos jours.

Bientôt l'amiral Lefort n'eut pas tout-à-fait un vain titre; il fit construire par des Hollandais et des Vénitiens des barques longues, et même deux vaisseaux d'environ trente pièces de canon à l'embouchure de la Véronise qui se jette dans le Tanaïs; ces vaisseaux pouvaient descendre le fleuve, et *Henir en respect* les Tartares de la Crimée. Les hostilités avec ces peuples se renouvelaient tous les jours. Le czar avait à choisir en 1689 entre la Turquie, la Suède et la Chine, "à qui il ferait la guerre. "11 faut commencer par faire voir en quels termes il était avec la Chine, et quel fut le premier traité de paix que firent les Chinois.

CHAPITRE VII.

Congrès et traité avec les Chinois.

On doit d'abord se représenter quelles étaient les limites de l'empire chinois et de l'empire russe. Quand *on est sorti de* la Sibérie proprement dite, et qu'on a laissé loin au midi cent hordes de Tartares, Calmouks blancs, Calmouks noirs, Moguls mahométans, Moguls nommés idolâtres, on avance vers le cent trentième degré de longitude, et au cinquante-deuxième de latitude sur le

neuve d'Amur ou d'Amour. Au nord de ce fleuve est une grande chaîne de montagnes qui s'étend jusqu'à la mer Glaciale *par-delà* le cercle polaire. Ce fleuve, qui Tiré des mémoires envoyés de la Chine, de ceux de Pétersbourg, et des lettres rapportées dans Thistoire de la Chine compilée par du Halde 'keep.inawe. against which. "itisproper, we leave. beyond, coule l'espace de cinq cents lieues dans la Sibérie et dans la Tartarie chinoise, *va se perdre* après tant de 'détours dans la mer de Kamshatka. On assure qu'à son embouchure dans cette mer *on pêche quelquefois* un poisson monstrueux, beaucoup plus gros que l'hippopotame du Nil, et dont la mâchoire est d'un ivoire plus dur et plus parfait. On prétend que cet ivoire 'faisait autrefois un objet de commerce, qu'o» *le transportait* par la Sibérie, et que c'est la raison pour laquelle on en trouve encore plusieurs morceaux enfouis dans les campagnes. C'est cet ivoire fossile dont nous avons déjà parlé; mais on prétend qu'autrefois il y eut des éléphants en Sibérie, et que des Tartares vainqueurs des Indes amenèrent dans la Sibérie plusieurs de ces animaux dont les os se sont conservés dans la terre.

Ce fleuve d'Amour est nommé le fleuve Noir par les Tartares mantchoux, et le fleuve du Dragon par les Chinois.

C'était dans ces pays si long-temps inconnus que la Chine et la Russie se disputaient les limites de leurs empires. La Russie possédait quelques forts vers le fleuve d'Amour, à trois cents lieues de la grande muraille. Il y eut beaucoup d'hostilités entre les Chinois et les Russes *au sujet* de ces forts: enfin les deux Etats *entendirent* mieux leurs intérêts; l'empereur Cam-hi préféra la paix et le commerce à une guerre inutile. Il envoya sept ambassadeurs à Nipchou, l'un de ces établissements. Ces ambassadeurs menaient environ dix mille hommes avec eux, en comptant leur escorte. *%C étaitlà* le "faste asiatique; mais ce qui est très remarquable, c'est qu'il n'y avait point d'exemple Mémoires des jesuites Ptreiraet Gerbillon. falls. windings. there is somctimca cair. ht.

was it was conveyed. on account.
'understood. this wa. "pomp.

dans les annales de l'empire d'une ambassade vers une autre puissance: ce qui est encore *unique,* c'est que les Chinois n'avaient jamais fait de traité de paix depuis la fondation de l'empire. Deux fois subjugués par les Tartares, qui les attaquèrent et qui les domtèrent, ils ne firent jamais la guerre à aucun peuple, excepté à quelques hordes, ou bientôt subjuguées, ou bientôt abandonnées à ellesmêmes sans aucun traité. Ainsi cette nation si renommée pour la morale ne connaissait point ce que nous appelons *droit des gens,* c'est-à-dire ces règles incertaines de la guerre et de la paix, ces *droits* des ministres publics, ces *formules* de traités, les obligations qui en résultent, les disputes sur la *"préséance* et le point d'honneur.

En quelle langue d'ailleurs les Chinois pouvaientils traiter avec les Russes au milieu des déserts? Deux jésuites, l'un Portugais nommé Péreira, l'autre Français nommé G-erbillon, *"partis* de Pékin avec les ambassadeurs chinois, leur applanirent toutes ces difficultés nouvelles, et furent les véritables *vmédiateurs.* Ils *traitèrent* en latin avec un Allemand de l'ambassade russe, qui savait cette langue. Le chef de l'ambassade russe était Gollovin, gouverneur de Siberie; il *'étala une* plus grand magnificence que les Chinois, *etpar-là* donna une noble idée de son empire à ceux qui s'étaient crus les seuls puissants sur la terre. Les deux jésuites *réglèrent* les limites des deux dominations; elles furent posées à la rivière de Kerbéchi, près de l'endroit même où l'on négociait. Le midi resta aux Chinois, le nord aux Russes. *"IL n'en coûta à ceux-ci* ow'une petite forteresse qui *"se trouva* bâtie audelà des limites; on jura une paix éternelle; et après quelques contestations les Russes et les Chinois la jurèrent au nom du même Dieu en ces termes: *Si quelqu'un a jamais la pensée secrète de rallumer le fèu de la guerre, nous prions le Seigneur souverain de toutes choses, qui connaît les cœurs, de punir ces traîtres par une mort précipitée.* singular. the law of nations. 'privileges. formalities. "precedency. set out. nego-

ciators. conferred, 'displayed. thereby. 'settled. the latter only lost. happened to have been.

Cette *formule,* commune à des Chinois et à des chrétiens, peut faire connaître deux choses importantes; la première, que le gouvernement chinois n'est ni athée ni idolâtre, comme on l'en a si souvent accusé par des imputations contradictoires; la seconde, que tous les peuplés qui cultivent leur raison reconnaissent en effet le même Dieu, malgré tous les *égarements* de cette raison mal instruite. Le traité fut *rédigé* en latin dans deux exemplaires. Les ambassadeurs russes signèrent les premiers la copie qui leur demeura; et les Chinois signèrent aussi la leur les premiers, selon l'usage des nations de l'Europe qui traitent de couronne à couronne. On observa un autre usage des nations asiatiques et des premiers âges du monde connu; le traité fut gravé sur deux gros *àmarbres* qui furent *"posés*.pour servir de bornes aux deux em

Îres.-Trois ans après, le czar envoya le Danois ibrand Ide en ambassade à la Chine, et le commerce établi a subsisté depuis avec avantage jusqu'à une rupture entre la Russie et la Chine en 1722; mais après cette interruption il a repris une nouvelle vigueur.

1689, 8 Septembre, nouv. st. Mémoires de la Chine. 1 Ces deux gros marbres n'ont jamais existé, si l'on en croit l'auteur de la nouvelle histoire de Russie. kindling anew. fiames. with sudden death. form of treaty. deviations. drawn up. marble pillars. erected.

CHAPITRE VIII.
EXPÉDITION VERS LES PALUS-MÉOTIDES.
CONQUETE D'azoph.
Le czar envoie des jeimes gens s'instruire dans les pays étrangers.

Il ne fut pas si aisé cTavoir a paix avec les Turcs: le temps même paraissait venu de s'élever sur leurs ruines. Venise, accablée par eux, commençait à se relever. Le même Morosini, qui avait *(rendu* Candie aux Turcs, *gleur prenait* le Péloponèse; et cette conquête *Hui mérita* le surnom de Péloponésiaque, honneur qui rappelait le temps de la république romaine. L'empereur

d'Allemagne Léopold avait quelques succès contre l'empire turc en Hongrie; et les Polonais repoussaient au moins les *'courses* des Tartares de Crimée.

Pierre profita de ces circonstances pour aguerrir ses troupes, et *pour se donner,* s'il pouvait, l'empire de la mer Noire. 1694. Le genéral Gordon marcha le long du Tanaïs vers Azoph avec son grand régiment de cinq mille hommes; le général Lefort avec le sien de douze mille, un corps de strélitz commandé par Shére'méto et Shein, originaire de Prusse, un corps de cosaques, un grand train d'artillerie: tout fut prêt pour cette expédition.

Cette grande armée s'avance sous les ordres du maréchal Shéréméto, au commencement de l'été 1695, vers Azoph, à l'embouchure du Tanaïs, et à l'extrémité des Palus-Méotides, qu'on nomme Sh'rém'tow ou Shérémétof, ou, suivant une autre orthographe. Cz irémétof.

'surrendered. took from thera got him.

'incursions. to procure himself.
aujourd'hui la mer de Zabache. Le czar était à l'armée, mais en qualité de volontaire, voulant long-temps apprendre avant de commander. Pendant la marche *on prit d'assaut* deux tours que les Turcs avaient bâties sur les deux bords du fleuve.

L'entreprise était difficile; la place assez bien fortifiée était défendue par une garnison nombreuse. Des barques longues, semblablesauxsaïques turques, construites par des Vénitiens, et deux petits vaisseaux de guerre hollandais, sortis de la Véronise, ne furent pas assez tôt prêts, et ne purent entrer dans la mer d'Azoph. Tout commencement *éprouve* toujours des obstacles. Les Russes n'avaient point encore fait de siège régulier. Cet *"essai* ne fut pas d'abord heureux.

"Un nommé Jacob, natif de Dantzick, dirigeait l'artillerie sous le commandement du général Shein; car von n'avait guère que des étrangers pour principaux artilleurs, pour ingénieurs, comme pour pilotes. Ce Jacob fut condamné au châtiment des batoques par son général Shein prussien. Le commandement

alors semblait affermi par ces rigueurs. Les Russes s'y soumettaient, malgré leur penchant pour les séditions, et après ces châtiments ils servaient comme à l'ordinaire. Le Dantzickois pensait autrement; il voulut se venger; il *lencloua* le canon, se jeta dans Azouh, embrassa la religion musulmane, et défendit la place avec succès. Cet *'exemple "fait voir* que l'humanité qu'on *exerce* aujourd'hui en Russie est préférable aux *''anciennes cruautés,* et retient mieux dans le devoir les hommes qui, avec une éducation heureuse, ont pris des sentiments d'honneur. L'ex they stormed. meet with. first attempt. one they hardly had any but. q nailed uI1.
'instance.-'shows. 'is pracliseu. former severitics.

trême rigueur était alors nécessaire envers le bas peuplé: niais, quand les mœurs ont changé, l'im-_ pératrice Elisabeth a achevé par la clémence l'ouvrage que son père commença par les lois. Cette indulgence a eté même *"poussée à un point* dont il n'y a point d'exemple dans l'histoire d'aucun peuple. Elle a promis que pendant son règne personne ne serait puni de mort, et a tenu sa promesse. Elle est la première souveraine qui ait ainsi respecté la vie des hommes. Les malfaiteurs ont été condamnés aux mines, aux travaux publics; leurs châtiments sont devenus utiles à l'Etat: institution non moins sage qu'humaine. Partout ailleurs *on ne sait que tuer* un criminel avec appareil, sans avoir jamais *empêché* les crimes. La terreur de la mort fait moins d'impression peutêtre sur des méchants, pour la plupart fainéants, que la crainte d'un châtiment et d un travail pénible qui renaissent tous les jours.
Pour revenir au siège d'Azoph, *Soutenu désormais* par le même homme qui avait dirigé les attaques, on *Henta* vainement un assaut, et après avoir perdu beaucoup de monde, on fut obligé *de lever* le siège.
La constance dans toute entreprise formait le caractère de Pierre. Il conduisit une armée plus considérable encore devant Azoph au printemps de 1696. Le czar Ivan son frère *àvenait de* mourir.

Quoique son autorité n'eût pas été *"gênée* par Ivan, qui n'avait que le nom de czar, elle l'avait toujours été un peu par les bienséances. Les dépenses de la maison d'Ivan retournaient par sa mort *à l'entretien* de l'armée; c'était un secours pour un Etat qui n'avait pas alors d'aussi grands revenus qu'aujourd hui. Pierre écrivit à l'empereur Léopold, aux Etats Généraux, à l'électeur de Brandebourg, pour obtenir des ingénieurs, des artilleurs, des *%gens de mer.* Il *engagea à sa solde* des Calmouks, dont la cavalerie est très utile contre celle des Tartares de Crimée. carried to a degree. they know only how to put to death. 'prevented. "defended now. attempted. to raise. 'perseverance. had just. "restrained.
'to the maintenance.

Le succès le plus flatteur pour le czar fut celui de sa petite flotte, qui fut enfin complète et bien *'gouvernée.* Elle battit les saïques turques envo)'ées de Constantinople, et en prit quelques-unes. Le siège fut *kpoussé* régulièrement par tranchées, *non pas tout-à-fait* selon notre méthode; les tranchées étaient trois fois plus profondes, et les parapets étaient de hauts remparts. Enfin les assiégés *rendirent la place,* le 28 juillet, 1696, nouv. style, sans aucun honneur de la guerre, sans emporter ni armes ni munitions, et ils furent obligés de livrer le transfuge Jacob aux assiégeants.

Le czar voulut d'abord, en fortifiant Azoph, en le *"couvrant* par des forts, en creusant un port capable *"de contenir* les plus gros vaisseaux, se rendre maître du détroit de Cafta, de ce bosphore cimmérien qui donne entrée dans le Pont-Euxin, lieux célèbres autrefois par les armements de Mithridate. Il laissa trente-deux saïques armées devant Azoph, et prépara tout pour former contre les Turcs une flotte de neuf vaisseaux de soixante *vpièces de canon,* et de quarante et un, portant *depuis* trente jusqu'à cinquante pièces d'artillerie. Il exigea que les plus grands seigneurs, les plus. riches négocians contribuassent à cet armement: et croyant que les biens des ecclésiastiques devaient servir à la cause commune, il obligea le patriarche, les évêques, les archimandrites a payer

de leur Mémoires de Lefort.
'seamen. took into his nay. 'commandee). carried on. not altogether. surrendered protecting.
of holding. gun& "from. argent cet effort nouveau qu'il faisait pour l'honneur de sa patrie et pour l'avantage de la chrétienté. On fit faire par les Cosaques des bateaux légers auxquels ils sont accoutumés, et qui peuvent côtoyer aisément les rivages de la Crimee. La Turquie devait être alarmée d'un tel armement, le premier *"qu'on eût jamais tenté* sur les PalusMéotides. Le projet était de *"chasser* pour jamais les Tartares et les Turcs de la Crimée, et d'etablir ensuite un grand commerce aisé et libre avec la Perse par la Géorgie. C'est le même commerce que firent autrefois les Grecs à Colchos, et dans cette Chersonèse taurique, que le czar semblait devoir soumettre.

Vainqueur des Turcs et des Tartares, il voulut accoutumer son peuple à la gloire comme aux travaux. Il fit entrer à JVtoscou son armée sous des arcs de triomphe, au milieu des *feux d'artifice* et de tout ce qui put embellir cette fête. Les soldats qui avaient combattu sur les saïques vénitiennes contre les Turcs, et qui formaient une troupe séparée, marchèrent les premiers. Le maréchal Shéréméto, les généraux Gordon et Shien, l'amiral Lefort, les autres officiers généraux précédèrent dans cette pompe le souverain, qui disait n'avoir point encore de rang dans l'armée, et qui, par cet exemple, *voulait faire sentir à* toute la noblesse qu'il faut mériter les grades militaires pour en jouir.

Ce triomphe semblait *tenir en quelque chose* des anciens Romains; il leur ressembla surtout, en ce que les triomphateurs exposaient dans Rome les vaincus aux regards des peuples, et les livraient quelquefois à la mort; les esclaves faits dans cette expédition suivaient l'armée, et ce Jacob qui l'avait trahi était mené dans un chariot sur lequel on avait dressé une *potence,* à laquelle il fut ensuite attaché après *Savoir souffert le supplice de la roue.* 'tliathad evcr been attempted. 'to drive out. fire works. being desirous to convince. soinewhat similar to those.

On frappa alors la première médaille en Russie. La légende russe est remarquable: *PierreI. empereur de Moscovie, toujours auguste.* Sur le revers est Azoph avec ces mots: *Vainqueur par lesJlammes et les eaux.*

Pierre était *"affligé,* dans ce succès, de ne voir ses vaisseaux et ses galères de la mer d'Azoph bâtis que par des mains étrangères. *Il avait encore autant d'envie* d'avoir un port sur la mer Baltique que sur le Pont-Euxin.

Il envoya au mois de mars 1697, soixante jeunes Russes du régiment de Lefort en Italie, la plupart à Venise, quelques-uns à Livourne, pour y apprendre la marine et la construction des galères; il en fit partir quarante autres pour s'instruire en Hollande de la fabrique et de la manœuvre des grands vaisseaux: d'autres furent envoyés en Allemagne, pour servir dans les *armées de terre,* et pour se former à la discipline allemande. Enfin il résolut de s'éloigner quelques années de ses Etats, dans le, dessein d'apprendre à les mieux gouverner. Il ne pouvait résister au violent désir de s'instruire par ses yeux, et même par ses mains, de la marine et des arts qu'il voulait établir dans sa patrie. Il se

I)roposa de voyager inconnu en Danemarck, dans e Brandebourg, en Hollande, à Vienne, à Venise, et à Rome. Il n'y eut que la France et l'Espagne qui n'entrassent point dans son plan; l'Espagne, parce que ces arts qu il cherchait y étaient alors trop négligés; et la France, parce qu'ils y régnaient peut-être avec trop de *àfaste,* et que la *"hauteur* de Manuscrits du général Lefort. gibbet. having been broken upon the wheel. "on this occasion was struck. concerned. he wished as earnestly. land forces. ostentation. pride.

Louis XIV., qui avait *(choqué* tant de potentats, *%convenait mal à* la simplicité avec laquelle il *comptaU* faire ses voyages. *De plus,* il était *Hié* avec la plupart de toutes les puissances chez lesquelles il allait, excepté avec la France et avec Home. Il se souvenait encore, avec quelque*dépit,* du peu *àéyard* que Louis XIV. avait eu pour l'ambassade de 1687, qui n'eut pas au-

tant de succès que de célébrité; et enfin il prenait déjà le parti d'Auguste, électeur de Saxe, à qui le prince de Conti disputait la couronne de Pologne.

CHAPITRE IX.

Voyages de Pierre le grand.

Le dessein étant pris de voir tant d'Etats et tant de cours *en simple particulier,* il se mit lui-même *"à la suite* de trois ambassadeurs, comme il s'était mis à *la suite* de ses généraux à son entrée triomphante dans Moscou.

Les trois ambassadeurs étaient le général Lefort, le boyard Alexis Gollovin, commissaire général des guerres et gouverneur de la Sibérie, le même qui avait signé le traité d'une paix perpétuelle avec les plénipotentiaires de la Chine sur les frontières de cet empire, et Vonitsin, diak ou secrétaire d'Etat, long-temps employé dans les cours étrangères. Quatre premiers secrétaires, douze gentilshommes, deux pages pour chaque ambassadeur, une compagnie de cinquante gardes avec leurs-officiers, tous du régiment préobazinski, composaient la suite principale de cette ambassade; il y avait en tout deux cents personnes: et le czar, Mémoires dé Pétersbourg, et mémoires de Lefort. 'disgusted 'ill agreed with. proposed. 'moreover. in alliance. 'resentment. TM regard. in a private character. into the retinue. in the train. se réservant pour tous domestiques un valet de chambre, M« *homme de livrée,* et un nain *se confondait dans* la foule. C'était une chose inouïe dans l'histoire du monde, qu'un roi de vingt-cinq ans qui abandonnait ses royaumes pour mieux régner. Sa victoire sur les Turcs et les Tartares, *'Féclat* de son entrée triomphante à Moscou, les nombreuses troupes étrangères *'affectionnées* à son service, la mort d'Ivan son frère, la *"clôture* de la princesse Sophie, et plus encore le respect général pour sa personne, devaient lui répondre de la tranquillité de ses Etats pendant son absence. Il confia la régence au boyard Strechnef et au knès Romadonoski, lesquels *"devaient* dans les affaires importantes délibérer avec d'autres boyards.

Les troupes formées par le général Gordon, restèrent à Moscou pour assurer lq

tranquillité de la capitale. Les strélitz, qui pouvaient la troubler, furent distribués sur les frontières de la Crimée, pour conserver la conquête d'Azoph, et pour réprimer les incursions des Tartares. Ayant ainsi pourvu à tout, *"il se livrait* à son ardeur de voyager et de s'instruire.

Ce voyage ayant été l'occasion ou le prétexte de la sanglante guerre qui traversa si long-temps le czar dans tous ses grands projets, et enfin les seconda; qui détrôna le roi de Pologne Auguste, donna la couronne ù Stanislas, et *la lui ôta;* qui fit du roi de Suède Charles XII. le premier des conquérants pendant neuf années, et le plus malheureux des rois pendant neuf autres; il est nécessaire, pour entrer dans le détail de ces événements, de représenter ici en quelle situation était alors l'Europe.

Le sultan Mustapha II. régnait en Turquie. Sa faible administration ne faisait de grands efforts, ni q a servant in livery. 'mingled with. 'the splendour. 'iachetl. "confinement. were. "he gave a free tcope. 'iped him of it. contre l'empereur d'Allemagne Léopold, dont les armes étaient *heureuses* en Hongrie, ni contre le czar, qui *venait de lui enlever* Azoph et qui menaçait le Pont-Euxin, ni même contre Venise, qui enfin s'était emparée de tout le Péloponèse.

Jean Sobieski, roi de Pologne, à *jamais* célèbre par la victoire de Choczim et par la délivrance de Vienne, était mort le 17 juin 1696; et cette couronne était déjà disputée par Auguste, électeur de Saxe, qui *Remporta,* et par Armand, prince de Conti, qui n'eut que l'honneur d'être élu.

Avril 1697-La Suède *"venait de perdre* et re frettait peu Charles XI. premier souverain véritablement absolu dans ce pays, père d'un roi qui le fut davantage, et avec lequel s'est éteint le despotisme. Il laissait sur le trône Charles XII. son fils, âgé de quinze ans. C'était une conjoncture favorable en apparence aux projets du czar; il frauvait s'agrandir sur le golfe de Finlande et vers a Livonie. Ce n'était pas assez *d'inquiéter* les Turcs sur la mer Noire; des établissements sur les Palus-Méotides et vers la mer Caspienne ne suffisaient pas à ses projets de *"marine,* de commerce et de puissance; la gloire même, que tout réformateur désire ardemment, n'était ni en Perse ni en Turquie; elle était dans notre partie de l'Europe, où *(l'on éternise* les grands talents en tout genre. Enfin Pierre ne voulait introduire dans ses Etats ni les mœurs turques, ni les persanes, mais les nôtres.

L'Allemagne en guerre à la fois avec la Turquie et avec la France, ayant pour ses alliés l'Espagne, l'Angleterre et la Hollande contre le seul Louis XIV. était prête à conclure la paix, et les pléni

» successful. had lately taken from him. for ever. obtained it. had lately lost. to harass.

navigation. 'are rendered iramortal. potentiaires étaient déjà assemblés au château de JRysvick, auprès de la Haie.

Ce fut dans ces circonstances que Pierre etson ambassade *éprirent leur route,* au mois d'avril 1697, 1ar la grande Novogorod. De là *on voyagea par* 'Estonie et par la Livonie, provinces autrefois contestées entre les Russes, les Suédois et les Polonais, et acquises enfin à la Suède par la force des armes.

La fertilité de la Livonie, la situation de Riga sa capitale, pouvaient tenter le czar; il eut du moins la curiosité de voir les fortifications des citadelles. Le comte d'Alberg, gouverneur de Riga, en prit de l'ombrage; il lui refusa cette satisfaction, et parut témoigner peu d'égard pour l'ambassade. Cette conduite ne servit pas à refroidir dans le cœur du czar le désir qu'il pouvait concevoir d'être un jour le maître de ces provinces. De la Livonie on alla dans la Prusse brandebourgeoise, dont une partie a été habitée par les anciens Vandales; la Prusse polonaise avait été *comprise* dans la Sarmatie d'Europe; la brandebourgeoise était un pays pauvre, mal peuplé, mais où l'électeur, qui se fit donner depuis le titre de roi, *kétalait* une magnificence nouvelle et ruineuse. Il se piqua de recevoir l'ambassade dans sa ville de Kœnigsberg avec un faste royal. On se fit de

Eirt et d'autre les présents les plus magnifiques, e contraste de la *parure*

française, que la cour de Berlin affectait, avec les longues robes asiatiques des Russes, leurs *bonnets* rehaussés de perles et de pierreries, leurs cimeterres *"pendants* à la ceinture, fit un effet singulier. Le czar était vêtu o *l'allemande.* Un prince de Géorgie qui était avec lui, vêtu à la mode des Persans, étalait une autre began their journey. they travelled througb.

included. displayed. 'dress. caps. "hanging. after the German fashion.

sorte de magnificence: c'est le même qui fut pris à la journée de Narva, et qui est mort en Suède.

Pierre méprisait tout ce *'faste;* il eût été à désirer qu'il eût également méprisé ces plaisirs de table dans lesquels l'Allemagne *mettait* alors sa gloire. Ce fut dans un de ces repas trop à la mode alors, aussi dangereux pour la santé que pour les mœurs, qu'il tira l'épée contre son favori Lefort; mais il *"témoigna* autant de regret de cet emportement passager qu'Alexandre en eut du meurtre de Clitus. Il demanda pardon à Lefort: il disait qu'il voulait réformer sa nation, et qu'il ne pouvait pas encore se réformer lui-même. Le général Lefort dans son manuscrit loue encore plus le fond du caractère du czar qu'il ne blâme cet excès de colère.

L'ambassade passe par la Foméranie, par Berlin; une partie prend sa route par Magdebourg, l'autre par Hambourg, ville que son grand commerce rendait déjà puissante, mais non pas aussi opulente et aussi sociable qu'elle l'est devenue depuis. On tourne vers Minden; on passe la Vestphalie, et enfin on arrive par Clèves dans Amsterdam.

Le czar *"se rendit dans* cette ville quinze jours avant l'ambassade; il logea d'abord dans la maison de la compagnie des Indes, mais bientôt il choisit un petit logement dans les *chantiers* de l'amirauté. Il *"prit* un habit de pilote, et alla dans cet *équipage* au village de Sardam, où l'on construisait alors beaucoup plus de vaisseaux encore qu'aujourd'hui. Ce village est aussi grand, aussi peuplé, aussi riche, et plus propre que beaucoup de villes opulentes. Le czar admira cette multitude d'hommes toujours occupés, l'ordre,

l'exactitude des travaux, la célérité prodigieuse à construire un vaisseau, et *à le munir de tous ses agrès,* et cette quantité incroyable Memoires manuscrits de Lefort. ostentation. placed. 'expressed. reached

'dock yajd 'put on. dress in fitting it outde *magasins* et de machines qui rendent le travail plus facile et plus sûr. Le czar commença par acheter une barque, à laquelle il fit de ses mains un mât brisé; ensuite il travailla à toutes les parties de la construction dun vaisseau, menant la même vie que les artisans de Sardam, s'habillant, se nourrissant comme eux, travaillant dans les forges, dans les *corderies,* dans ces moulins dont la quantité prodigieuse borde le village, *'et dans lesquels on scie* le sapin et le chêne, *on tire l'huUe,* on fabrique le papier, *on file les métaux ductiles.* Il se fit inscrire dans le nombre des charpentiers sous le nom de Pierre Michaeloff. On l'appelait communément maître Pierre *(Peterbas);* et les ouvriers d'abord *àinterdits* d'avoir un souverain pour *"compagnon,* s'y accoutumèrent familièrement.

Tandis qu'il maniait à Sardam le compas et la hache, *on lui confirma la nouvelle* de la *%scission de* la Pologne et de la double nomination de l'électeur Auguste et du prince de Conti. Le charpentier de Sardam promit aussitôt trente mille hommes au roi Auguste. Il donnait de son atelier des ordres à son armée d'Ukraine assemblée contre les Turcs.

Juillet, 1696. Ses troupes, commandées par le général Shein et par le prince Dolgorouki, *venaient de 'remporter* une victoire auprès d'Azoph sur les Tartares, et même sur un corps de janissaires que le sultan Mustapha leur avait envoyé. Pour lui, il persistait à s'instruire dans plus d'un art; il allait de Sardam à Amsterdam travailler chez le célèbre anatomiste Ruysch; 'il faisait des opérations de chirurgie, qui *en un besoin* pouvaient le rendre utile à ses officiers ou à lui-même.

'warehouse?. rope-walks. for sawing. extracting oil. wire-drawing. confounded. fellow-labourer. '' a confirmation was brought him. 'division in. had lately. 'gained. in case of necessity.

Il s'instruisait de la physique naturelle dans la maison du bourgmestre Vitsen, citoyen recommandable à jamais par son patriotisme et par l'emploi de ses richesses immenses, qu'il prodiguait *en citoyen du monde,* envoyant *à grands frais* des hommes habiles chercher ce qu'il y avait de plus rare dans toutes les parties de l'univers, et *"frétant* des vaisseaux à ses dépens, pour découvrir de nouvelles terres.

Peterbas ne suspendit ses travaux que pour aller voir sans cérémonie, à Utrecht et à la Haie, Guillaume, roi d'Angleterre et stathouder des Provinces-Unies. Le général Lefort était *"seul en tiers* avec les deux monarques. Il assista ensuite à la cérémonie de l'entrée de ses ambassadeurs et à leur audience; ils présentèrent en son nom aux députés des Etats six cents des plus belles martres zibelines, et les Etats, outre le présent ordinaire qu'ils leur firent à chacun d'une chaîne d'or et d'une médaille, leur donnèrent trois carrosses magnifiques. Ils reçurent les premières visites de tous les ambassadeurs plénipotentiaires qui étaient au congrès de Rysvick, excepté des Français, à qui ils n'avaient pas notifié leur arrivée, non seulement parce que le czar prenait le parti du roi Auguste contre le prince de Conti, mais parce que le roi Guillaume, dont il cultivait l'amitié, ne voulait point la paix avec la France.

vDe retour à Amsterdam, il y *reprit* ses premières occupations, et acheva de ses mains un vaisseau de soixante pièces de canon, qu'il avait commencés et qu'il *fît partir pour* Archangel, n'ayant pas alors d'autre port sur les mers de l'Océan. Non seulement il faisait engager à son service des réfugiés français, des Suisses, des Alle like a. at a great expense fitting out.
"the only one admitted. at his returo. resumed.
    'sent to.
mands, mais il faisait partir des artisans de toute espèce pour Moscou, et n'envoyait que ceux qu'il avait vus travailler lui-même. Il est très peu de métiers et d'arts *"qu'il n'approfondît* dans les détails; il *'se plaisait surtout à* réformer les *cartes* des géographes, qui alors plaçaient au hasard toutes les positions des villes et des fleuves de ses Etats peu connus. On a conservé la carte sur laquelle il traça la communication de la mer Caspienne et de la mer Noire, qu'il avait déjà projetée, et dont il avait charge un ingénieur allemand, nommé Brakel. La jonction de ces deux mers était plus facile que celle de l'Océan et de la Méditerranée, exécutée en France; mais l'idée d'unir la mer d'Azoph et la Caspienne *"effrayait* alors l'imagination. De nouveaux établissements dans ce pays lui paraissaient d'autant plus convenables, que ses succès lui donnaient de nouvelles espérances. 11 Auguste, 1697. Ses troupes *'remportaient* une victoire contre les Tartares assez près d'Azoph, et même, quelques mois après, elles prirent la ville d Or ou Orkapi, que nous nommons *Précop.* Ce succès servit à le taire respecter davantage de ceux qui blâmaient un souverain d'avoir quitte ses Etats pour exercer des métiers dans Amsterdam. Ils virent que les affaires du monarque ne souffraient pas des travaux du philosophe voyageur et artisan. Il continua dans Amsterdam ses occupations ordinaires de constructeur de vaisseaux, d'ingénieur, de géographe, de physicien pratique, jusqu'au milieu de janvier 1698, et alors il partit pour l'Angleterre, *toujours* à la *'suite* de sa propre ambassade.

Le roi Guillaume lui envoya son yacht et deux vaisseaux de guerre. Sa manière de vivre fut la même que celle qu'il s'était prescrite dans Amsterdam et dans Sardam. Il se logea près du grand chantier à Deptfort, et ne s'occupa guère qu'"à *s'instruire.* Les constructeurs hollandais ne lui avaient enseigné que leur méthode et leur routine: il connut mieux l'art en Angleterre; les vaisseaux *s'y bâtissaient* suivant des proportions mathématiques. Il se perfectionna dans cette science, et bientôt il en pouvait donner des leçons. Il travailla, selon la méthode anglaise, à la construction d'un vaisseau qui *se trouva* un des meilleurs voiliers de la mer. L'art d'horlogerie, déjà perfectionné à Londres, attira son attention; il en connut parfaitement toute la théorie. Le capitaine et ingénieur Perri, qui le suivit de Londres en Russie, dit que, depuis la *fonderie* de canons jusqu'à la *filerie* de cordes, il n'y eut aucun métier qu'il n'observât et auquel il ne mît la main, toutes les fois qu'il était dans les ateliers.

"which he did not perfectly well understnnd.
he took particular pleasure in. innps "astonished. gained. st 11. retine. *On trouva bon,* pour cultiver son amitié, SywVZ *engageât* des ouvriers comme il avait fait en Hollande: mais outre les artisans il eut ce qu'il n'aurait pas trouvé si aisément à Amsterdam, des mathématiciens. Fergusson, Ecossais, bon géomètre, se mit à son service: c'est lui qui a établi l'arithmétique en Russie dans les *bureaux des finances,* où l'on ne se servait auparavant que de la méthode tartare de compter avec des boules *'enfilées* dans *du fil d'archal,* méthode qui suppléait à l'ecriture, mais embarrassante et fautive, parce qu'après le calcul on ne peut voir si on s'est trompé. Nous n'avons connu les chiffres indiens dont nous nous servons que par les Arabes, au neuvième siècle; l'empire de Russie ne les a reçus que mille ans après; c'est le sort de tous les arts; to gain instruction. "were built there. proved. casting. spinning. 'he was allowed. to engage. "exchequer. 'strung. 'wire. ils ont fait lentement le tour du monde. Deux jeunes gens de l'école des mathématiques accompagnèrent Fergusson, et ce fut le commencement de Pécole de marine que Pierre établit depuis. Il observait et calculait les éclipses avec Fergusson. L'ingénieur Perri, quoique très mécontent de n'avoir pas été assez récompensé, avoue que Pierre s'était instruit dans l'astronomie: il connaissait bien les mouvements des corps célestes, et même les lois de la gravitation qui les dirige. Cette force si démontrée et avant le grand Newton si inconnue, par laquelle toutes les planètes *pèsent* les unes sur les autres, et qui les retient dans leurs orbites, était déjà familière à un souverain de la Russie, tandis qu'ailleurs *on se repaissait* de *tourbillons* chimériques; et que dans la patrie de Galilée, des ignorants ordon-

naient à des ignorants de croire la terre immobile.

Perri partit de son côté pour aller travailler à des jonctions de rivières, à des ponts, à des *"écluses.* Le plan du czar était de faire communiquer par des canaux l'Océan, la mer Caspienne, et la mer Noire.

On ne doit pas omettre que des négociants anglais, à la tête desquels se mit le marquis de Caimarthen, amiral, lui donnèrent quinze mille livres sterling pour obtenir la permission de *vdébiter* du tabac en Russie. Le patriarche, par une sévérité *imal entendue,* avait proscrit cet objet de commerce; l'Eglise russe *"défendait* le tabac comme un fléché. Pierre, mieux instruit, et qui parmi tous es changements projetés méditait la réforme de l'Eglise, introduisit ce commerce dans ses Etats.

Avant que Pierre quittât l'Angleterre, le roi Guillaume lui fit donner le spectacle le plus digne d'un tel hôte, celui d'une bataille navale. On ne gravitate. *"people amused themselves. vortexes. sluices. vending. mistaken. 'interdicted.* se doutait pas alors que le czar en livrerait un jour de véritables contre les Suédois, et qu'il remporterait des victoires sur la mer Baltique. Enfin Guillaume lui fit présent du vaisseau sur lequel il avait coutume de passer en Hollande, nommé le *Royal transport,* aussi bien construit que magnifique. Pierre retourna sur ce vaisseau en Hollande, à la fin de mai 1698. Il amenait avec lui trois capitaines de vaisseau de guerre, vingt-cinq *patrons dé vaisseau,* nommés aussi capitaines, quarante lieutenants, trente chirurgiens, deux cent cinquante canonniers, et plus de trois cents artisans. Cette colonie d'hommes habiles en tout genre passa de Hollande à Archangel sur le *Royal transport,* et de là fut répandue dans les endroits où leurs services étaient nécessaires. Ceux qui furent engagés à Amsterdam prirent la route de Narva, qui appartenait à la Suède.

Pendant qu''î7 *faisait ainsi transporter* les arts d'Angleterre et de Hollande dans son pays, les officiers qu'il avait envoyés à Rome et en Italie, engageaient aussi quelques artistes. Son général Shéréméto, qui était à la tête de son ambassade en Italie, allait de Rome à Naples, à Venise, à 4 Malte; et le czar passa à Vienne avec les autres ambassadeurs. Il avait à voir la discipline guerrière des Allemands, après les flottes anglaises, et les ateliers de Hollande. La politique avait encore autant *de part* au voyage que l'instruction. L'empereur était l'allié nécessaire du czar contre les Turcs. Pierref vit Léopold incognito. Les deux monarques *"s"entretinrent debout* pour éviter les embarras du cérémonial.

Il n'y eut rien *de marqué* dans son séjour à Vienne, que l'ancienne fête *de l'hôte et de l'hôtesse,* que Léopold renouvela pour lui, et qui n'avait captains of merchant ships. he was thus transplanting. share. conversing standing. worthy of remark. *S* point été en usage pendant son règne. Cette fête, qui se nomme *Wirilischaft,* se célèbre de cette manière. L'empereur est l'hôtelier, l'impératrice l'hôtelière; le roi des Romains, les archiducs, les archiduchesses sont d'ordinaire les aides, et reçoivent dans l'hôtellerie toutes les nations vêtues à la plus ancienne mode de leur pays. Ceux qui sont appelés à la fête *'tirent au sort des billets:* sur chacun est écrit le nom de la nation et de la condition qu'on doit représenter. L'un a un billet de mandarin chinois, l'autre de mirza tartare, de satrape persan, ou de sénateur romain; une princesse tire un billet de jardinière ou de laitière; un prince est paysan ou soldat On forme des danses convenables a tous ces caractères. L'hôte, l'hôtesse et sa famille servent à table. Telle est l'ancienne institution: mais dans cette occasion le roi des Romains Joseph et la comtesse de Traun représentèrent les anciens Egyptiens; l'archiduc Charles et la comtesse de Valstein figuraient les Flamands du temps de Charles-Quint. L'archiduchesse Marie-Elisabeth et le comte de Traun étaient en tartares; l'archiduchesse Joséphine avec le comte de Vorkla étaient *à la persane;* l'archiduchesse Marianne et le prince Maximilien de Hanovre, en paysans de la Nord-Hollande. Pierre s'habilla en paysan de Frise, et on ne lui adressa la parole qu'en cette qualité, en lui parlant toujours du grand czar de Russie. *'Ce sont de très petites particularités;* mais ce qui rappelle les anciennes mœurs, peut à *quelques égards* mériter *"qu'on en parle.*

Pierre était prêt à partir de Vienne pour aller achever de s'instruire à Venise, lorsqu'il eut la nouvelle d'une révolte qui troublait ses Etats.

Manuscrits de Péterabourg et de Lefort. *'draw lots for tickets. dressed after the Persian fashion. these are trifling particulars. in somu degree. 'to be recorded.*

CHAPITRE X,
CONJURATION PUNIE.

Milice des strélitz abolie. Changements dans les usages, dans les moeurs, dans l'Etat et dans l'Eglise,

Ii avait pourvu à tout en partant, et même aux moyens de réprimer une rébellion. Ce qu'il faisait de grand et d'utile pour son pays, fut la cause même de cette révolte.

De vieux boyards à qui les anciennes coutumes étaient chères, des prêtres à qui les nouvelles paraissaient des sacrilèges, commencèrent les troubles. L'ancien parti de la princesse Sophie se réveilla. Une de ses sœurs, dit-on, renfermée avec elle dans le même monastère, ne servit pas peu à exciter les esprits: on représentait de tous côtés combien il était à craindre que des étrangers ne vinssent instruire la nation. Enfin qui le croirait? la permission que le czar avait donnée de vendre du tabac dans son empire, malgré le clergé, fut un des grands motifs des séditieux. La superstition, qui dans toute la terre est un *Jlcau* si funeste et si cher aux peuples, passa du peuple russe aux strélitz répandus sur les frontières de la Lithuanie: ils s'assemblèrent, ils marchèrent vers Moscou dans le dessein de mettre Sophie sur le trône, et *"de fermer* le retour & un czar qui avait violé les usages en osant s'introduire chez les étrangers. Le corps commandé par Shein et pasGordon, mieux discipliné qu'eux, les battit à quinze lieues de Moscou: mais cette supériorité « Manuscrits île Lefbrt. *"scourge. to pr vent.*

d'un général étranger sur l'ancienne milice, dan» laquelle plusieurs bourgeois de Moscou étaient enrôlés, irrita encore la nation.

Septembre 1698. *Pour étouffer* ces troubles, le czar part secrètement de Vienne, passe par la Pologne, voit incognito le roi *A* uguste, avec lequel *Hl prend* déjà des mesures pour s'agrandir du côté de la Baltique. Il arrive enfin à Moscou, et surprend tout le monde par sa présence: il récompense les troupes qui ont vaincu les strélitz: les prisons étaient pleines de ces malheureux. Si leur crime était grand, le châtiment le fut aussi. Leurs chefs, plusieurs officiers et quelques prêtres furent condamnés à la mort; quelques-uns furent *roués,* deux femmes enterrées vives. On pendit autour des murailles de la ville et on fit périr dans d'autres supplices deux mille strélitz;-f-leurs corps restèrent deux jours exposés sur les grands chemins, et surtout autour du monastère où résidaient les princesses Sophie et Eudoxe. On érigea des colonnes de pierre où le crime et le châtiment furent gravés. Un très grand nombre qui avaient leurs femmes et leurs enfants à Moscou furent dispersés avec leurs familles dans la Sibérie, dans le royaume d'Astracan, dans le pays d'-Azoph: par-là du moins leur punition fut utile à l'Etat; ils servirent *'à défricher* et à peupler des terres qui manquaient d'habitants et de culture.

Peut-être si le czar n'avait pas eu besoin d'un exemple terrible, il eût fait travailler aux ouvrages publics une partie des strélitz qu'il fit exécuter, et ui furent perdus pour lui et pour l'Etat; la vie es hommes devant être comptée pour beaucoup,

I Mémoires du capitaine et ingénieur Perri, employé en Russie par Pierre le grand. Manuscrits de Lel'ort. t Manuscrits de Lefort.

'to quell. be concerts. broken upon the wheel.

to cultivate. surtout dans un pays où la population demandait tous les soins d'un législateur: il crut devoir étonner et subjuguer pour jamais l'esprit de la natiou Îar l'appareil et par la multitude des supplices,.e corps entier des strélitz, qu'aucun de ses prédécesseurs n'aurait

osé seulement diminuer, fut cassé à *perpétuité,* et leur nom aboli. Ce grand changement *sefit* sans la moindre résistance, parce qu'il avait été préparé. Le sultan des Turcs, Osman, comme on l'a déjà remarqué, fut déposé dans le même siècle et égorgé, pour avoir laissé seulement soupçonner aux janissaires qu'il voulait diminuer leur nombre. Pierre eut *plus de bonheur,* ayant mieux pris ses mesures. Il ne resta de toute cettegrande milice des strélitz que quelques faibles régiments qui n'étaient plus dangereux, et qui cependant, conservant encore leur ancien esprit, se révoltèrent dans Astracan en 1705, mais furent bientôt réprimés. 12 mars 1699, n. st. Autant Pierre avait déployé de sévérité dans cette affaire d Etat, autant il montra d'humanité quand il perdit, quelque temps après, son favori Lefort, qui mourut d'une mort prématurée à l'âge de quarante-six ans. Il l'honora d'une pompe funèbre telle *"qiion enfo.it* aux grands souverains: il assista lui-même au *"convoi* une pique à la main, marchant après les capitaines au rang de lieutenant qu'il avait pris dans le grand régiment du général, enseignant à la fois a sa noblesse à respecter le mérite et les grades militaires. On connut après la mort de Lefort que les changements préparés dans l'Etat ne venaient pas de lui, mais du czar. 11 s'était confirmé dans ses irojets par les conversations avec Lefort, mais il es avait tous conçus, et il les exécuta sans lui.

P le for ever. 1 took place. had better succes».

"as are bestowed. procession.

Dès qu'il eut détruit les strélitz, il établit des régiments réguliers sur le modèle allemand; ils eurent des habits courts et uniformes, au lieu de ces jaquettes incommodes dont ils étaient vêtus auparavant: l'exercice fut plus régulier.

Les gardes préobazinski étaient déjà formées: ce nom leur venait de cette première compagnie de cinquante hommes que le czar jeune encore avait exercée dans la retraite de Préobazinski, du temps que sa sœur Sophie gouvernait PEtat; et l'autre régiment des gardes était aussi établi.

Comme il avait passé lui-même par les plus bas grades militaires, P«z *voulut* que les fils de ses boyards et de ses knès commençassent par être soldats avant d'être officiers. Il en mit d'autres sur sa flotte à Véronise et vers Azoph, et i£ *fallut qu'ils fissent* l'apprentissage de matelot. On n'osait refuser un maître qui avait donné l'exemple. Les Anglais et les Hollandais travaillaient à mettre cette flotte en état, à construire des écluses, à établir des chantiers où l'on pût caréner les vaisseaux à sec, à reprendre le grand ouvrage de la jonction du Tanaïs et du Volga, *'abandonné* par l'Allemand Brakel. Dès-lors les réformes dans son conseil d'Etat, dans les finances, dans l'Eglise, dans la société même furent commencées.

Les finances étaient à peu près administrées comme en Turquie. Chaque boyard payait pour ses terres une somme *'convenue* qu'il *levait* sur ses paysans serfs; le czar établit pour ses receveurs des bourgeois, des bourgmestres qui n'étaient pas assez puissants pour s'arroger le droit de ne payer au trésor public que ce qu'ils voudraient. Cette nouvelle administration des finances fut ce qui lui coûta le plus de peine; il fallut essayer de pi us d'une méthode avant de se fixer.

'he *wa%* rccolved. q he obliged them *ta terve* 'that had bcen dropped. stipulated 'raised.

La réforme dans l'Eglise, qu'on croit partout difficile et dangereuse, ne le fut point pour lui. Les patriarches avaient quelquefois combattu, l'autorité du trône, aiusi que les strélitz; Nicon avec audace; Joachim, un des successeurs de Nicon, *avec souplesse.* Les évêques s'étaient aiTogé le droit du glaive, celui de condamner à des peines afflictives et à la mort, droit contraire à l'esprit de la religion et au gouvernement; cette usurpation ancienne leur fut ôtée. Le patriarche Adrien étant mort à la fin du siècle, Pierre déclara qu'il n'y en aurait plus. Cette dignité fut entièrement abolie: les grands *biens affectés* au patriarchat furent réunis aux finances publiques qui en avaient besoin. Si le czar ne se fit pas chef de l'Eglise russe, comme les rois de la GrandeBretagne le

30 • Histoire de l'empire de Russie sous Pierre le grand, avec la signification des idiotismes en angl. par N. Wanostrocht • François Marie Arouet de Voltaire

sont de l'Eglise anglicane, il en fut en effet le maître absolu, parce que les synodes n'osaient ni désobéir à un souverain despotique, ni disputer contre un prince plus éclairé qu'eux.

Il ne faut que jeter les yeux sur le préambule 3e l'édit de ses règlements ecclésiastiques donnés en 1721, pour voir qu'il agissait *en* législateur et en maître. *Nous nous croirions coupables cCingratitude envers le Très-Haut si, après avoir réforme l'ordre militaire et le civil, nous négligions l'ordre spirituel, etc. A ces causes, suivant l'exemple des plus anciens rois dont la piété est ce èbre, nous avons pris sur nous le soin de donner de bons règlements au clergé.* Il est vrai qu'il établit un synode pour faire exécuter ses lois ecclésiastiques; mais les membres du synode *"devaient* commencer leur ministère par un serment dont lui-même avait écrit et signé la formule: ce serment était celui de l'obéissance; en voici les termes; *Je jure* 'In artful manner. income belonging. wo nced ouly. 'as. 'for. were to. *d'être fidèle et obéissant serviteur et sujet à mon naturel et véritable souverain, aux augustes successeurs qu'il lui plaira de nommer, en vertu du pouvoir incontestable qu'il en a. Je reconnais qu'il est juge suprême de ce collège spirituel; je jure par Dieu qui voit tout, que j entends et que j'explique ce serment dans toute la force et le sens que les paroles présentent à ceux qui le lisent ou qui l'écoutent.* Ce serment est encore plus fort que celui de suprématie en Angleterre. Le monarque russe n'était pas, à la vérité, un des pères du synode, mais il dictait leurs lois; il ne touchait Î)oint à *l'encensoir,* mais il dirigeait les mains qui e portaient.

En attendant ce grand ouvrage, il crut que dans ses Etats, qui avaient besoin d'être peuplés,. le célibat des moines était contraire à la nature et au bien public. L'ancien usage de l'Eglise russe est que les prêtres séculiers se marient au moins une fois; ils y sont même obligés: et autrefois, quand ils avaient perdu leur femme, ils cessaient d'être prêtres. Mais une multitude dejeunes gens et de jeunes filles, qui *font vœu* dans un cloître d'être inutiles et de vivre aux dépens d'autrui, lui parut dangereuse; il ordonna qu'on n'entrerait dans les cloîtres qu'à cinquante ans,c'est-à-dire,dans un âge où cette tentation ne prend presque jamais, et il *"défendit* qu'on y reçût à *quelque* âge *%que ce fût* un homme *revêtu* d'un emploi public.

Ce règlement a été aboli depuis lui, lorsqu'on a cru devoir plus de condescendance aux monastères: mais pour la dignité de patriarche elle n'a jamais été rétablie, les grands revenus du patriarchat ayant été employés au paiement des troupes.

Ces changements excitèrent d'abord quelques murmures. Un prêtre écrivit que Pierre était l'antechrist, parce qu'il ne voulait point de patriarche; et l'art de l'imprimerie, que le czar encourageait, servit à faire imprimer contre lui des libelles: mais aussi un autre prêtre répondit que ce prince ne pouvait être l'antechrist, parce que le nombre de 666 W *se trouvait pas* dans son nom, et qu'il n'avait point le signe de la bête. Les plaintes furent bientôt *kréprimées.* Pierre en effet donna bien plus à son Eglise qu'il ne lui ôta; car il rendit peu à peu le clergé plus régulier et plus savant. Il a fondé à Moscou trois collèges, où l'on apprend les langues, et où ceux qui *se destinaient* à la prêtrise étaient obligés d'étudier.

whora it shall please him. the holy censer. make a vow. forbad. 'of what. soever. in po iession of.

Une des réformes les plus nécessaires était l'abolition ou du moins *l'adoucissement* de quatre grands carêmes; ancien assujettissement de l'Eglise grecque, aussi pernicieux pour ceux qui travaillent aux ouvrages publics, et surtout pour les soldats, que fut l'ancienne superstition des Juifs de ne point combattre le jour du sabbat. *"Aussi* le czar dispensa-t-il au moins ses troupes et ses ouvriers de ces *"carêmes,* dans lesquels d'ailleurs, s'il n'était as permis de manger, il était *d'usage de s'enivrer.* 1 les dispensa même de l'abstinence les jours maigres; les *aumôniers* de vaisseau et de régiment furent obligés d'en donner l'exemple, et le donnèrent sans répugnance.

Le calendrier était un objet important.

L'anrtée fut autrefois réglée dans tous les pays de la terre par les chefs de la religion, non-seulement à *cause* des fêtes, mais parce qu'anciennement l'astronomie *'n'était guère* connue *que* des prêtres. L'année commençait au premier septembre chez les Russes; «as not to be fourni. quieted. 'are designer! for. the mitigation. "acrdingly. lents. » custo mary to get drunk. q chaplain». 'on account. was hardly. but.

H ordonna que désormais l'année commencerait au premier de janvier,, comme dans notre Europe. Ce changement fut indiqué pour l'année 1700, *"à l'ouverture* du siècle, qu'il fit célébrer par un jubilé et par de grandes solennités. La populace admirait comment le czar avait *"pu* changer le cours du soleil. Quelques obstinés, persuadés que Dieu avait créé le monde en septembre, continuèrent leur ancien style: mais il changea dans lesbureaux, dans les chancelleries et bientôt dans tout l'empire. Pierre n'adoptait pas le calendrier grégorien que les mathématiciens anglais rejetaient, et qu'il faudra bien un jour recevoir dans tous les pays.

Depuis le cinquième siècle, temps auquel on avait connu l'usage des lettres, on écrivait sur des rouleaux, soit d'écorce, soit de parchemin, et ensuite sur du papier. Le czar fut obligé *de donner* un édit par lequel il était ordonné de n'écrire que *selon* notre usage.

La réforme s'étendit à tout. Les mariages se faisaient auparavant comme dans la Turquie et dans la Perse, où l'on ne voit celle qu'on épouse que lorsque le contrat est signé, et qu'on ne peut plus *&en dédire.* Cet usage est bon chez des peuples où la polygamie est établie, et où les. femmes sont renfermées; il est mauvais pour les pays où Ton est réduit à une femme, et où le divorce est rare.

Le czar voulut accoutumer sa nation aux mœurs. et aux coutumes des nations *chez* lesquelles il avait voyagé, et *donl* il avait *"tiré* tous les maitres qui instruisaient alors la sienne.

Il était utile que les Russes ne fassent point vêtus d'une autre manière que ceux qui leur enseignaient les arts; la haine contre les etrangers étant

"at the beginning. "bcen nble. to pu-
blish. 'after. go from one's word.
among. "from whence.

taken. trop naturelle aux hommes, et
trop àentretenue par la différence des
vêtements. L'fiabit de cérémonie, qui
(tenait alors du polonais, du tartare et
de l'ancien hongrois, était, comme on
l'a dit, très noble; mais l'habit des %
bourgeois et du bas peuple ressemblait
à ces jaquettes 'plissées vers la ceinture,
qu'on donne encore à certains pauvres
dans quelques-uns de nos hôpitaux. En
général la robe fut autrefois le vêtement
de toutes les nations; ce vêtement demandait moins de façon et moins d'art:
on laissait '"croître sa barbe par la
même raison. Le czar n'eut pas de peine
à introduire l'habit de nos nations et la
coutume de "se raser à la cour: mais le
peuple fut plus difficile; on fut obligé
d'introduire une taxe sur les habits
longs et sur les barbes. On suspendait
aux portes de la ville des "modèles de
vjustaucorps: on coupait les robes et les
barbes à içui ne voulait pas payer. Tout
cela 's'exécutait gaîment, et cette 'gaîté
même prévint les séditions.
L'attention de tous les législateurs fut
toujours de rendre les hommes so-
ciables; mais pour l'être, ce n'est pas
assez d'être rassemblés dans une ville,
'iljàut se communiquer avec politesse:
cette communication "adoucit partout
les amertumes de la vie. Le czar introduisit les assemblées, en italien ridotti,
mot que les gazetiers ont traduit par le
terme impropre de redoute. Il fit inviter
à ces assemblées les dames avec leurs
filles habillées à la mode des nations
méridionales de l'Europe: il' donna
même des règlements pour ces petites
fêtes de société. Ainsi jusqu'à la civilité
de ses sujets, tout fut son ouvrage et celui du temps.
kept up. "the full dress. partook. bur-
ghers. cununon people. 'plaited. round
the waist. required. to grow. shaving.
patterns. close bodied coats. whoever.
'was done in a jocûlar manner. 'plea-
santry. 'there must be a mutual inter-
course of. 'sweetens. after the fashions.
F a

Pour mieux faire goûter ces innovations, il abolit le mot de golut, esclave,

dont les Russes se servaient quand ils
voulaient parler aux czars, et quand ils
présentaient des requêtes; il ordonna
qu'on se servît du mot de raad, qui signifie styet. Ce changement n'ôta rien
à l'obéissance, et 'devait concilier
l'affection. Chaque mois voyait un établissement ou un-changement nouveau.
Il porta l'attention jusqu'à faire placer
sur le chemin de Moscou à Véronise
des poteaux peints qui servaient de colonnes militaires de verste en verste,
c'està-dire, à la distance de sept cent
cinquante pas, et fit construire des espèces de "-caravanserais de vingt
verstes en vingt verstes.

En étendant ainsi ses soins sur le
peuple, sur les marchands, sur les voyageurs, il voulut mettre quelque pompe
dans sa cour, haïssant le faste dans sa
personne, et le croyant nécessaire aux
autres. Il institua Tordre de Saint-André
à limitation de ces ordres dont toutes les
cours de l'Europe sont remplies. Gollovin, successeur de Lefort dans la dignité
de grand amiral, fut le premier chevalier
de cet ordre. On regarda l'honneur d'y
être admis comme une grande récompense. C'est un avertissement qu'on
porte sur soi d'être respecté par le
peuple; cette marque d'honneur ne
coûte rien à un souverain, et flatte
l'amour propre d'un sujet, sans le
rendre puissant.

Tant d'innovations utiles étaient re-
çues avec tpplaudissement de la "plus
saine partie de la nation, et les plaintes
des partisans des anciennes mœurs
étaient êtoiiffées par les acclamations
des hommes raisonnables.
"Pendant que Pierre commençait cette
création dans l'intérieur de ses Etats,
une trêve avantageuse 10 septembre
1698. On suit toujours le nouveau style.
relish. 'was calculated to. as mile atone.
public inns. in. wiser. drowned in.
while. avec l'empire turc le mettait en
liberté d'étendre ses frontières d'un
autre côté. Mustapha II., vaincu par le
prince Eugène à la bataille de Zenta en
1697, ayant perdu la Morée conquise
par les Vénitiens, et n'ayant pu défendre
Azoph, fut obligé de faire la paix avec
tous ses vainqueurs; 26 janvier 1699,
=elle fut conclue à Carlovitz entre Pé-

tervaradin et Salankemen, lieux devenus célèbres par ses défaites. Témisvar
fut la borne des possessions allemandes
et des domaines ottomans. Kaminieck
fut rendu aux Polonais; la Morée et
quelques villes de la Dalmatie prises par
les Vénitiens leur restèrent pour
quelque temps; et Pierre I. demeura
maître d'Azoph et de quelques forts
construits dans les environs. Il n'était
guère possible au czar de s'agrandir du
côté des Turcs dont les forces, auparavant divisées et maintenant réunies, seraient tombées sur lui. Ses projets de
marine étaient trop grands pour les Palus-Méotides. Les établissements sur la
mer Caspienne ne comportaient pas une
flotte guerrière: il tourna donc ses desseins vers la mer Baltique, sans abandonner la marine du Tanaïs et du Volga.
CHAPITRE XI.
Guerre contre la Suède. Bataille de
Narva.
Il s'ouvrait alors une grande scène vers
les frontières de la Suède. Une des principales causes de toutes les révolutions
qui arrivèrent de l'Ingrie jusqu'à
Dresde, et qui 'désolèrent tant d'Etats
pendant dix-huit années, fut l'abus du
pouvoir suprême dans Charles XL, roi
de Suède, père

'boundary. «ttlements. "would not
admit of
'laid waste.

de Charles XII. On ne peut trop répéter
ce fait; il importe à tous les trônes et à
tous les peuples. Presque toute la Livonie avec l'Estonie entière avait été abandonnée par la Pologne au roi de Suède
Charles XL qui succéda à Charles X.
précisément pendant le traité d'Oliva:
elle fut cédée, comme c'est l'usage,
sous la réserve de tous ses privilèges.
Charles XI. les respecta peu. Jean Réginold Patkul, gentilhomme livonien, vint
ît Stockholm en 1692, à la tête de six
députés de la province, porter aux pieds
du trône des plaintes respectueuses et
fortes: pour toute réponse on mit les
six députés en prison, et on condamna
Patkul à perdre l'honneur et la vie: il
ne perdit ni l'un ni l'autre; "il s'évada,,
et resta quelque temps dans. le pays de
Vaud en Suisse. Lorsque depuis il apprit
qu'Auguste, électeur de Saxe, avait pro-

mis, à son *"avènement* au trône de Pologne, de recouvrir les provinces *varrachées au* royaume, il courut à Dresde représenter la facilité de reprendre la Livonie, et de se venger sur un roi de dix-sept ans des conquêtes de ses ancêtres. Dans le même temps le czar Pierre *pensatt à* se saisir de l'Ingrie et de la Carélie. Les Russes avaient antrefois possédé ces provinces. Les. Suédois *s'en étaient emparés* par le droit de la guerre, dans le temps des faux Démétrius: ils les avaient conservées par des traités. Une nouvelle guerre et de nouveaux traités *"pouvaient* les donner à la Russie. Patkul alla de Dresde à Moscou; et animant deux monarques à sa propre vengeance, il cimenta leur union, et bâta leurs préparatifs Norberg, chapelain et confesseur «le Charles XII., dit dans son histoire, *qu'ileut l'insolence de se plaindre des vexa, tions, et qu'on le condamna à perdre thonnewr et la vie.* C'est parler en prêtre de despotisme. Il eût dû savoir qu'on ne peut oter 1 honneur à un citoyen qui fait son devoir. concern. 'with. "instead of an answer. "hemade bis escape. accession. that had been wrested froin the. '' entertained thoughts of. 'had uiade themselves mastert of them. 'might,)our saisir tout ce qui est à l'orient et au midi de a Finlande.

Précisément dans le même temps, le nouveau roi de Danemarck, Frédéric IV., se liguait avec le czar et le roi de Pologne contre le jeune Charles, qui semblait devoir succomber. Patkul eut la satisfaction d'assiéger les Suédois dans Riga, capitale de la Livonie, et de presser le siège en qualité de général major.

Septembre 1700. Le czar *ût marcher* environ soixante mille hommes vers l'Ingrie. Il est vrai 3ue dans cette grande armée il n'y avait guère que ouze mille soldats bien aguerris qu'il avait disciplinés lui-même, tels que ses deux régiments des gardes et quelques autres; le reste était des milices mal armées, il y avait quelques Cosaques et des Tartares circassiens; mais il *"traînait après lui* cent quarante-cinq pièces de canon. Il *"mit le siège* devant Narva, petite ville en Ingrie qui a un port commode; et il

était très vraisemblable que la place serait bientôt *emportée.*

Toute l'Europe sait comment Charles XII., n'ayant pas dix-huit ans accomplis, alla attaquer tous ses ennemis l'un après l'autre, descendit dans le Danemarck, finit la guerre de Danemarck en moins *de* six semaines, envoya du iecours à Riga, en fit lever le siège, et marcha aux Russes devant Narva au mielieli des glaces, au mois de novembre. 18 novembre 1700. Le czar, comptant sur la prise de la ville, était allé à Novogorod, amenant avec lui son favori Menzikoff, alors lieutenant dans la compagnie des bombardiers du régiment préobazinski, devenu depuis feldmaréchal et prince,

'marchai. carried with him. "laid siège.
taken. 'than. homme dont la singulière fortune mérite qu'on en 1 arle ailleurs *zavec plus d'étendue.*

Pierre laissa son armée et ses instructions pour le siège au prince de Croi, originaire de Flandre, qui depuis peu était passé à son service. Le
Ïrince Dolgorouki fut le commissaire de l'armée..a jalousie entre ces deux chefs, et l'absence du czar, furent en partie cause de la défaite *inouïe* de Narva. Charles XII. ayant débarqué à Pernau en Livonie avec ses troupes, au mois d'octobre, s'avance au nord à Revel, défait dans ces quartiers un corps avancé des Russes. Il marche et en bat encore un autre. Les fuyards retournent au camp devant Narva, et y portent l'épouvante. Cependant on était déjà au mois de novembre. Narva, quoique mal assiégée, était près de se rendre. Le jeune roi de Suède n'avait pas alors avec lui neuf mille hommes, et ne pouvait opposer que dix
Ijièces d'artillerie à cent quarante-cinq canons, dont es retranchements des Russes étaient bordés. Toutes les relations de ce temps-là, tous les historiens sans exception, *font* monter l'armée russe devant Narva à quatre vingt mille combattants. Les mémoires qu'on *7riajuit tenir* disent soixante, d'autres quarante mille; *quoi qu'il en soit,* il est certain que Charles n'en avait pas neuf mille, et que cette journée est une de

celles qui prouvent que les grandes victoires ont souvent été *"remportée* par le plus petit nombre depuis la bataille d'Arbelles.
30 novembre 1700. Charles *ne balança pas* à attaquer, avec sa petite troupe, cette armée si supérieure; et, profitant d'un vent violent et d'une grosse neige que ce vent *portait contre les*
» Voyez l'histoire de Charles XII. more at large. unparalleled. concur in making. which have been sent to me. be that as it may. gained. 'did not hesitate. 'blcw in the faces of the.
Russes, il *fondit* dans leurs retranchements *'à l'aide de* quelques pièces de canon avantageusement postées. Les Russes n'eurent pas le temps de se reconnaître au milieu de ce nuage de neige qui *leur donnait au visage,* foudroyés par les canons qu'ils ne voyaient pas, et n'imaginant point quel petit nombre ils avaient à combattre.

Le duc de Croi *voulut* donner des ordres, et le prince Dolgorouki *ne voulut pas* les recevoir. Les officiers russes *"se soulèvent contre* les officiers allemands; ils massacrent le secrétaire du duc, 3e colonel Lyon et plusieurs autres. Chacun quitte son poste; le tumulte, la confusion, la terreur panique se répandent *"dans* toute l'armée. Les troupes suédoises n'eurent alors à tuer que des hommes' qui fuyaient. Les uns courent se jeter dans la rivière de Narva, et une foule de soldats y fut noyée; les autres abandonnaient leurs armes et *vse mettaient à genoux* devant les Suédois. Le duc de Croi, le général Allard, les officiers allemands, qui craignaient plus les Russes soulevés contre eux que les Suédois, vinrent se rendre au comte Steinbock; le roi de Suède, maître de toute l'artillerie, voit trente mille vaincus à ses pieds, jetant les armes, *défilant* devant lui *"nue tête.* Le Knès Dolgorouki et 'tous les autres généraux moscovites se rendent à lui comme les généraux allemands; et ce ne fut *'qu'après s'être rendus* qu'ils apprirent qu'ils avaient été vaincus par huit mille hommes. Parmi les prisonniers *se trouva* le fils du roi de Géorgie, qui fut envoyé à Stockholm; on l'appelait Mitelleski, czarovitz, fils du czar: ce qui est une nouvelle preuve que ce titre de czar iill. 'under cover. beat full in their faces. attempted. would not. rose upon. through. fell upon their knees. filing off. 'bare-headed. 'till after they had surrendered. 'wa». ou tzar ne "tirait point son origine des césars romains.

Du côté de Charles XII. il n'y eut *guère que* douze cents soldats de tués dans cette bataille. Le journal du czar, qu'on m'a envoyé de Pétersbourg, dit qu'en comptant les soldats qui périrent au siège de Narva et dans la bataille, et qui se noyèrent dans leur fuite, on ne perdit que six mille honlmes. L'indiscipline et la terreur *firent donc tout dans* cette journée. Les prisonniers de guerre étaient quatre fois plus nombreux que les vainqueurs; et, si on en croit Norberg, le comte Piper, qui fut depuis prisonnier des Russes, leur reprocha qu'à cette bataille le nombre des prisonniers avait excédé huit fois celui de l'armée suédoise. Si ce fait était vrai, les Suédois auraient fait soixantedouze mille prisonniers. On voit par là combien il est rare d'être instruit des détails. Ce qui est incontestable et singulier, c'est que le roi de Suède permit à la moitié des soldats russes de s'en retourner desarmés, et à l'autre moitié de repasser la rivière avec leurs armes. Cette étrange confiance rendit au czar des troupes qui, étant enfin disciplinées, devinrent redoutables.

Tous les avantages qu'o» *peut tirer* d'une bataille gagnée, Charles XII. les eut, magasins immenses, bateaux de transport chargés de provisions, postes évacués ou pris, tout le pays *d la discrétion* des Suédois; voilà quel fut le fruit de la victoire. Narva délivrée, les débris des Russes ne se montrant pas, toute la contrée ouverte jus Page 439, tome premier, édition in-4to à la Haie. Le chapelain Norberg prétend qu'après la bataille de Narvale Grand-Ture écrivit aussitôt une lettre de félicitation au roi de Suède en ces termes: *Le sultan Bossa, p'r là grâce de Dieu, au roi Charles XII.,* etc. La lettre est datée de IVre de la création du monde.

'derived. -hardly. did ail the work oP.

'can be derived. at the mercy.

qu'à Pleskon, le czar parut sans res-

source pour soutenir la guerre; et le roi de Suède, vainqueur en moins d'une année des monarques de Danemarck, de Pologne et de Russie, fut regardé comme le premier nomme de l'Europe, dans un âge où les autres n'osent encore *"prétendre à* la réputation. Mais Pierre, qui dans son caractère avait une constance inébranlable, ne fut découragé dans aucun de ses projets.

Un évêque de Russie composa une prière à saint Nicolas, au sujet de cette défaite; on la récita dans la Russie. Cette pièce, qui *fait voir* l'esprit du temps et de quelle ignorance Pierre a *Hiré* son pays, disait que les enragés et épouvantables Suédois étaient des sorciers: on s'y plaignait d'avoir été abandonné par saint Nicolas. Les évêques russes d'aujourd'hui n'écriraient pas de pareilles pièces: et, *s ans faire tort à* saint Nicolas, on s'aperçut bientôt que c'était à Pierre qu'il fallait *s'adresser.* Elle est imprimée dans la plupart des journaux et des pièces de ce temps-là, et se trouve dans l'histoire de Charles. XII, roi de Suède.

'aspire at. shows. rescucd. without any uffence. to apply.

CHAPITRE XII.

Ressources après la bataille de Narva; ce désastre entièrement réparé. Conquête de Pierre auprès de Narva même. Ses travaux dans son empire. La personne qui fut depuis impératrice, prise dans le sac d'une ville. Succès de Pierre; son triomphe à Moscou.

Le czar, ayant quitté son armée devant Narva, %su,r la fin de novembre 1700, pour se concerter avec le roi de Pologne, apprit en *chemin* la victoire des Suédois. Sa constance était aussi inébranlable que la valeur de Charles XII. était intrépide et opiniâtre. Il différa ses conférences avec Auguste pour apporter un prompt remède au désordre des affaires. Les troupes dispersées *'se rendirent* à la grande Novogorod, et de là à Pleskou sur le lac Peipus.

C'était beaucoup *de se tenir* sur la défensive après un si rude échec: Je sais bien, disait-il, que les Suédois seront long-temps supérieurs, mais enfin ils nous apprendront à les vaincre.

Pierre, après avoir pourvu '*aux pre-*

miers besoins, après avoir ordonné partout "'*des levées,* court à Moscou "*faire fondre* du canon. Il avait perdu tout le sien devant Narva: "*on manquait* de bronze: il prend les cloches des églises et des monastères. Ce trait ne marquait pas de superstition, mais *aussi* il ne marquait pas d'impiété. On fabrique donc avec des cloches cent gros canons, Tiré tout entier, ainsi que les suivants, du journal de Pierre le grand, envoyé de Pétersbourg.

'in the storraing. towards. as he was on his way.

'marched. to be able to stand. 'for the present emergency. recruits to be raised. to cest.

there was a scarcity. '' at the same time. eent quarante-trois *pièces de campagne,* depuis trois jusqu'à six "*livres de balle,* des mortiers, des obus; il les envoie à Pleskou. Dans d'autres pays un chef ordonne, et on exécute; mais alors il fallait que le czar fit tout par lui-même. Tandis..,qu'il hâte ces préparatifs, il négocie avec le roi de Danemarck, qui s'engage à lui fournir trois régiments de pieds, et trois de cavalerie; engagement que ce roi n'osa remplir. 27 février 1701. A peine ce traité est-il signé, qu'il *revole* vers le théâtre de la guerre: '*il va trouver* le roi Auguste à Birzen sur les frontières de Courlande et de Lithuanie. *Il fallait fortifier* ce prince dans la' résolution de soutenir la guerre contre Charles XII; il fallait engager la diète polonaise dans cette guerre. *On sait assez* qu'un roi de Pologne n'est que le chef d'une république. Le czar avait l'avantage d'être toujours obéi; mais un roi de Pologne, un roi d'Angleterre, et aujourd'hui un roi de Suède, négocient toujours avec leurs sujets. Patkul et les Polonais partisans de leur roi assistèrent à ces conférences. Pierre promit des subsides et vingt mille soldats. La Livonie *devait être rendue* à la Pologne, en cas que la diète voulût *s'unir* à son roi et l'aider à recouvrer cette province: mais les *zpropositions* du czar firent moins d'effet sur la diète que la crainte. Les Polonais "*redoutaient* à la fois *de se voir gênés* par les Saxons et par les Russes, et ils *redoutaient* encore plus Charles XII. Ainsi le plus nombreux parti *conclut* à ne point servir son roi, et à ne point combattre.

Les partisans du roi de Pologne s'animèrent field pieces. pounders. hurried.

'he has an interview with. his object was to cunfirin.

it is well known. was to be restored 'concur with. 'proposais. were apprebensive. of having their liberties rcstrained. dreaded. "agreed. contre la faction contraire; et enfin, *de ce qu'Auguste* avait voulu *rendre* à la Pologne une grande province, il en résulta dans ce royaume une guerre civile.

Pierre n'avait donc dans le roi Auguste qu'un allié peu puissant, et clans les troupes saxonnes qu'un faible secours. La crainte qu'inspirait partout Charles XII. réduisait. Pierre à s *ne se soutenir que par* ses propres forces.

1 er mars 1701. Ayant *couru* de Moscou en Courlande *poicr s'aboucher* avec Auguste, il revole de Courlande à Moscou *pour hâter* l'accomplissement de ses promesses. Il fait en effet marcher le prince liepnin avec quatre mille hommes vers Riga, sur les bords de la Duna où les Saxons étaient retranchés.

Juillet 1701. Cette terreur commune augmenta, quand Charles, passant la Duna, malgré les Saxons campés avantageusement sur le bord opposé, eut remporté une victoire complète, quand, sans attendre un moment, il eut soumis la Courlande, qu'on le vit avancer en Lithuanie, et que la faction polonaise, ennemie d'Auguste, fut encouragée par le vainqueur.

Pierre *rien suivit pas moins* tous ses desseins. 1-e général Patkul, qui avait été l'âme des conférences de Birzen, et qui avait passé à son service, lui fournissait des officiers allemands, disciplinait ses troupes, et *lui tenait lieu* du général Lefort; il perfectionnait ce que l'autre avait commencé. Le czar *fournissait des relais à* tous les officiers, et même aux soldats allemands, ou livoniens, ou polonais, qui venaient servir dans ses armées; il entrait dans les détails de leur armure, de leur habillement, de leur subsistance.

because. 'to restore. to depend emireiy on. travelled with the greatest expedition. 'to confer « ith to forward. 'stlll pursuçd. «uplied the place! ordered relays of horses.

Aux confins de la Livonie et de l'Estonie, et à l'occident de la province de Novogorod, est le grand lac Peipus, qui reçoit du midi de la Livonie la rivière Vélika, et *"duquel sort au septentrion* la rivière de Naiova qui *vbaigne* les murs de cette ville de Narva, près de laquelle les Suédois avaient remporté leur celèbre victoire. Ce lac a trente de nos lieues communes de long; *tantôt douze, tantôt quinze* de large: il était nécessaire *"d'y entretenir une flotte* pour empêcher les vaisseaux suédois d insulter la province de Novogorod, *"pour être à portée* d'entrer sur leurs côtes, mais surtout *pour former des matelots.* Pierre, pendant toute l'année 1701, fit construire sur ce lac cent demi-galères qui portaient environ cinquante hommes chacune; d'autres barques turent *"armées en guerre* sur le lac Ladoga. Il dirigea lui-même tous les ouvrages, et *flt manœuvrer* ses nouveaux matelots. Ceux qui avaient été employés en 1697, sur les PalusMéotides, l'étaient alors près de la Baltique. Il quittait souvent ces ouvrages pour aller à Moscou, et dans ses autres provinces, *affermir* toutes les innovations commencées, et en faire de nouvelles.

Les princes qui ont employé le loisir de la paix à construire des ouvrages publics, *y se soiit fait* un nom; mais que Pierre, après l'infortune de Narva, *â occupât* à joindre par des canaux la mer Baltique, la mer Caspienne et le Pont-Euxin, il y a là plus de gloire véritable que dans le gain d'une bataille. Ce fut en 1702 qu'il commença à creuser ce profond canal qui va du Tanaïs au Volga. D'autres canaux devaient faire communiquer par des lacs le Tanaïs avec la Duna, dont la mer Baltique reçoit les eaux à Riga; mais ce second pro cives rise in its northern part. washea. 'from twelve to fiftoen. 'to keep a fleet there. "to be ready. 'to be a nursery for seamen. fitted out. "set to work.
to enforce. have acquired to theraselves. should apply. jet était encore fort éloigné, puisque Pierre était bien loin d'avoir Riga en sa puissance.

Charles dévastait la Pologne, et Pierre faisait venir de Pologne et de Saxe à Moscou des bergers et des brebis pour avoir des laines, avec lesquelles on pût fabriquer de bons *'"draps;* il établissait des manufactures de linge, des papeteries; on faisait venir par ses ordres des ouvriers en fer, en laiton, des armuriers, des fondeurs; les mines de la Sibérie étaient fouillées. Il travaillait à enrichir ses Etats et à les défendre.

Charles poursuivait le cours de ses victoires, et laissait vers les Etats duczar assez de troupes pour *'conserver, à ce qu'il croyait,* toutes les possessions de la Suède. Le dessein était déjà pris de détrôner le roi Auguste, et de poursuivre ensuite le czar jusqu'à Moscou avec ses armes victorieuses.

Il y eut quelques petits combats cette année entre les Russes et les Suédois. Ceux-ci ne furent pas toujours supérieurs, et dans les rencontres même où ils avaient l'avantage, les Russes *s"aguerrissaient.* Enfin, un an après la bataille de Narva, le czar avait déjà des troupes si bien disciplinées, qu'elles vainquirent un des meilleurs généraux de Charles.

11 janvier 1702. Pierre était à Pleskou, et delà il envoyait de tous côtés des corps nombreux pour attaquer les Suédois. Ce ne fut point un étranger, mais un Russe qui les défit. Son général Shérémétof enleva près de Derpt, sur les frontières de la Livonie, plusieurs quartiers au général suédois Slipenbak, par une manœuvre habile, et ensuite le battit lui-même. On gagna pour la première fois des drapeaux suédois au nombre de quatre, et c'était beaucoup alors. cloth. q to secure. as he imagined. improved in the art of war.

Les lacs de Peipus et de Ladoga furent quelque temps après des théâtres de batailles navales; les Suédois y avaient le même avantage que sur terre, celui de la discipline et d'un long usage; cependant les Russes combattirent quelquefois avec succès sur leurs demi-galères; Mai 1702, et, dans un combat général sur le lac Peipus, le feld-maréchal Shérémétof prit une frégate suédoise.

Juin et juillet. C'était par ce lac Peipus que le czar tenait continuellement la

Livonie et l'Estonie en alarme: ses galères y *débarquaient* souvent plusieurs régiments; on se rembarquait quand le succès n'était pas favorable; et s'il l'était, on poursuivait ses avantages. On battit deux fois les Suédois dans ces quartiers auprès de Derpt, tandis qu'ils étaient victorieux partout ailleurs.

Les Russes dans toutes ces actions étaient toujours supérieurs en nombre: *c'est ce qui fit* que Charles XII., qui combattait si heureusement ailleurs, *ne s'inquiéta jamais* des succès du czar; mais il dut considérer que ce grand nombre s'aguerrissait tous les jours, et qu'il pouvait devenir formidable pour lui-môme.

Pendant qu'on se bat sur terre et sur mer vers la Livonie, PIngrie et l'Estonie, le czar apprend qu'une flotte suédoise est destinée pour aller ruiner Archangel; il y marche: on est étonné d'entendre qu'il est sur les bords de la mer Glaciale, tandis 3u'on le croit à Moscou. Il met tout en état de éfense, prévient la descenle, *trace* lui-même le plan d'un citadelle nommée la nouvelle Duina, *'pose* la première pierre, retourne à Moscou, et delà vers le théâtre de la guerre.

Charles avançait en Pologne, mais les Russes avançaient en Ingrie et en Livonie. Le maréchal Shérémétof *va a la rencontre des* Suédois, com

Innded. for this reason. 'drew. 'laid. marched to meet the.

mandés par Slipenbak: il lui *Hivre* bataille auprès de la petite rivière d'Embac, et la gagne: il prend seize drapeaux et vingt canons. Norberg met ce combat au premier décembre 1701, et le journal de Pierre le grand le place au 19 juillet 1702.

Auguste 1702. Il avance; il *met tout à* contribution; il prend la petite ville de Marienbourg sur les confins de la Livonie et de PIngrie. Il y a dans le Nord beaucoup de villes de ce nom; mais celle-ci, quoiqu'elle n'existe plus, est cependant

Ílus célèbre que toutes les autres par l'aventure de 'impératrice Catherine.

Cette petite ville *"s'êlant rendue à* discrétion, les Suédois, *"soit par* inadvertance, *Tsoit à dessein*, mirent le feu

aux magasins. Les Russes irrité détruisirent la ville, et emmenèrent en captivité tout ce qu'ils trouvèrent d'habitants. Il y avait parmi eux une jeune Livonienne, *élevée* chez le ministre luthérien du lieu, nommé Gluk: elle fut du nombre des captifs: c'est celle-là même qui devint depuis la souveraine de ceux qui l'avaient prise, et qui a gouverné les Russes sous le nom d'impératrice Catherine.

On avait vu auparavant des citoyennes sur le trône; rien n'était plus commun en Russie, et dans tous les royaumes de l'Asie, que les mariages des souverains avec leurs sujettes: mais qu'une étrangère, prise dans *'les ruines d'une ville saccagée,* soit devenue la souveraine absolue de l'empire où elle fut amenée captive, c'est ce que la fortune et le mérite n'ont fait voir que cette fois dans le annales du monde.

La suite de ce succès ne se démentit point en Ingrie; la flotte des demi-galères russes sur le lac Ladoga contraignit celle des Suédois de se retirer gave. *"laid the whole conntrv nnder. "having surrendered. either through. P or design. brought np. 'ia the storming of a town.*

à Vibourg à une extrémité de ce grand lac: de là ils purent voir à l'autre bout-le siège de la forteresse de Notebourg, que le czar fit entreprendre par le général Shérémetof. C'était une entreprise bien plus importante qu'on ne pensait; *elle pouvait donner* une communication avec la mer Baltique, objet constant des desseins de Pierre.

Notebourg était une *place très-forte,* bâtie dans une île du lac de Ladoga, et qui *"dominant sur* ce lac, rendait son possesseur maître du cours de la Néva qui tombe dans la mer; elle fut battue nuit et jour depuis le 18 septembre jusqu'au 13 octobre. Enfin les Russes *"montèrent à l'assaut* par trois brèches. La garnison suédoise était réduite à cent soldats *en état* de se défendre; et, ce qui est bien étonnant, ils se défendirent, et ils obtinrent sur la brèche même une capitulation honorable; 16 octob. 1702—encore le colonel Slipenbak, qui commandait dans la place, ne voulut se rendre *iqu'à* condition qu'on lui permettrait *zde faire venir* deux officiers

suédois du poste le plus voisin pour examiner les brèches, et pour rendre compte au roi son maître que quatre-vingt-trois combattants qui restaient alors, et cent cinquante-six blessés ou malades, ne s'étaient rendus à une armée entière que quand il était impossible de combattre plus long-temps et de conserver la place. Ce *"trait* seul fait voir à quels ennemis le czar avait *àjhire* et de quelle nécessité avaient été pour lui ses efforts et sa discipline militaire.

Il distribua des médailles d'or aux officiers et récompensa tous les soldats; mais aussi il en fit 11unir quelques-uns qui avaient fui à un assaut: eurs camarades leur crachèrent au visage, et en

"it might open. 'a strong fortified town commanding.

gave a gênerai assault. capable. but on. *j/S* to send for. circumstance. with. to eontend. G suite *Heu arquebusèrent* pour joindre la honte au supplice.

Notebourg fut réparé; son nom fut changé en celui de Shlusselbourg, *ville de la clef,* parce que cette place est la clef de l'Ingrie et de la Finlande. Le premier gouverneur fut ce même Menzikoff qui etait devenu un très bon officier, et qui s'étant signalé mérita cet honneur. Son exemple encourageait quiconque avait du mérite sans naissance.

17 décemb. 1702. Après cette campagne de 1702, le czar voulut que Shérémétof et tous les officiers qui s'étaient distingués entrassent en triomphe dans Moscou. Tous les prisonniers faits dans cette campagne marchèrent à la suite des vainqueurs; on portait devant eux les drapeaux et les étendards des Suédois, avec le *"pavillon* de la frégate prise sur le lac Peipus. Pierre travailla lui-même aux préparatifs de la pompe, comme il avait travaillé aux entreprises qu'elle célébrait.

Ces solennités *(devaient inspirer* l'émulation, sans quoi elles eussent été vaines.-Charles les dédaignait, et depuis le jour de Narva il méprisait ses ennemis, et leurs efforts et leurs triomphes.

CHAPITRE XIIL
RÉFORME A MOSCOU.
Nouveaux succès. Fondation de Pétcrsbourg. Pierre prend Narva, etc. %le peu de séjour que le czar fit à Moscou, au

commencement de l'hiver 1703, fut employé *d faire exécuter* tous ses nouveaux règlements, et à shot them to death. "flag. 'na'urally inspired. the short stay. "in seeing put into execution. perfectionner *'le civil* ainsi que le militaire; ses divertissements même furent *consacrés à faire goûter* le nouveau genre de vie qu'il introduisait parmi ses sujets. C'est dans cette vue qu'il fit inviter tous les boyards et les dames aux noces d'un de ses bouffons: il exigea que tout le monde y parût vêtu ' *à* l'ancienne mode. On servit un repas tel qu'on le faisait au seizième siècle. Une ancienne superstition ne permettait pas qu'on allumât du feu le *Jour d'un mariage,* pendant le froid le plus rigoureux; cette coutume fut sévèrement observée le jour de la fête. Les Russes ne buvaient point de vin autrefois, mais de l'hydromel et de l'eau-de-vie; il ne permit pas ce jour-là d'autre boisson: on se plaignait en vain, il répondait *en raillant:* " *Vos ancêtres en usaient ainsi;* les usages anciens sont toujours les meilleurs." Cette plaisanterie contribua beaucoup à corriger ceux qui préféraient toujours le temps passé au présent, ou du moins à décréditer leurs murmures: et il y a encore des nations qui P *auraient besoin d'un tel* exemple. Un établissement plus utile fut celui d'une im

Krimerie en *caractères* russes et latins, dont tous;s *instruments* avaient été *tirés* de Hollande, et où l'on commença dès-lors à imprimer des traductions russes de quelques livres sur la morale et les arts. Fergusson établit des écoles de géométrie, d'astronomie, de navigation.

Une fondation non moins nécessaire fut celle d'un vaste hôpital, non pas de ces hôpitaux qui encouragent la fainéantise et qui perpétuent la misère, mais tel que le czar en avait vu dans Ti-ré du journal du Pierre le grand. a taste fo this was *Y* the civil government. calculatedto inspire with a taste for. after. wedding-day. in a joking manner. "thiswasa custoin with jour ancestors. stand in need of the like '' types. 'jmplements.. brought .a 9. Amsterdam, où l'on fait travailler les vieillards et les enfants, et où quiconque est renfermé devient utile.

Il établit plusieurs manufactures; et dès qu'il eut mis en mouvement tous les nouveaux arts auxquels il donnait naissance dans Moscou, il *courut* à Véronise, et il y *"fit commencer* deux vaisseaux de quatre-vingts pièces de canon, avec de longues *caisses* exactement *fermées sous les varangues,* pour élever le vaisseau et *le faire passer sans risque au-dessus* des *barres* et des bancs de sable *qu'on rencontre* près d'Azoph; *industrie* à peu près semblable à celle dont on se sert en Hollande *pour franchir le* Pampus.

30 mars 1703. Ayant préparé ses entreprises contre les Turcs, il revole contre les Suédois; il va voir les vaisseaux qu'il faisait construire dans les chantiers d'Olonitz, entre le lac Ladoga et celui d'Onega. Il avait établi dans cette ville des fabriques d'armes; tout y respirait la guerre, tandis qu'il faisait fleurir à Moscou les arts de la paix: une source d'eaux minérales, découvertes depuis dans Olonitz, augmenta sa célébrité. D'Olonitz il alla fortifier Shlusselbourg.

Nous avons déjà dit qu'il *avait voulu* passer *'par* tous les grades militaires: il était lieutenant des bombardiers sous le prince Menzikoff, avant que ce favori eût été fait gouverneur de Shlusselbourg. Il prit alors la place de_capitaine et servit sous le maréchal Shérémétof.

Il y avait une forteresse importante près du lac Ladoga,-nommée Nianz ou Nya, près de la Néva. Il était nécessaire de s'en rendre maître, *(pour s assurer* ses conquêtes et pour favoriser ses desseins. Il fallut l'assiéger par terre et empêcher que les secours ne vinssent par eau. Le czar *%se chargea* hastened. gave directions for building: cradles. fitted to the ribs of the vessel. to carry her safely over. shoals. that lay. a contrivance. to get over. was determined. through. 'to secure. undertook. lui-même de conduire des barques *chargées de* soldats et *d'écarter* les convois des Suédois. Shérémétof *kconduisit* les tranchées; l£ mai 1703, la citadelle se rendit. Deux vaisseaux suédois abordèrent trop tard pour la secourir; le czar les attaqua avec ses barques et s'en rendit maître. Son journal porte que pour récompense de ce service *le capitaine des bombardiers fut créé chevalier de l'ordre de Saint-André par l'amiral Gollovin, premier chevalier de l'ordre.*

Après la prise du fort de Nya, il résolut enfin de bâtir sa ville de Pétersbourg, *à l'embouchure* de la Neva sur le golfe de Finlande.

Les affaires du roi Auguste étaient ruinées, les victoires consécutives des Suédois en Pologne avaient enhardi le parti contraire, et ses amis l'avaient forcé de renvoyer au czar environ vingt mille Russes dont son armée était fortifiée. Ils *prétendaient* par ce sacrifice ôter aux mécontents le prétexte de se joindre au roi de Suède: mais on ne désarme ses ennemis que par la force, et on les enhardit par la faiblesse. Ces vingt mille hommes, que Patkul avait disciplinés, servirent utilement dans la Livonie et dans l'Ingrie pendant qu'Auguste perdait ses Etats. Ce renfort, et surtout la possession de Nya, *"mirent le czar en état* de fonder sa nouvelle capitale.

Ce fut donc dans ce *"terrain désert et marécageux,* qui ne communique à la terre ferme que par un seul chemin, qu'il *vjeta* les premiers fondements de Pétersbourg, au soixantième degré de latitude, et au quarante-quatrième et demi de longitude. Les *débris* de quelques bastions de Nianz furent les premières pierres de cette fondation. On com 1703,27 mai, jour de la Pentecôte, fondation de Pétersbourg.

» filled witb. 'to drive off. had the care of.

» at the mouth. TM thought. enabled the czar.

barren and marshy spot of ground. laid. ruine. mença par élever un petit fort dans une des îles qui est aujourd'hui au milieu de la ville: Les Suédois ne craignaient pas cet établissement dans un marais où les grands vaisseaux ne pouvaient aborder; mais bientôt après ils virent les fortifications s'avancer, une ville se former, et enfin la petite île de Cronslot, qui est *"devant* la ville, devenir en 1704 une forteresse imprenable, sous le canon de laquelle les plus grandes flottes *"peuvent être à l'abri.* Ces ouvrages, qui semblaient *demander* un temps de paix, *s'exécutaient* au milieu de la guerre; et des ouvriers de toute espèce venaient de Moscou, d'Astracan, de Casan, de l'Ukraine, *"travailler à la ville nouvelle.* ' La difficulté du terrain qu'il fallut raffermir et élever, *H'éloignement des secours,* les obstacles imprévus qui *'renaissaient* à chaque pas en tout genre de travail, *enfin* les maladies épidémiques qui *"enlevèrent* un nombre prodigieux de *manœuvres,* rien ne découragea le fondateur; il eut une ville en cinq mois de temps. Ce n'était *qa'Htn assemblage de cabanes* avec deux maisons de briques, entourées do remparts, et c'était tout ce *qu'ail fallait alors;* la constance et le temps *ontfait* le reste. Novembre 1703. Il n'y avait encore que cinq mois que Pétersbourg était fondée, lorsqu'un vaisseau hollandais *y vint trafiquer;* le *%patron* reçut des gratifications, et les Hollandais apprirent bientôt le chemin de Pétersbourg.

Pierre, en dirigeant cette colonie, la mettait en *sûreté* tous les jours par la prise des postes voisins. Un colonel suédois, nommé Croniort, s'était posté sur la rivière Sestra, et menaçait la ville *'naissante.* 9 juillet 1703. Pierre *conrt à lui* avec ses deux régiments des gardes, le défait et *Hui fait* repasser la rivière. Septemb. Ayant ainsi mis sa ville eh sûreté, il va à Olonitz commander la construction de plusieurs petits vaisseaux, et retourne à Pétersbourg sur une frégate qu'il a fait construire avec six bâtiments de transport, en attendant qu'on achève les autres.
'over against. 'may ride in safety. 'to require. were carried on. to assist in building. the distance of the necessary materiels. started up. "lastly. carried off. workmen. a cluster of huts. was necessary then. accomplished 'came to trade there. captain. safety. 'rising.
Novembre 1703. Dans ce temps-là même il *tend toujours la main* au roi de Pologne; il lui envoie douze mille hommes d'infanterie, et un subside de trois cent mille roubles, qui font plus de quinze cent mille francs de notre monnaie. Nous avons déjà remarqué qu'il

n'avait qu'environ cinq millions de roubles de revenu; les dépenses pour ses flottes, pour ses armées, pour tous ses nouveaux établissements, *"devaient répuiser.* Il avait fortifié presque à *la fois* Novogorod, Pleskou, Kiovie, Smolensko, Azoph, Archangel. Il fondait une capitale. Cependant il avait *vencore de quoi* secourir son allié d'hommes et d'argent. Le Hollandais Corneille le Bruyn, qui voyageait *vers* ce temps-là en llussie, et avec qui Pierre *'s'entretint,* comme il faisait avec tous les étrangers, rapporte que le czar lui dit qu'il avait encore trois cent mille roubles *de reste* dans ses coffres, après avoir pourvu à tous les frais de la guerre.

Pour mettre sa ville naissante de Pétersbourg hors d insulte, il va lui-même sonder la profondeur de la mer, *assigne* l'endroit où il doit élever le fort de Cronslot, en fait un modèle en bois, et laisse à Menzicoff' le soin de faire exécuter l'ouvrage sur son modèle. De là il va passer l'hiver à Moscou pour y établir insensiblement tous les changements qu'il fait dans les lois, dans les mœurs, dans les usages. Il règle ses finances, et y met un nouvel ordre; il *"presse* les ouvrages entrepris sur la Veronise, dans Azoph, dans un port qu'il établissait sur les Palus-Méotides sous le fort de Taganrok.
marched against him without delay. obligee! Iiim he continued to lend assistance. "seemed sufiieient to exhaust him. at the saine time. still a suffk-ieucy'" with. 'at. conversed. 'remaining. fixed ent to *f'* y left.- upor
Janvier 1704. La Porte alarmée lui envoya un ambassadeur pour se plaindre de tant de préparatifs; il répondit qu'il était le maître dans ses Etats, comme le grand seigneur dans les siens, et que ce n'était point enfreindre la paix que de rendre la Russie respectable sur le Pont-Euxin.
30 mars. *Retourné* à Pétersbourg, il trouve sa nouvelle citadelle de Cronslot fondee dans la mer, et achevée; il la garnit d'artillerie. Il fallait, pour s'affermir dans l'Ingrie, et pour réparer entièrement la disgrace *essuyée* devant Narva, prendre enfin cette ville. *Tandis qu'il* fait les préparatifs de ce siège, une pe-

tite flotte de brigantins suédois Îaraîtsurlelac Peipus, pour s'opposer à ses desseins.,es demi-galères russes *"vont à sa rencontre,* l'attaquent et ïa prennent toute entière; elle *portait* quatre-vingt-dix-huit canons. Avril. Alors on assiège.Narva par terre et par mer; et, ce qui est
Îlus singulier, on assiège en même temps la ville de)erpt en Estonie. Qui croirait qu'il y eût une université dans Derpt? Gustave-Adolphe l'avait fondée, et elle n'avait pas rendu la ville plus célèbre. Derpt n'est connue que par l'époque de ces deux sièges. Pierre va incessamment de l'un à l'autre *presser* les attaques et diriger toutes les opérations. Le général suédois Slipenbak était *àauprès* de Derpt avec environ deux mille cinq cents hommes.

Les assiégés attendaient le moment où il allait forwards. upon his return. he had stiffered.
while. went out to meet them. had on board.
'to forward. in the neighbourhood.
jeter du secours dans la place. Pierre imagina une *'ruse de guerre* dont on ne se sert pas assez. Il fait donner à deux régiments d'infanterie, et à un de cavalerie, des uniformes, des étendards, des drapeaux suédois. Ces prétendus Suédois attaquent les tranchées. Les Russes feignent de fuir; la garnison trompée par Papparence fait *une sortie:* alors les *s faux* attaquants et les attaqués se réunissent, ils fondent sur la garnison dont la moitié est tuée, et l'autre moitié rentre dans la ville. 27 juin 1704. Slipenbak arrive bientôt en effet pour la secourir, et il est entièrement battu. 23 juillet. Enfin Derpt est contrainte de capituler *au moment que* Pierre allait donner un assaut général.
Un assez *grand* échec que le czar *kreçoit* en même temps sur le chemin de sa nouvelle ville de Pétersbourg, ne l'empêche ni de continuer à bâtir sa ville, ni *de presser le siège* de Narva. Il avait, comme on l'a vu, envoyé des troupes et de l'argent au roi Auguste qu'on détrônait; ces deux secours furent également inutiles. 31 juillet. Les Russes, joints aux Lithuaniens du parti d'Auguste, furent *absolument* défaits en

Courlande par le général suédois Lé-venhaupt. Si les vainqueurs avaient dirigé leurs efforts vers la Livonie et l'Ingrie, ils *'pouvaient ruiner* les travaux du czar, et lui faire perdre tout le fruit de ses grandes entreprises. Pierre *"minait* chaque jour *vCavant-mur* de la Suède, et Charles ne s'y opposait pas assez: il cherchait une gloire moins utile et plus brillante.

Dès le 12 juillet 1704, *un simple* colonel suédois, à la tête o*vun* détachement, avait fait élire un nouveau roi par la noblesse polonaise dans le champ d'élection nommé Kolo, près de Varsovie. *Un* cardinal primat du royaume, et plusieurs évêques,

'stratagem. 'a sally. 'mock. just as.

'considerable. met with. from vigorously prosecuting the siege. totally. raight have destroyed. was sapping. the breast-work. one single.

se soumettaient aux volontés d'un prince luthérien, malgré toutes les menaces et les excommunications du pape: tout cédait à la force. Personne n'ignore comment fut faite l'élection de Stanislas Leczinsky, et comment Charles XII. le fit reconnaître dans une grande partie de la Pologne.

Pierre n'abandonna pas le roi détrôné; il redoubla ses secours *'à mesure* qu'il fut plus malheureux; et, pendant que son. ennemi faisait des rois, il battait les généraux suédois *"en détail* dans l'Estonie, dans*i'Ingrie*, courait *au* siège de Narva, et faisait donner des assauts. 11 y avait trois bastions fameux, du moins par leurs noms; on les appelait la Victoire, l'Honneur et la Gloire. Le czar les emporta tous trois, l'épée à la main. Les assiégeants entrent dans la ville, la pillent, et y exercent toutes les cruautés qui n'étaient *que trop ordinaires* entre les Suédois et les Russes.

20 auguste 1704. Pierre donna alors un exemple qui *"dut lui concilier les cœurs* de ses nouveaux sujets; il court de tous côtés pour arrêter le pillage et le massacre, *" 'arrache* des femmes des mains des soldats; et ayant tué deux de ces *emportés* qui n'obéissaient pas à ses ordres, il entre *à Vliôtel-deville,* où les citoyens se réfugiaient en foule; là, *7po-sant* son épée *mnglante* sur la table: "Ce

n'est pas *du* sang des habitants, dit-il, que cette épée est *Heinte,* mais du sang de mes soldats, que j'ai *vcrsé* pour vous sauver la vie." *y. B.* Les chapitres précédents et tous les suivans sont tirés du journal de Pierre le grand, et des mémoires envoyés de Pétersbourg, confrontés avec tous les autres mémoires. 'in proportion. one after another. but too customary. was calculated to gain him the affections. rescued. ruffians. the townhouse laying. reeking with blood. with the. stained. spilt.

CHAPITRE XIV.

Toute l'Ingrie "demeure à Pierre le grand, tandis que Charles XII. triomphe ailleurs. 'Elévation de MenziJcqffl Pétersbourg en sûreté. Desseins toujours exécutés %malgré les victoires de Charles.

Maître de toute l'Ingrie, Pierre en conféra le gouvernement à Menzikoff, et lui donna le titre de prince et le rang de général major. L'orgueil et le préjugé pouvaient *'ailleurs Hrotuver mauvais* u'un garçon pâtissier devint général, gouverneur e province; mais Pierre avait déjà, accoutumé ses sujets à ne se pas étonner de voir donner tout aux talents, et rien à la seule noblesse. Menzikoff, *Hirè de* son premier état dans son enfance par *un hasard heureux* qui le plaça dans la maison du czar, avait appris plusieurs langues, s'était formé aux affaires et aux armes, et ayant su d'abord se rendre agréable à son maître, il sut se rendre nécessaire; il *"hâtait* les travaux de Pétersbourg; on y bâtissait déjà plusieurs maisons de briques et de pierres, un arsenal, des magasins; on achevait les fortifications: les palais *"ne sont venus qiCaprès.* 19 auguste 1704. Pierre était à peine *vétabli* dans Narva, qu'il offrit de nouveaux secours au roi de Pologne detrôné: il promit encore des troupes, *loutre* les douze mille nommes qu'il avait déjà envoyés; et en effet il *"fitpartir* pour les frontières de la Lithuanie le général Hepnin, avec six mille hommes de cavalerie et six mille d'infanterie. Il *'ne perdait pas de vue* sa colonie de Pétersbourg remains in the possession of. 'rise. notwithstanding. upon. 'in otner countries. disapprove. 'taken from. a lucky accident. forwar-

ded. were not built till afterwards. settled. over and above.

'dispatched. 'did not lose sight of. un seul moment: la ville se bâtissait, la marine s'augmentait; des vaisseaux, des frégates *se construisaient dans les chantiers* tfOlonitz; il alla les faire achever, et les conduisit à Pétersbourg.

Tous ses retours à Moscou étaient marqués par des entrées triomphantes; c'est ainsi qu'il y revint cette année, 30 décembre et il n'en partit que pour aller *"faire lancer à l'eau* son premier vaisseau de quatre-vingts pièces de canon, dont il avait donné les dimensions l'année précédente sur la Véronise.

Mai 1705. Dès que la campagne *put s'ouvrir* en Pologne, il *courut* à l'armée qu'il avait envoyée sur les frontières de la Lithuanie au secours d'Auguste; mais, pendant qu'il aidait ainsi son allié, une flotte suedoise s'avançait pour détruire Pétersbourg et Cronslot à *peine bâtis;* elle était composée de vingt-deux vaisseaux de cinquantequatre à soixante-quatre pièces de canon, de six frégates, de deux *galiotes à bombes,* de deux *"brûlots.* Les troupes de transport firent leur descente dans la petite île de Kotin. 17 juin' 1705. Un colonel russe, nommé Tolboguin, *ayantjhit coucher son régiment ventre à terre* pendant que les Suédois débarquaient sur le rivage, le fit *"lever tout à coup,* et le feu fut si *vif* et si bien *"ménagé,* que les Suédois, *(renversés,* furent obligés de regagner leurs vaisseaux, d'abandonner leurs morts, et de laisser trois cents prisonniers.

Cependant leur flotte %*restait tmi-jours dans ces parages* et menaçait Pétersbourg. Ils firent encore une descente, et furent repoussés de même: des' troupes de terre avançaient de Vibourg sous le général suédois Meidel; elles marchaient du côté

'were on the stocks at. to be present at the launching of. could be opened. hastened. 'as yet hardly finished. bomb-ketches. fire sbips. having ordered his soldiero to lie tlown flat on their bellies. suddenly to rise up. brisk. directed. 'overthrown. 'still continued hovcring about the coast.

de Shlusselbourg; c'était la plus grande

entreprise qu'eût encore fait Charles XII. sur les Etats que Pierre avait conquis ou créés; les Suédois furent repoussés partout, et Pétersbourg resta tranquille. 25 juin 1705. Pierre, de son côté, avançait vers la Courlande, et voulait pénétrer jusqu'à Riga. Son plan était de prendre la Livonie, tandis que Charles XII. achevait *de soumettre* la Pologne au nouveau roi qu'il lui avait donné. Le czar était encore à Vilna en Lithuanie, et son maréchal Shérémétof s'approchait de Mittau, capitale de la Courlande; mais il y trouva le général Lévenhaupt, déjà célèbre par plus d'une victoire. *Il se donna une bataille rangée* dans un lieu appelé Gémavershof, ou Gémavers. 28 juillet 1705. Dans ces *kaffaires* où l'expérience et la discipline prévalent, les Suédois, quoique inférieurs en nombre, avaient toujours l'avantage: les Russes furent entièrement défaits, toute leur artillerie prise. Pierre, après trois batailles ainsi perdues a Gémavers, à Jacobstadt, à Narva, réparait toujours ses pertes, et en tirait même avantage. 14 septembre 1705. '77 *marche en farces* en Courlande après la journée de Gémavers; il arrive devant Mittau, *s'empare* de la ville, assiège la citadelle, et y entre par capitulation.

Les troupes russes avaient alors la *"réputation* de signaler leurs succès par les pillages, coutume trop ancienne chez toutes les nations. Pierre avait, à la prise de Narva, tellement changé cet usage, que les soldats russes commandés pour garder dans le château de Mittau les *"caveaux* où étaient P*inhumés* les grands ducs de Courlande, voyant que les corps avaient été *tirés* de leurs tombeaux to reduce. 'a pitched battle was fought. action.

he marched his army. made himself master of.

"character. vaulls. buried. 'taken out.

et dépouillés de leurs ornements, refusèrent d'en prendre possession, et exigèrent auparavant *qu'on Jit venir un colonel suédois "reconnaître l'état des lieux:* il en vint un en effet qui leur délivra un certificat par lequel il avouait que les Suédois étaient les auteurs de ce désordre.

Le *bruit* qui *"avait couru* dans tout l'empire que le czar avait été totalement défait à la journée de Gémavers, lui fit encore plus de *tort* que cette bataille même. Un reste d'anciens strelitz, en garnison dans Astracan, *s'enhardit sur* cette fausse nouvelle à se révolter: ils tuèrent le gouverneur de la ville, et le czar fut obligé d'y envoyer le maréchal Shérémétof avec des troupes, pour les soumettre et les punir.

Tout conspirait contre lui; la fortune et la valeur de Charles XII., les malheurs d'Auguste, la neutralité forcée du Danemarck, les révoltes des anciens strélitz, les murmures d'un peuple qui ne *sentait* alors que la *zgêne* de la réforme et non l'utilité, les mécontentements des "-grands assujettis à la discipline militaire, H'*épuisement* des finances: rien ne découragea Pierre un seul moment; il *"étouffa* la révolte; et ayant mis en sûreté l'Ingrie, *s'étant assuré* de la citadelle de Mittau, malgré Lévenhaupt, vainqueur, qui n'avait pas assez de troupes pour s'opposer à lui, il eut alors la liberté de *"traverser* la Samogitie et la Lithuanie.

Il partageait avec Charles XII. la gloire de dominer en Pologne; il s'avança jusqu'à Tykoczin: ce fut là qu'il vit pour la seconde fois le roi Auguste; il le consola de ses infortunes, lui promit de le yenger, lui fit présent de quelques drapeaux

'that a Swedish colonel should be sent for. 'to inspect the condition of the place. rumour. was sptead.

prejudice. emboldened by. were sensible. restreint. grandees. the exhausted state. quelled. secured the possession. to mardi an army through. pris par Menzikoff sur des partis de troupes de son rival: ils allèrent ensuite à Grodno, capitale de la Lithuanie, et y restèrent jusqu'au 15 décembre.— 30 décembre. Pierre, en partant lui laissa de l'argent et une armée; et, selon sa coutume, alla passa quelque temps de l'hiver à Moscou, pour y faire fleurir les arts et les lois, après avoir fait une campagne très-'*difficile.*

CHAPITRE XV.

Tandis que Pierre se soutient dans ses conquêtes, et police ses Etats, son enne-mi Charles XII. gagne des batailles, domine dans la Pologne et dans la Saxe. Auguste, malgré une victoire des Russes, reçoit la loi de Charles XII. Il renonce à la couronne; il livre Patkul, ambassadeur du czar; meurtre de Patkul s condamné à la roue.

Pierre à peine était à Moscou, qu'il apprit que Charles XII., partout victorieux, s'avançait du côté de Grodno pour combattre son armée. Le roi Auguste avait été obligé de fuir de Grodno, et se retirait en hâte vers la Saxe avec quatre régiments de dragons russes; il affaiblissait ainsi l'armée de son protecteur, et la décourageait par sa retraite; le czar trouva tous les chemins de Grodno occupés par les Suédois, et son armée dispersée.

Tandis qu'il rassemblait ses quartiers avec une

Eeine extrême en Lithuanie, le célèbre Schullemourg, qui était la dernière ressource d'Auguste, et qui *s'acquit* depuis tant de gloire par la défense de Corfou contre les Turcs, avançait du côté de la grande Pologne avec environ douze mille Saxons

'laborious. tentenced to be broken upon the wheel.

gained. et six mille Russes, tirés des troupes que le czar avait confiées à ce malheureux prince. Schullembourg avait une juste espérance de soutenir la fortune d'Auguste; il voyait Charles XII. occupé alors du côté de la Lithuanie; il n'y avait qu'environ dix mille Suédois, sous le général Renschild, qui pussent *arrêter* sa marche; il s'avançait donc avec confiance jusqu'aux frontières de la Silésie, qui est le passage de la Saxe dans la haute Pologne. Quand il fut près du bourg de Fraustadt, sur les frontières de Pologne, il trouva le maréchal Renschild qui venait *lui livrer* bataille.

Quelque effort que je fasse pour ne pas répéter ce que j'ai déjà dit dans l'histoire de Charles XII., je dois redire ici qu'il y avait dans l'armée saxonne un régiment français qui, ayant été fait prisonnier tout entier à la fameuse bataille d'Hochstet, avait été forcé de servir dans les troupes saxonnes. Mes mémoires disent qu''on *lui avait confié* la garde de l'artillerie; ils ajoutent que ces

Français, frappés de la gloire de Charles XII., et mécontents du service de Saxe, 6 février 1706, *posèrent les* armes dès qu'ils virent les ennemis, et demandèrent d'être reçus parmi les Suédois, qu'ils servirent depuis en effet jusqu'à la fin de la guerre. Ce futlà le commencement et le signal d'une déroute entière; il ne se sauva pas trois bataillons russes, et encore tous les soldats qui échappèrent étaient blessés; tout le reste fut tué *sans qu'on fît quartier* à personne. Le chapelain Norberg prétend que le mot des Suédois dans cette bataille était: *Au nom de Dieu,* et que celui des Russes était: *Massacrez tout;* mais ce furent les Suédois qui massacrèrent tout au nom de Dieu. Le czar môme assure, dans un de ses manifestes, que Manifeste du czar en Ukraine, 1709.

to interrupt. to give him. 'they had been entrusted with. "' laid down their. as no quarter was granted. beaucoup de prisonniers russes, cosaques, calmouks, furent tués trois jours après la bataille. Les troupes irrégulières des deux armées avaient accoutumé les généraux à ces cruautés; il ne s'en commit jamais de plus grandes dans les temps barbares. Le roi Stanislas m'a fait l'honneur de me dire que, dans un de ces combats qu'on livrait si souvent en Pologne, un officier russe, qui avait été son ami, vint, après la défaite d'un corps qu'il commandait, se mettre sous sa protection, et que le général suédois Steinbock *le tua d'un coup de pistolet* entre ses bras.

Voilà quatre batailles perdues par les Russes contre les Suédois, sans compter les autres victoires de Charles XII. en Pologne. Les troupes du czar, qui étaient dans Grodno, couraient risque *vd'essuyer* une plus grande disgrace, et d'être *enveloppées de* tous côtés; il sut heureusement *'les rassembler* et même les augmenter: il fallait à la fois pourvoir *à la sûreté* de cette armée, et à celle de ses conquêtes dans l'Ingrie. Il fit marcher son armée sous!e prince Menzikoff vers l'orient, et de là au midi jusqu'à Kiovie.

Auguste 1706. Tandis qu'elle marchait, il se rend a Shlusselbourg, à Narva, à sa colonie de Pétersbourg, met tout

en sûreté; et des bords de la mer Baltique, il court à ceux du Borysthène, pour rentrer par la Kiovie dans la Pologne, s'appliquant toujours à rendre inutiles les victoires de Charles XII. qu'il n'avait *pu empêcher,* préparant même déjà une conquête nouvelle; c'était celle de Vibourg, capitale de la Carélie, sur le golfe de la Finlande. Octobre. Il alla l'assiéger; mais cette fois elle *résista à* ses armes: les secours vinrent à propos, et il leva le siège. Son rival Charles XII. shot him dead with a pistol. cf suffering. sur rounded on. to get them together. 'for the «afety.

« been able to prevent. withstood.

ne faisait réellement aucune conquête en gagnant des batailles: il poursuivait alors le roi Auguste en Saxe, toujours plus occupé d'humilier ce prince et de l'accabler du poids de sa puissance et de sa gloire, que du soin de reprendre l'Ingrie sur un ennemi vaincu qui *la lui avait enlevée.*

Il répandit la terreur *dans la haute* Pologne, en Silésie, en Saxe. Toute la famille du roi Auguste, sa mère, sa femme, son fils, les principales familles du pays se retiraient dans le cœur de. rempire. Auguste implorait la paix; il aimait mieux se mettre à la *discrétion* de son vainqueur que dans les bras de son protecteur. Il *négociait* un traité qui *Huiôtait* la couronne de Pologne, et qui le couvrait de confusion: ce traité était secret; *il fallait le cacher aux* généraux du czar, avec lesquels il était alors comme réfugié en Pologne, pendant que Charles XII. donnait des lois dans Leipsick, et régnait dans tout son électorat. 14 septembre 170b Déjà était signé par ses plénipotentiaires le fatal traité par lequel il renonçait à la couronne de Pologne, promettait *de ne prendre Jamais* le titre de roi dans ce pays, reconnaissait Stanislas, renonçait à l'alliance du czar son bienfaiteur, et, *pour comble* d'humiliation, s'engageait à *remettre à* Charles XII. l'ambassadeur du czar, Jean Réginold Patkul, général des troupes russes, qui combattait pour sa défense. Il avait */ait* quelque temps auparavant *%arrêter* Patkul, *contre le droit d"s gens,* sur de faux soupçons; et contre ce même droit des gens, il le li-

vrait à son ennemi. Il valait mieux mourir les armes à la main que de conclure un tel traité: non-seulement il y perdait sa couronne et sa gloire, mais il risquait même sa liberté, puisqu'il était alors entre les mains du prince Menzikoff en Posnanie, et que le peu de Saxons qu'il avait avec lui recevaient alors leur *'solde* de l'argent des Russes.

"had «rested it frora him. through ail upper. mercy.

entered into. deprived him *of.* it was to be concealed t'rom the. never to assume. to complète his. to deliver up. 'ordered. to bc arrested. in violation of the law of nations.

Le prince Menzikoff *avait en tête* dans ces quartiers une armée suédoise, renforcée des Polonais du parti du nouveau roi Stanislas, commandée par le genéral Maderfeld; et ignorant qu'Auguste' traitait avec ses ennemis, il lui proposa de les attaquer. Auguste n'osa refuser; la bataille *se donna* auprès de Kalish, dans le palatinat même du roi Stanislas: 19 octobre 1706. Ce fut la première *bataille rangée* que les Russes gagnèrent contre les Suédois; le prince Menzikoff en eut la gloire: on tua aux ennemis quatre mille hommes; on leur en prit deux mille cinq cent quatre-vingtdix-huit.

Il est difficile de comprendre comment Auguste put, après cette victoire, ratifier un traité qui lui en était tout le fruit; mais Charles était en Saxe, et y était tout-puissant: son nom *imprimait* tellement la terreur, on comptait si peu sur des succès soutenus de la part des Russes, le parti polonais contre le roi Auguste était si fort, et enfin Auguste était si mal *Conseillé,* qu'il signa ce traité funeste. Il *Vue s'en tint pas là;* il écrivit à son envoyé Finkstein une lettre plus *Hriste* que le traité même, par laquelle il demandait pardon de sa victoire, *protestant que la bataille s'était donnée malgré lui; que les Russes et les Polonais de son parti l'y avaient obligé; qu'il avait fait dans ce dessein des mouvements pour abandonner Menzikoff; que Maderfeld* "aurait pu *le battre s'il avait profité de Foccasion; qu'il rendrait tous les prisonniers suédois,* pay. 'was opposed. 'was fought. pitched battle. "spread. advised. did not stop there. shameful. 'might have.

ou qu'il romprait avec les Russes, et qu'enfin il donnerait au roi de Suède toutes les satisfactions convenables pour avoir osé battre ses troupes. Tout cela est *'unique,* inconcevable, et *'.pourtant "de la plus exacte vérité.* Quand *on songe* qu'avec cette faiblesse Auguste était un des plus braves princes de l'Europe, on voit bien que c'est le *centrage d'esprit* qui fait perdre ou conserver les Etats, qui les élève ou qui les abaisse.

Deux *traits* achevèrent *de combler* l'infortune du roi de Pologne, électeur de Saxe, et l'abus que Charles XII. faisait de son bonheur; le premier fut une lettre de *"félicilation* que Charles força Auguste d'écrire au nouveau roi Stanislas; le second fut horrible: ce même Auguste fut contraint de lui livrer Patkul, cet ambassadeur, ce général du czar. L'Europe sait assez que ce ministre *fut depuis roué vif* à Casimir, au mois de septembre 1707. Le chapelain Norberg avoue que tous les ordres écrits pour cette exécution furent écrits de la *"propre main* de Charles.

Il n'est point de jurisconsulte en Europe, il n'est pas même d'esclave *qui ne sente* toute l'horreur de cette injustice barbare. Le premier crime de cet infortuné était d'avoir represénté respectueusement les droits de sa patrie à la tête de six gentilshommes livoniens, députés de tout l'Etat: condamné pour avoir rempli le premier des devoirs, celui de servir son pays selon les lois, cette sentence inique l'avait mis *(dans le plein droit* naturel qu'ont tous les hommes de se choisir une patrie. Devenu ambassadeur d'un des plus grands monarques du monde, sa personne était sacrée. Le droit du

'unparalleled. 'nevertheless. strictly true. we reflect. fortitude of mind. 'circumstances. to complete. congratulation. broken alive upon the wheel. own hand. there ianot a civilian. but must feel. 'in the full possession of a right.

plus fort viola en lui le droit de la nature et celui des nations. Autrefois *%l ' éclat* de la gloire couvrait de telles cruautés, aujourd'hui elles *le ternissent.*

CHAPITRE XVI.

'On veut faire un troisième roi en Pologne. Charles XII. part de Saxe avec une armée florissante, traverse lu Pologne en vainqueur. Cruautés exercées. Conduite du, czar. Succès de Charles, qui s'avance enfin vers la Russie.

Charles XII jouissait de ses succès dans Altranstad près de Leipsick. Les princes protestants de l'empire d'Allemagne venaient en foule lui rendre leurs hommages et lui demander sa protection. Presque toutes les puissances lui envoyaient des ambassadeurs. L'empereur Joseph I. *kdéférait à* toutes ses volontés. Pierre alors, voyant que le roi Auguste avait renoncé à sa protection et an trône, et qu'une partie de la Pologne *'reconnaissait* Stanislas, *écouta* les propositions qui lui fît Yolkova d'élire un troisième roi.

Janvier 1707. On proposa plusieurs palatins dans une diète à Lublin: on mit sur les rangs le

Krince Ragotski; c'était ce même prince Ragotski lng-temps retenu en prison dans sa jeunesse par l'empereur Léopold, et qui depuis fut son compétiteur *au* trone de Hongrie, après s'être procuré la liberté. Cette négociation fut poussée très loin, et il s'en fallut peu qu'on ne vît trois rois de Pologne à la fois. Le prince Ragotski the blaze. sully it. 'attempts are made to set up. acquiesced in. acknowledged. listened to.

» for the.

n'ant pu réussir, Pierre voulut donner le trône au grand général de la république, Siniawski, homme puissant, *"accrédité,* chef d'un tiers parti, ne voulant reconnaître ni Auguste détrôné, ni Stanislas élu par un parti contraire.

Au milieu de ces troubles *on parla* de paix, comme on fait toujours. Buzenval, envoyé de France en Saxe, *s'entremit* pour réconcilier le czar et le roi de Suède. On pensait alors à la cour de France que Charles, n'ayant plus à combattre ni les Russes ni les Polonais, pourrait tourner ses armes contre l'empereur Joseph, dont il était mécontent, et auquel il imposait des lois dures pendant son séjour en Saxe; mais Charles répondit qu'il traiterait de la

paix avec le czar dans Moscou. C'est alors que Pierre dit: "Mon frère Charles *'veut faire* l'Alexandre; mais il ne trouvera pas en moi un Darius."

Cependant les Russes étaient encore en Pologne, et même à Varsovie, tandis que le roi *'donné aux* Polonais par Charles XII. était *'à peine reconnu* d'eux, et que Charles enrichissait son armée des dépouilles des Saxons.

22 auguste 1707. Enfin il partit de son quartier d'Altranstad à la tête d'une armée de quarantecinq mille hommes, à laquelle il semblait que son ennemi ne dût jamais résister, puisqu'il l'avait entièrement défait avec huit mille a Narva.

27 auguste. Ce fut en passant sous les murs de Dresde qu'il alla faire au roi Auguste cette étrange visite, *qui doit causer de l'admiration à la postérité,* à ce que dit Norberg; elle peut au moins causer quelque étonnement. C'était beaucoup risquer que de se mettre entre les mains d'un prince ofgreat interest. there was a talk. interposed. wants to act. "who had been set over the. 'hardly acknowlcdged by. auquel il avait ôté une royaume. Il repassa par la Silésie et rentra en Pologne.

Ce pays était entièrement *"dévasté* par la guerre, ruiné par les factions et en proie à toutes ks calamités. Charles avançait *par* la Masovie, et choisissait le chemin le moins praticable. Les habitants, *"réfugiés* dans des marais, voulurent au moins lui faire acheter le passage. Six mille paysans lui députèrent un vieillard de leur corps: cet homme d'une figure extraordinaire, vêtu tout de blanc et armé de deux carabines, harangua Charles; et comme on n'entendait pas trop bien ce qu'il disait, on prit le parti de le tuer aux yeux du prince au milieu de sa harangue. Les paysans, desespérés, se retirèrent et s'armèrent. On saisit tous ceux qu'on put trouver; on les obligeait de se pendre les uns les autres, et le dernier était forcé de se passer luimême la corde au cou et d'être son pro

Ere bourreau. *On réduisit en cendre* toutes leurs abitations. C'est le chapelain Norberg qui atteste ce fait dont il fut *témoin:* on ne peut ni le récuser ni s'empêcher de frémir.

6 février 1708. Charles arrive *à*

quelques lieues de Grodno en Lithuanie; *on lui dit* que le czar est en personne dans cette ville, avec quelques troupes; il prend avec lui, sans délibérer, huit cents gardes seulement et *court à Grodno*. Un officier allemand, nommé Mulfels, qui commandait un corps de troupes à une porte de la ville, ne doute pas, en voyant Charles XII, *qu'il ne soit* suivi de son armée; il *lui livre* le passage au lieu de le disputer; l'alarme se répand dans la ville; chacun croit que l'armée suédoise est entrée: le peu de Russes qui veulent résister sont *taillés en pièces* par la garde suédoise; tous les officiers confirment au czar qu'une armée victorieuse se rend maîtresse de tous les postes de la ville. Pierre *se relire au-delà* des remparts, et Charles met une garde de trente hommes *%à la porte même par oh* le czar vient de sortir. *"laid waste. through. "who had taken shelter. wereburnt to the ground. an eye witness. '"* within. he was informe J. . immed ately set out for. "but that he was. left open. eut in pieces.

Dans cette confusion, quelques jésuites, dont on avait pris la maison pour loger le roi de Suède, parce que c'était la plus belle de Grodno, *se rendent la nuit* auprès du czar, et lui apprennent cette fois la vérité. Aussitôt Pierre rentre dans la ville, force la garde suédoise: on combat dans les rues, dans les places; mais déjà l'armée du roi arrivait. Le czar fut enfin obligé de céder, et de laisser la ville au pouvoir du vainqueur qui faisait trembler la Pologne.

Charles avait augmenté ses troupes en Livonie et eh Finlande, et tout était à craindre de ce côté

Îour les conquêtes de Pierre, comme du côté de la àthuanie pour ses anciens Etats £t pour Moscou même. Il fallait donc se fortifier dans toutes ces parties si éloignées les unes des autres. Charles ne pouvait faire de progrès rapides *'en tirant à l'arient par* la Lithuanie, aw *milieu* d'une saison rude, dans des pays marécageux, infectés de maladies, contagieuses que la pauvreté et la famine avaient répandues de Varsovie à Minski. Pierre posta ses troupes dans les quartiers sur le passage des rivières, *garnit* les postes importants, fit tout ce

qu'il put *pour arrêter* à chaque pas la marche de son ennemi, avril 1708, et *"courut* ensuite mettre ordre à tout vers Pétersbourg.

"Charles en dominant chez les Polonais, ne leur prenait rien; mais Pierre, *ven* faisant usage de sa nouvelle marine, *ien descendant* en Finlande, *'retreatïJ* behind. at the very gate, went by night. 'to the eastward of. in the depth. 'guarded.

"to impede. "hastened. though Charles was lording it. 'by. by landing forces.

21 mai 1708 en prenant Borgo, qu'il détruis.it, et en faisant un grand butin sur ses ennemis, *se donnait* des avantages utiles.

Charles, long-temps retenu dans la Lithuanie par des pluies continuelles, s'avança enfin sur la petite rivière de Bérézine, à quelques lieues du Borysthène., Rien ne put résister a son activité; il jeta un pont o la vue des Russes; il battit le détachement qui gardait ce passage, et arriva à Hollosin sur la rivière de Vabis. C'était là que le czar avait posté un corps considérable, qui *devait arrêter* 1 impétuosité de Charles. La petite rivière de Vabis *"n'est qu'un* ruisseau dans *ks sécheresses;* mais alors c'était un torrent impétueux, profond, *grossi* par les pluies. Au-delà était un marais, et derrière ce marais les Russes avaient *tiré* un retranchement d'un quart de lieue, défendu par un large fossé et couvert par un parapet *garni* d'artillerie. Neuf régiments de cavalerie et onze d'infanterie étaient avantageusement *'disposés* dans ces lignes. Le passage de la rivière paraissait impossible.

Les Suédois, selon l'usage de la guerre, préparèrent des pontons pour passer, et *établirent* des batteries de canons pour favoriser la marche; mais Charles n'attendit pas que les pontons fussent prêts, son impatience de combattre ne souffrait jamais le moindre retardement. Le maréchal de Shwerin, qui a long-timps servi sous lui, m'a confirmé plusieurs fois qu'un jour d'action il disait à ses généraux, occupés du détail de ses dispositions: *AurezVouh bientôt terminé ces bagatelles* ? et il s'avançait alors le premier à la tête de ses *drabans:*

c est-ce qu'il fit surtout dans cette journée mémorable.

En russe *Bibitsch.* 'was procuring to hiniself. in was to chcck. is onlr. dry weather. swollen. 'thrown up. lined with. posted. "erecteil. thia ttifliug. guard».
H

Il *"s'élance* dans la rivière, suivi de son régiment des gardes. *Cette foule* rompait l'impétuosité du flot; mais on avait de l'eau jusqu'aux épaules, et on ne pouvait se servir de ses armes. *% Pour peu que l'artillerie du parapet eût été* bien servie, et que les bataillons eussent tiré à propos, il ne serait pas échappé un seul Suédois.

25 juillet 1708. Le roi, après avoir traversé la rivière, passa encore le marais à pied. Dès que l'armée eut *franchi* ces obstacles à la vue des Russes, on se mit en bataille; on attaqua sept fois leurs retranchements, et les Russes ne *cédèrent* qu'à la septième. On ne leur prit que douze pièces de campagne et vingt-quatre *kmortiers à grenades, de taveu* même des Historiens suédois.

Il était donc visible que le czar avait réussi à former des troupes *aguerries;* et cette victoire d'Hollosin, *en comblant* Charles XII. de gloire, *"pouvait lui faire sentir* tous les dangers qu'il allait courir en pénétrant dans des pays si éloignés: on ne pouvait marcher qu'en corps séparés, de bois en bois, de marais en marais, et a chaque pas il fallait combattre: mais les Suédois, accoutumés *và tout renverser* devant eux, ne redoutèrent ni danger ni fatigue.

flung himself. 'their mimbers. if the artillery of the parapet had been tolerably served. surmounted. gave way. mortars. 'by the accounts. disciplined. "while it covered. might have made him sensible of. to carry ail.

CHAPITRE XVII.

Charles XII. passe le Borysthène, s'enfonce en Ukraine, prend mal ses mesures. Une de ses armées est défaite par Pierre le grand; ses munitions sont perdues. Il s'avance dans des, déserts. Aventures en Ukraine.

Enfin Charles arriva sur la rive du Borysthène, à une petite ville nommée Mohilo. C'était à cet endroit fatal qu'on devait apprendre s'il dirigerait sa route à *l'arient* vers Moscou, ou *'au midi* vers l'Ukraine. Son armée, ses ennemis, ses amis *s'attendaient* qu'il marcherait à la capitale. *Quelque* chemin qu'il prît, Pierre le suivait depuis Smolensko avec une forte armée; *"on ne s'attendait pas* qu'il prendrait le chemin de l'Ukraine. Cette étrange résolution lui fut inspirée par Mazeppa, hetman des Cosaques. C'était un vieillard de soixante et dix ans qui, n'ayant point d'enfants, semblait ne devoir penser qu'à. finir tranquillement sa vie: la reconnaissance devait encore l'attacher au czar, auquel il devait sa place; mais, *soit qu'il* eût en effet à se plaindre de ce prince, soit que la gloire de Charles XII. l'eût ébloui, soit plutôt qu'il cherchât à devenir indépendant, il avait trahi son bienfaiteur, et *s'était donné en secret au roi de Suède,* se flattant de faire avec lui révolter toute sa nation.

Charles ne douta pas de triompher de tout l'empire russe, quand ses troupes victorieuses seraient secondées d'un peuple si belliqueux. Il En russe *Mogilew.* eastward. 'southward. expected. whichever.

"no one expected. whether, had privately espoused the interests of tlie. *idevait* recevoir de Mazeppa les vivres, les munitions, l'artillerie *qui pouvaient lui manquer:* à ce puissant secours devait se joindre une armée de seize à dix-huit mille combattants, qui arrivait de Livonie, conduite par le général Lévenhaupt, *conduisant* après elle une quantité prodigieuse de *provisions de guerre et de bouche.* Charles ne s'inquiétait pas si le czar était *"à portée* de tomber sur cette armée, et de le priver, d'un secours si nécessaire. Il ne s'informait pas si Mazeppa était en état de tenir toutes ses promesses, si ce Cosaque avait assez de crédit *pour faire changer* une nation entière, qui ne prend conseil que d'ellemême, et s'il restait enfin assez de resources à son armée *dans* un malheur; et en cas que Mazeppa fût sans fidélité ou sans pouvoir, il *coinptait sur sa* valeur et sur sa fortune. L'armée suédoise avança donc au-delà du Borysthène vers la Desna; et c'était entre ces deux rivières que Mazeppa était attendu. La route était pénible, et *%des corps*

de Russes *voltigeant* dans ces quartiers rendaient la marche dangereuse.

11 septembre 1708 Menzikoff, à la tête de quelques régiments de cavalerie et de dragons, attaqua *'L'avant-garde* du roi, *la mit* en désordre, tua beaucoup de Suédois, perdit encore plus des siens, mais 'ne *se rebuta pas.* Charles, qui *'"accourut sur* le champ de bataille, ne repoussa les Russes que difficilement, en risquant long-temps sa vie, et en combattant contre plusieurs dragons qui l'environnaient. Cependant Mazeppa ne venait point, les vivres commençaient *'à manquer;* les soldats suédois, voyant leur roi partager tous leurs : 'was. which he should want. bringing. warlike stores and provisions. within reach. to change the disposition of. in case of. trustee! to. parties that were hovering. 'the advanced puarcL threi them. M as not discouraged. hastened ta. "to grow scarce. dangers, leurs fatigues et leur disette, ne se décourageaient pas; mais en l'admirant ils le blâmaient et murmuraient.

L'ordre envoyé par le roi à Lévenhaupt, de marcher avec son armée d'amener des munitions en diligence, avait été *"rendu* douze jours trop tard, et ce temps était long dans une telle circonstance. Lévenhaupt marchait enfin: Pierre le laissa passer le Borysthène; et quand cette armée fut engagée entre ce fleuve et les petites rivières qui *vs'y perdent,* il passa le fleuve après lui, et l'attaqua avec ses corps rassemblés qui se suivaient presque e» *échelons.* La bataille se donna entre le Borysthène et la Sossa.

Le prince Menzikoff revenait avec ce même corps de cavalerie qui *'s'était mesuré contre* Charles XII.; le général Bauer le suivait, et Pierre *"conduisait de* son côté *H élite* de son armee. Les Suédois crurent avoir *"affaire à* quarante mille combattants; et on le crut long temps sur la foi de leur relation. Mes nouveaux mémoires m'apprennent que Pierre n'avait que vingt mille hommes dans cette journée; ce nombre n'était pas fort supérieur à celui de ses ennemis. L'activité du czar, sa patience, son *"'opiniâtreté,* celle de ses troupes animées par sa présence, décidèrent du sort, non pas de cette journée, mais de

trois journées consécutives, pendant lesquelles on combattit à plusieurs *reprises.*

D'abord on attaqua Tarrière-garde de l'armée suédoise près du village de Lesnau, qui a donné le nom à cette bataille. Ce premier choc fut sanglant, sans être décisif. Lévenhaupt se retira dans un bois, et conserva son bagage; le lendemain En russe *Socza.* delivered. empty. themselves into it. q at equal distance from one another 'which had engaged. headed. 'the flower. to deal «ith, perseverance. tiuies. il fallut *'chasser* les Suédois de ce bois;— 7 octobre 1708— le combat fut plus *zmeurtrier* et plus heureux: c'est là que le czar, voyant ses troupes en désordre, *"s'écria qu'on tirât sur les fuyards* et sur lui-même, s'il e *retirait.* Les Suédois furent repoussés, mais ne furent point mis en déroute. Enfin un renfort de quatre mille dragons arriva; on fondit sur les Suédois pour la troisième fois: ils se retirèrent vers un bourg nommé Prospock; on les y attaqua encore: ils marchèrent vers la Desna, et on les y poursuivit. Jamais ils ne furent entièrement rompus; mais ils perdirent plus de huit mille hommes, dixsept canons, quarantequatre drapeaux: le czar fit prisonniers cinquantesix officiers, et près de neuf cents soldats. Tout ce grand convoi qu'on amenait à Charles demeura au pouvoir du vainqueur.

Ce fut la première fois que le czar défit en personne, dans une bataille rangée, ceux qui s'étaient signalés par tant de victoires sur ses troupes: il remerciait Dieu de ce succès, quand il apprit que son général Apraxin *"venait de remporter* un avantage en Ingrie à quelques lieues de Narva

I 7 septembre 1708;—avantage, à la vérité, moins considérable que la victoire de Lesnau; mais ce concours d'événements heureux fortifiait ses espérances et le courage de son armée.

Charles XII. apprit toutes ces funestes nouvelles, lorsqu'il était près de passer la Desna dans l'Ukraine. Mazeppa *vint enfin le trouver: "il devait* lui amener trente mille hommes et des provisions immenses; mais il n'arriva qu'avec deux régiments, et *plutôt en fu-*

gitif qui demandait du secours, qu'en prince qui venait en donner. Ce Cosaque to drive. bloody. cried out to fire upon the runaways should turn his back. had lately gained.

at length joined him. he was to have. rather like a. avait marché en effet avec quinze à seize mille des siens, leur ayant dit d'abord qu'ils allaient contre le roi de Suède, qu'ils auraient la gloire % d'arrêter ce héros dans sa marche, et que le czar-leur aurait une éternelle obligation d'un si grand service.

A quelques milles de la Desna, il leur déclara enfin son projet; mais ces braves gens en eurent horreur; ils ne voulurent point trahir un monarque dont ils n'avaient point à se plaindre, pour un Suédois qui venait "à main armée dans leur pays, qui, après l'avoir quitté, ne pourrait plus les défendre, et qui les laisserait à la discrétion des Russes irrités, et des Polonais autrefois leurs maîtres et toujours leurs ennemis; ils retournèrent chez eux, et donnèrent avis au czar de la défection de leur chef. Il ne resta auprès de Mazeppa qu'environ deux régiments dont les officiers étaient *a ses gages.*

Il etait encore maître de quelques places dans l'Ukraine, et surtout de Bathurin, lieu de sa résidence, regardé comme la capitale des Cosaques: elle est située près des forêts sur la rivière de Desna, mais fort loin du champ de bataille où Pierre avait vaincu Lévenhaupt. Il y avait toujours quelques régiments russes dans ces quartiers. Le prince Menzikoff fut détaché de l'armée du czar; il y arriva par *de grands détours.* Charles ne pouvait garder tous les passages, il ne les connaissait pas même; il avait négligé de s'emparer du poste important de Starodoub qui mène droit à Bathurin, a travers sept ou huit lieues de forêts *que la Desna traverse.* Son ennemi avait toujours sur lui l'avantage de connaître le pays. 4 novembre 1708. Menzikoff passa aisément avec le prince Gallitzin; on se présenta devant Bathurin; elle fut prise presque sans résistance, *saccagée* et réduite en cendres. Un magasin destiné pour le roi de Suède, et les trésors de Mazeppa furent enlevés. Les Cosaques

élurent un autre hetman, nommé Skoropasky, que le czar *"agréa.* Il voulut qu'M« *appareil imposant* fit sentir au peuple l'énormité de la trahison; l'archevêque de Kiovie et deux autres excommunièrent publiquement Mazeppa,—*23, novembre*—il fut pendu en effigie, et quelques-uns de ses complices moururent *vpar le supplice de la roue.* of stopping. "with an armed force. 'in his own pay. roundabout marches. 'through which the Desnn directs it course.
lesna jjf

Cependant Charles XII., à la tête d'environ vingt-cinq à vingt-sept mille Suédois, ayant encore reçu les *débris* de l'armée de Lévenhaupt, *"fortifié de deux ou trois mille hommes que Mazeppa lui avait amenés, et 'toujours séduit* par l'espérance de faire *déclarer* toute l'Ukraine, passa la Desna loin de Bathurin et près du Borysthène, malgré les troupes du czar qui l'entouraient de tous côtés, dont les unes suivaient son arrière-garde, et les autres, répandues au-delà de la rivière, s'opposaient à son passage.

Il *"marchait,* mais *par* des déserts, et *nc trouvait que* des villages ruinés et brûlés. Le froid *seJit sentir dès* le mois de décembre avec une rigueur si excessive que dans une de ses marches *près de* deux mille hommes tombèrent morts à ses yeux: les troupes du czar souffraient moins, parce qu'elles *avaient plus de secours;* celles de Charles, *manquant presque* de vêtements, étaient plus exposées à *"l'âprtfté* de la saison.

Dans cet état déplorable, le comte Piper, chancelier de Suède, qui ne donna jamais que de bons conseils à son maître, le conjura *de rester,* de

"plundered. approved of. "a striking example of justice. broken upon the wheel. remains. 'reinforced by. still infatuated. 'to declare for him 'continuee! his mardi. through. met with nothing. 'but. set in. at the beginning nearly. were better supplied. being almost destitule. inclemency. 1asser au moins le temps le plus rigoureux de 'hiver dans une petite ville de l'Ukraine, nommée Romna, où il pourrait se fortifier, et faire quelques provisions par le

secours de Mazeppa. Charles répondit qu'il n'était pas homme à *%s'enfermer* dans une ville. Piper alors le conjura de repasser la Desna et le Borysthène, de rentrer en Pologne, d'y donner à ses troupes des quartiers dont elles avaient besoin, de s'aider de la cavalerie légère des Polonais qui lui était absolument nécessaire, *de soutenir* le roi qu'il avait fait nommer, et *de contenir* le parti d'Auguste, qui commençait à *lever la tête.* Charles répliqua que ce serait fuir devant le czar, que la saison deviendrait plus favorable, qu'il fallait subjuguer l'Ukraine et marcher à Moscou.

Les armées russes et suédoises furent quelques semaines *dans l'inaction,* tant le froid fut violent au mois de janvier 1709; mais, *dès que* le soldat

Eut se servir de ses armes, Charles attaqua tous is petits postes qui se trouvèrent sur son passage. *Ilfallait* envoyer de tous côtés des partis *"pour chercher des vivres,* c'est-à-dire, *vpour aller ravir à vingt lieues à la ronde,* la subsistance des paysans. Pierre, sans *se hâter,* *'veillait* sur ses marches, et le laissait *"se consumer.*

Il est impossible au lecteur de suivre la marche des Suédois dans ces contrées; plusieurs rivières qu'ils passèrent *ne se trouvent point* dans *"les cartes:* il ne faut pas croire que les géographes Avoué par le chapelain Norberg. Tome IL, page 263.

'to hait. g to shut himself up. to support. 'to keep in awe. to bestir themselves. 'inactive. ai soon as. he was obliged. in search of provision!. 'to scour the country twenty leagues round, and rob. hurrring himself 'kept a strict eye. to dwindle away.

'yre not to be fouud. 'maps. connaissent ces pays comme nous connaissons l'Italie, la France, et l'Allemagne; la géographie est encore de tous les arts celui qui *a le plus besoin* d'être perfectionné; et l'ambition a jusqu'ici pris plus de soin de dévaster la terre que de la décrire.

Contentons-nous de savoir que Charles enfin traversa toute l'Ukraine au mois de février, brûlant partout des villages, et en trouvant que les Russes avaient brûlés. Il s'avança aw *sud est* jusqu'aux *déserts arides* bordés par les montagnes qui séparent les Tartares Nogaïs des Cosaques du Tanaïs: c'est à l'orient de ces montagnes que sont les autels d'Alexandre. Il se trouvait donc audelà de l'Ukraine dans le chemin que prennent les Tartares pour aller en Russie; et quand il fut là, *Hl fallut* retourner *sur ses pas* pour subsister: les habitants se cachaient dans *des tanières* avec leurs *'bestiaux*; ils *à-disputaient* quelquefois leur *"nourriture aux* soldats qui venaient l'enlever; les paysans dont on put se saisir furent mis à mort; *%ce sont-là*, dit-on, les droits de la guerre! *Je dois* transcrire ici quelques lignes du chapelain Norberg. *Pour faire voir*, dit-il, *combien le roi aimait la Justice, nous insérerons un billet de sa main au colonel Hielmen: '.'.Monsieur le colonel, je suis bien aise qu'on ait* 'attrapé *les par/ sans qui* ont enlevé *un Suédois; quand on les aura convaincus de leur crime,* 'on les punira *suivant l'exigence du cas, en les faisant mourir.* Charles, et *'"plus bas, Budis."* Tels sont les sentiments de justice et d'humanité du confesseur d'un roi; mais si les paysans de l'Ukraine avaient pu *"faire pendre* des paysans Tome II., page 279.

stands the most in necd. south-east. sandy deserts. he was obliged. back again. "dens. cattle. would defend. 'subsistence. 'against the. those are. "I cannot forbear. 'taken. carried *off*. Jet them be punished. '" lowcr down. "to hang up.

d'Ostrogothie enrégimentés, qui se croyaient *"en droit* de venir de si loin *Heur ravir* la nourriture de leurs femmes et de leurs enfants, les confesseurs et les chapelains de ces Ukraniens w'auraient-ils pas pu bénir leur justice? Mazeppa négociait depuis long-temps avec les Zaporaviens qui habitent vers les deux rives du Borysthène, et dont une partie habite les îles de ce fleuve. C'est cette partie qui compose ce peuple sans femmes et sans familles, subsistant 'de rapines, entassant leurs provisions dans leurs îles pendant l'hiver, et les allant vendre au printemps dans la petite ville de Pultava; les autres habitent des bourgs à droite et à gauche du fleuve. Tous ensemble choisissent un hetman particulier, et cet hetman est subordon-

né à celui de l'Ukraine. Celui qui était alors à la tête des Zaporaviens alla trouver Mazeppa; ces deux barbares *"' 'abouchèrent*, faisant porter chacun devant eux une queue de cheval et une massue.'

Pour faire connaître ce que c'était que cet hetman des Zaporaviens et son peuple, je ne crois pas indigne de Thistoire de rapporter comment le traité fut fait. Mazeppa donna un grand repas servi avec quelque *vaisselle d'argent* à Fhetman zaporavien et à ses principaux officiers: quand ces chefs furent *"ivres* d'eau-de-vie, ils *"jurèrent* à table sur l'évangile qu'ils fourniraient des hommes et *des vivres* à Charles XII.; après quoi ils *y emportèrent* la vaisselle et tous les meubles. Le *zmaître-d'hôtel* de la maison courut après eux, et leur remontra que cette conduite *"ne s'accordait pas* avec l'évangile sur lequel ils avaient juré; les domestiques de

Voyez le chapitre I, page 17.
entitled. to rob them of. would not they have had equal right. 'by. "had an interview. 'plate. ilrunk. "took an oath. provisions. carricd steward 'ill suited.

Mazeppa voulurent reprendre la vaisselle: le» Zaporaviens s'attroupèrent; ils vinrent *en corps* se plaindre à Mazeppa de l'affront *Hnoui* qu'on faisait à de si braves gens, et demandèrent *qu'on leur livrât le maître-et hôtel*, pour le punir selon les lois; il Jeur fut abandonné; et les Zaporaviens selon les lois *"se jetèrent* les uns aux autres ce pauvre homme, comme on pousse un ballon; après quoi on lui plongea un couteau dans le cœur.

Tels furent les nouveaux alliés que fut obligé de recevoir Charles XII.; il en composa un régiment de deux mille hommes: le reste marcha par troupes séparées contre les Cœaques et les Calxnouks du czar répandus dans ces quartiers.

La petite ville de Pultava, dans laquelle ces Zaporaviens *Hrafiquent*, était remplie de provisions, et pouvait servir a Charles d'une place d'armes; elle est située sur la rivière de Vorskla, assez près d'une chaîne de montagnes qui *la dominent* au nord; le côté de l'orient est un vaste désert; celui de l'occident est

plus fertile et plus peuplé. La Vorskla *va se perdre*, à quinze grandes heues audessous, dans le Borjsthène. On peut aller de Pultava au septentrion *gagner* le chemin de Moscou, par les défilés qui servent de passage aux Tartares; cette route est difficile; les précautions du czar l'avaient rendue presque impraticable: mais rien ne paraissait impossible à Charles; et il comptait toujours prendre le chemin de Moscou après s'être emparé de Pultava: il mit donc le siège devant cette ville au commencement de mai.

in a body. unparalleled. to have the steward delivered up to them. tossed. 'carry on a trade.

'commantl it. empties itself. 'to reach.

CHAPITRE XVIII.
Bataille de Pultava.

C'était là que Pierre l'attendait: il avait disposé ses corps d'armée à *portée de* se joindre et de marcher tous ensemble aux assiégeants. Il avait visité toutes les contrées qui entourent l'Ukraine, le duché de Séverie où coule la Desna, devenue célèbre par sa victoire, et où cette rivière est déjà profonde; le pays de Balcho dans lequel l'Occa prend sa source; les déserts et les montagnes qui conduisent aux Palus-Méotides: il était enfin auprès d'Azoph, et là il *faisait nettoyer* le port, construire des vaisseaux, fortifier la citadelle de Taganrok, mettant ainsi à profit, pour l'avantage de ses Etats, le temps qui s'écoula entre les batailles de Desna et de Pultava.

Dès qu'il sait que cette ville est assiégée, il rassemble ses quartiers. Sa cavalerie, ses dragons, son infanterie, cosaques, calmouks s'avancent de vingt endroits; rien ne manque à son armée, ni *gros canon*, ni pièces de campagne,, ni munitions de toute espèce, ni vivres, ni médicaments; c'était encore une supériorité qu'il *"s'était donnée sur* son rival.

Le 15 juin 1709, il arrive devant Pultava avec une armee d'environ soixante mille combattants. La rivière Vorskla était entre lui et Charles; les assiégeants au nord-ouest, les Russes au sud-est. 3 juillet 1709. Pierre remonte la rivière audessus de la ville, établit ses ponts, fait passer son armée, et *"tire un long retranchement* qu'on commence et qu'on achève en une seule nuit, vis-à-vis at convenient distances for joining. 'caused to be clcansed., "large. had acquired over. "dre a long uW cntrenchment». l'armée ennemie. Charles put juger alors si celui qu'il méprisait, et qu'il comptait détrôner à Moscou, entendait l'art de la guerre. 6 juillet. Cette disposition faite, Pierre posta sa cavalerie entre deux bois, et la couvrit de plusieurs redoutes *vgarnies* d'artillerie. Toutes les mesures ainsi prises, il va reconnaître le camp des assiégeants pour en former l'attaque.

Cette bataille allait décider du destin de la Russie, de la Pologne, de la Suède, et de deux monarques sur qui l'Europe avait les yeux. On ne savait chez la plupart des nations attentives à ces grands intérêts, ni où étaient ces deux princes, ni quelle était leur situation: mais, après avoir vu partir de Saxe Charles XII. victorieux à la tête de l'armée la plus formidable, après avoir su qu'il poursuivait partout son ennemi, on ne doutait pas *qu'ail ne dût Faccabler;* et qu'ayant donné des lois en Danemarck, en Pologne, en Allemagne, il n'allât dicter, dans le krémelin de Moscou, les conditions de la paix, et faire un czar, après avoir fait un roi de Pologne. J'ai vu des lettres de plusieurs ministres qui confirmaient leurs cours dans cette opinion générale.

Le risque n'était point égal entre ces deux rivaux. Si Charles perdait une vie tant de fois *'prodiguée,* ce n'était après tout qu'un héros de moins. Les provinces de l'Ukraine, les frontières de Lithuanie et de Russie cessaient alors d'être dévastées; la Pologne *"reprenait,* avec sa tranquillité, son roi légitime déjà réconcilié avec le czar, son bienfaiteur.

La Suède enfin épuisée d'hommes et d'argent pouvait trouver des motifs de consolation: mais, si le czar périssait, des travaux immenses, utiles à tout le genre humain, étaient ensevelis avec lui, et lined with. « that he would at length crush hira. 'wantonly exposed. would recover.

le plus vaste empire de la terre retombait dans le chaos dont il était à peine

*Hiré. '*27 juin 1709. *"Quelques corps suédois et-russes avaient été plus (Fune fois aux mains* sous les murs de la ville. Charles dans une de ces rencontres avait été blessé d'un coup de carabine qui lui *"fracassa* les os du pied; il *essuya* des opérations douloureuses, qu'il soutint avec son courage ordinaire, et fut obligé d'être quelques jours au lit. Dans cet état il apprit que Pierre *devait* l'attaquer; ses *idées* de gloire ne lui permirent pas de Fattendre dans ses retranchements; il sortit des siens en se faisant porter sur un brancard. Le journal de Pierre le grand avoue que les Suédois attaquèrent avec une valeur si opiniâtre les redoutes garnies de canons qui protégeaient sa cavalerie, que, malgré sa résistance et malgré un feu continuel, ils se rendirent maîtres de deux redoutes. On a écrit que l'infanterie suédoise, maîtresse de deux redoutes, crut la bataille gagnée et cria victoire. Le chapelain Norberg, qui était loin du champ de bataille, au bagage, (où il devait être) prétend que c'est une calomnie; mais *"que* les Suédois aient crié victoire ou non, il est certain qu'ils ne l'eurent pas. lie feu des autres redoutes ne se ralentit point, et les Russes résistèrent partout avec autant de fermeté qu'on les attaquait avec ardeur. Ils ne firent aucun mouvement irrégulier. Le czar rangea son armée en bataille hors de ses retranchements avec ordre et promptitude. La bataille devint générale. Pierre *faisait dans son armée la Jonction de* général major; le général Bauer commandait la droite, Menzikoff' la gauche, Shérémétof le centre. L'action dura deux heures. Charles, le pistolet à la main, allait de rang en rang

'takcn. there had been already some skirmishes between il tached parties of Swedes and Russians. "shattered. underwent. intended. notions. whether. » acted in his army as.

sur son brancard porté par ses drabans; un *coup de canon* tua un des gardes qui le portaient et mit le brancard en pièces. Charles se fit alors porter sur des piques; car il est difficile, *quoi qu'en dise Norberg,* que dans une action aussi *"vive* on eût trouvé un nouveau brancard tout prêt. Pierre reçut plusieurs *coups*

dans ses habits et dans son chapeau; ces deux princes furent continuellement au milieu du feu pendant toute l'action. Enfin, après deux heures de combat, les Suédois furent partout *%enfoncés:* la confusion se mit parmi eux, et Charles XII fut obligé de fuir devant celui qu'il avait tant méprisé. Ou mit à cheval dans sa fuite ce même héros qui n'ava't pu y monter pendant la bataille; la nécessité *lui rendit* un peu de force: il courut en souffrant *'d'extrêmes douleurs,* devenues encore plus cuisantes par celle d'être vaincu sans ressource. Les Russes comptèrent neuf mille deux cent vingt-quatre Suédois morts sur le champ de bataille; ils firent pendant l'action deux à trois mille prisonniers, surtout dans la cavalerie.

Charles XII précipitait sa fuite avec environ quatorze mille combattants, très peu d'artillerie de campagne, de vivres, de munitions et de poudre. Il marcha vers le Borysthène au midi entre les rivières de Vorskla et de Sol, dans le pays des Zaporaviens. *kPar-delà* le Borysthène en cet en'droit sont de grands déserts qui conduisent aux frontières de la Turquie. Norberg assure que les vainqueurs n'osèrent poursuivre Charles; cependant il avoue que le prince Menzikoff se présenta sur les hauteurs avec dix mille hommes de cavalerie et un train d'artillerie considérable, quand le roi passait le Borysthène.

OuPsol.

1.1 Ne
driven ba
the most excruciating pain. beyond.
a camion-bail. l.t Norberg say as he pleases. brisk. 'shots. 'driven back. restored hini. 12 juillet 1709. Quatorze mille Suédois se rendirent prisonniers de guerre à ces dix milles Russes; Lévenhaupt, qui les commandait, signa cette fatale capitulation par laquelle il *livrait* au czar les Zaporaviens qui ayant combattu pour son roi se trouvaient dans cette armée fugitive. Les principaux prisonniers faits clans la bataille, et par la capitulation, furent le comte Piper, premier ministre, avec deux secrétaires d'Etat et deux du cabinet; le feld-maréchal Renschild, les généraux Lévenhaupt, Slipenbak, Rosen, Stakelber,

Creuts, Hamilton; trois aides de camp généraux, l'auditeur général de l'armée, cinquante-neuf officiers &el'état major, cinq colonels, parmi lesquels était un prince de Wirtemberg; seize mille neuf cent quarante-deux soldats ou "bas-officiers: enfin, en y comprenant les domestiques du roi et d'autres personnes suivant l'armée, il y en eut dix-huit mille sept cent quarante-six au pouvoir du vainqueur; ce'qui, joint aux neuf mille deux cent vingt-quatre qui furent tués dans la bataille, et à près de deux mille hommes qui passèrent le Borysthène à la suite du roi fait voir qu'il avait en effet vingt-sept mille combattants sous ses Fordres dans cette journée mémorable.

Il était parti de Saxe avec quarante-cinq mille combattants; Lévenhaupt en avait amené plus de seize mille de Livonie; rien ne restait de toute cette armée florissante; et d'une nombreuse artillerie, perdue dans ses marches, enterrée dans des On a imprimé à Amsterdam, en 1730, les mémoires de Pierre le grand, par le prétendu boyard Ivan Nestesuranoy. Il est dit dans ces mémoires que le roi de Suède, avant de passer le Borysthène, envoya un officier gén 'rai offrir la paix au czar. Les quatre tomes de ces mémoires sont un tissu de faussetés et d'inepties pareilles, ou de gazettes compilées.
gave up. " the staff. "non commissioned office».
"vtith the king. 'command. '' buried.
marais, il n'avait conservé que dix-huit canons de fonte, deux obus et douze mortiers. C'était avec ces faibles armes qu'il avait entrepris le siège de Pultava, et qu'il avait attaqué une armée pourvue d'une artillerie formidable: 'aussi l'accuse-t-on d'avoir montré depuis son départ d'Allemagne plus de valeur que de prudence. Il n'y eut de morts du côté des Russes que cinquante-deux officiers et douze cent quatre-vingt-treize soldats; c'est une preuve que leur disposition était meilleure que celle de Charles, et que leur feu fut infiniment supérieur.
Un ministre envoyé à la cour du czar prétend, dans ses mémoires, que Pierre, ayant appris le dessein de Charles XII. de se retirer chez les Turcs, lui écrivit

pour le conjurer de ne point prendre cette résolution désespérée; et de se remettre plutôt entre ses mains qu'entre celles de l'ennemi naturel de tous les princes chrétiens. Il lui donnait sa parole d'honneur de ne point le retenir prisonnier, et de terminer leurs différents par une paix raisonnable. La lettre fut portée par un exprès jusqu'à la rivière de Bug qui sépare les déserts de l'Ukraine des Etats du grand-seigneur. Il arriva lorsque Charles était déjà en Turquie, et "rapporta la lettre à son maître. Le ministre ajoute qu'il "tient ce fait de celui-là même qui avait été chargé de la lettre. Cette anecdote n'est pas sans vraisemblance, mais elle ne se trouve ni dans le journal de Pierre le grand, ni dans aucun des mémoires qu'on m'a confiés. Ce qui est le plus important dans cette bataille, c'est que de toutes Ce fait se trouve aussi dans une lettre imprimée au-devant des Anecdotes de Russie. 'brass cannon. therefore he is accused. to take refuge. to trust himself. brought back. had.
altogether improbable. intrusted to my care. celles qui ont jamais zensanglanté la terre, c'est la seule qui, au lieu de ne produire que la destruction, "ait servi au bonheur du genre humain, puisqu'elle a donné au czar la liberté de policer une grande partie du monde. ils'est donné en Europe plus de deux cents batailles rangées, depuis le commencement de ce siècle jusqu'à l'année où j'écris. Les victoires les plus signalées et les plus sanglantes n'ont eu d'autres suites que la réduction de quelques petites provinces, cédées ensuite par des traites et reprises pard'autres batailles. Des armées de cent mille nommes ont souvent combattu, mais les plus violents efforts n'ont eu que des succès %faibles et passagers, on a fait les plus petites choses avec les plus grands moyens. Il n'y a point àexemple, dans nos nations modernes, d'aucune guerre qui ait compensé par un peu de bien le mal qu'elle a fait; mais il a résulte de la journée de Pultava la félicité du plus vaste empire de la terre.

CHAPITRE XIX.
Suites de la victoire de Pultava. Charles XII. réfugié chez les Turcs. Auguste dé-

trôné par lui rentre dans ses Etats. Conquêtes de Pierre le grand.
Cependant on présentait au vainqueur tous les principaux prisonniers; le czar 'leur fit rendre leurs épées et les invita à sa table. Il est assez connu qu'en buvant à leur santé, il leur dit: "Je bois à stained wtth blood. proved beneficiai. enabled the czar. to civilize. there have been fought. pitched battles.. 'consequences. slight. momentary.
instance. occasioned. ordered their swords to be retumed. la santé de mes maîtres dans l'art de la guerre;" mais la plupart de ses maîtres, du moins tous les officiers subalternes et tous les soldats, furent bientôt envoyés en Sibérie. Il n'y avait point de cartel entre les Russes et les Suédois: le czar en avait proposé un avant le siège de Pultava; Charles le refusa, et les Suédois furent en tout les victimes de son Hndomtable fierté.
C'est cette fierté, toujours hors de saison, qui causa toutes les aventures de ce prince en Turquie, et toutes ses calamités plus dignes d'un héros de l'Arioste que d'un roi sage: car, dès qu'il fut auprès de Bender, 'on lui conseilla d'écrire au grand visir, "selon l'usage, et il crut que ce serait trop s"abaisser. Une pareille opiniâtreté le brouilla avec tous les ministres de la Porte successivement: il ne savait s'accommoder ni aux temps ni aux lieux.

Aux premières nouvelles de la bataille de Pultava, ce fut une révolution générale dans les esprits et dans les affaires en Pologne, en Saxe, en Suède, en Silésie. Charles, quand il "donnait des lois, avait exigé de l'empereur d'Allemagne, Joseph I., 'qu'on dépouillât les catholiques de cent cinq églises, en faveur des Silésiensde la confession d'Àugsbourg: les catholiques reprirent presque tous les temples luthériens, dès qu'ils furent informés delà disgrâce de Charles. Les Saxons ne songèrent qu'à se venger des extorsions d'un vainqueur qui leur La Motraye, dans le récit de ses voyages, rapporte une lettre de Charles XII au grand visir; mais cette lettre est fausse, comme la plupart des récits de ce voy geur mercenaire . et Norberg lui-même avoue que le roi de Suède ne voulut jamais écrire au grand visir.

at least. "there was no castel for the exchange of prisoners. 'rejectftd it. inflexible. unseasonable. "he was advised. 'as is the custom. 'demeaning himself. embroiled him. dictated. that the Catholics should be deprived of. thought of nothing but.

Avait coûté, disaient-ils, vingt-trois millions d'écus. 8 auguste 1709 Leur électeur, roi de Pologne? protesta sur-le-champ contre l'abdication *qu'on lui avait arrachée,* et étant *"rentré dans tes bonnes grâces du* czar, il *empressa* de remonter sur le trône de Pologne. La Suède consternée crut long-temps son roi mort, et le sénat incertain ne pouvait prendre aucun *parti.*

Pierre prit incontinent celui de profiter de sa victoire: il *Jait partir* le maréchal Shérémétof avec une armée pour la Livonie, sur les frontières de laquelle ce général s'était signalé tant de fois. Le prince Menzikoff fut envoyé en *diligence* avec une nombreuse cavalerie pour seconder le peu de troupes laissées en Pologne, pour encourager toute la noblesse du parti d'Auguste, *pour chasser* le compétiteur que l'on ne regardait plus que comme un rebelle, et pour dissiper quelques troupes suédoises qui restaient encore sous le général suédois Crassau.

Pierre part bientôt lui-même, passe par la Kiovie, par les palatinats de Chelm et de la haute Volhinie, arrive à Lublin, *&se concerte* avec le général de la Lithuanie;—18 septembre 1709—il voit ensuite les troupes de la couronne, qui *prêtent serinent de fidélité* au roi Auguste;—7 octobre—de là il *'se rend* à Varsovie, ei jouit à ïhorn du plus beau de tous les triomphes, celui de recevoir les remercîments d'un roi auquel il rendait ses Etats. C'est là qu'il conclut un traité contre la Suède avec les rois de Danemarck, de Pologne, et de Prusse. *Il s'agissait* déjà de reprendre toutes les conquête de Gustave-Adolphe. Pierre faisait revivre les anciennes prétentions des czars sur la Livonie, which had been extorted from him. reconciled with the. exerted hiimelf determination dispatched.

in haste 'to drive out. concerted measur-

es.

» took the oath of allegiance. 'proceeded. h wa» in. agitation.
l'Ingrie, la Carélie et sur une partie de la Finlande; le Danemarck revendiquait la Scanie; le roi de Prusse la Poméranie.

La valeur *infortunée* de Charles ébranlait ainsi tous les édifices que la valeur heureuse de GustaveAdolphe avait *élevés.* La noblesse polonaise venait en foule confirmer ses serments à son roi ou lui demander pardon de l'avoir abandonné; presque tous reconnaissaient Pierre pour leur protecteur.

Aux armes du czar, à ces traités, à cette révolution subite, Stanislas n'eut à opposer que sa résignation: il répandit un écrit qu'on appelle *Universcd,* dans lequel il dit qu'il est prêt à *renoncer à la* couronne si la république *"l'exige.*

Pierre, après avoir tout concerté avec le roi de Pologne, et ayant ratifié le traité avec le Danemarck, partit f incontinent pour achever sa négociation avec le roi de Prusse. Il n'était pas encore «i *usage chez les* souverains ddUer faire euxmêmes les fonctions de leurs ambassadeurs: ce fut Pierre qui introduisit cette coutume nouvelle et peu suivie. L'électeur de Brandebourg, premier roi de Prusse, alla conférer avec le czar à Marienverder, petite ville située dans la partie occidentale de la Poméranie, bâtie par les chevaliers teutoniques, et *'enclavée* dans la *Hisière* de la Prusse devenue royaume. Ce royaume était petit et pauvre, mais son nouveau roi y *"étalait,* quand il y voyageait, *"la pompe la plus fastueuse:* c'est dans cet *éclat* qu'il avait déjà reçu Pierre à son premier passage, quand ce prince quitta son empire pour aller s'instruire chez les étrangers.—20 octobre 1709.—Il reçut le vainqueur de Charles XII. avec encore plus de magnificence. Pierre ne conclut unsuccessful. erected. to resign. required it. directly. usual among. 'to go and perforai.

"included. « limite. displayed. the utmost magnificence. splendor.
d'abord avec le roi de Prusse qu'un traité défensif, mais qui ensuite *acheva* la ruine des affaires de Suède. 21 novembre 1709. Nul instant n'était perdu. Pierre, après avoir achevé rapidement les negociations qui *'partout ailleurs*

sont si longues, va joindre son armée devant Riga, la capitale de la Liivonie, commence par bombarder la place, *met le feu* lui-même aux trois premières bombes, forme ensuite un blocus; et, sûr que Riga ne lui peut échapper, il va *veiller* aux ouvrages de sa ville de Pétersbourg, à la construction des maisons, à sa flotte;—3 décembre— *pose de ses* mains la quille d'un vaisseau de cinquante-quatre canons, et part ensuite pour Moscou. Il se fit un amusement de travailler aux préparatifs du triomphe qu'il *étala* dans cette capitale; il *adonna* toute la fête, travailla lui-même, disposa tout. 1 janvier. L'année 1710 commença par cette solennité nécessaire alors à ses peuples, auxquels elle inspirait des sentiments de grandeur, et agreable à ceux qui avaient craint de voir entrer en vainqueurs dans leurs murs ceux *%dont on* triomphait; on vit passer, sous sept arcs magnifiques, l'artillerie des vaincus, leurs drapeaux, leurs étendards, le brancard de leur roi, les soldats, les officiers, les généraux, les ministres prisonniers, tous *à pied 'au* ruit des cloches, des trompettes, de cent pièces de canon, et des acclamations d'un peuple innombrable qui se faisaient entendre quand les canons *se taisaient.* Les vainqueurs *'a cheval '"fermaient* la marche, les généraux à la tête, et Pierre à son rang de général major. A chaque arc de triomphe on trouvait des députés des différents ordres de l'Etat; et au dernier, une troupe choisie de jeunes
'completed. elsewherê. fires off. to superintend. laid. with his own. exhibited, directed.

over whom. on foot. 'amidst the. ceased firing. on horseback.' closed. enfants de boyards *vêtus à la romaine,* qui présentaient des lauriers au monarque victorieux.

A cette fête publique succéda une cérémonie non moins satisfaisante. Il était arrivé en 1708 une aventure *"d'autant plus* désagréable *vque* Pierre était alors malheureux. Matéof, son ambassadeur à Londres auprès de la reine Anne, ayant *%pris congé,* fut arrêté avec violence par deux officiers de justice *au nom de* quelques marchands anglais, et conduit chez un *"juge* de paix *pour la. sûreté* de leurs créances. Les marchands anglais prétendaient que les lois du commerce *devaient "'l'emporter sur* le privilège des ministres: l'ambassadeur du czar, et tous les ministres publics qui se joignirent à lui, disaient que leur personne doit être toujours inviolable. Le czar demanda fortement justice par ses lettres à la reine Anne; mais elle ne pouvait la lui faire, parce que les lois dAngleterre permettaient aux marchands *de poursuivre* leurs débiteurs, et qu'aucune loi n'exemptait les miuistres publics de cette poursuite. Le meurtre de Patkul, ambassadeur du czar, exécuté l'année précédente par les ordres de Charles XII., enhardissait le peuple d'Angleterre à ne pas respecter un caractère si cruellement profané: les autres ministres qui étaient alors à Londres furent obligés *de répondre*

Eour celui du czar; et enfin tout ce que put faire i reine en sa faveur, ce fut *d'engager* le parlement à passer un acte par lequel *dorénavant* il ne serait plus permis de faire arrêter un ambassadeur pour ses dettes: mais, après la bataille de Pultava, il fallut faire une satisfaction plus authentique. La reine lui fit des excuses publiques par une ambassade solennelle.—16 février 1710. M. de Wid clad in Roman habits. the more. as.
had bis audience of leave. 'at the suit.
justice. to give s curity. ought. to prevail
before. to prosecute 'to be bound. to
preva 1 on. for the future. vorth, choisi pour cette cérémonie, commença sa harangue par ces mots: *Très haut et très puissant empereur.* Il lui dit qu'on avait mis en prison ceux qui avaient osé arrêter son ambassadeur, et qu'ora *les avait* déclarés infâmes; *il n'en était rien,* mais il suffisait de le dire; et le titre d'empereur, que la reine ne lui donnait pas avant la bataille de Pultava, marquait assez la considération qu'il avait en Europe. On lui donnait déjà communément ce titre en Hollande; et non-seulement ceux qui l'avaient vu travailler avec eux dans les *àchantiers* de Sardam, et qui s'intéressaient davantage à sa gloire, mais tous les principaux de l'Etat *rappelaient à l'envi du nom* d'empereur, et célébraient sa victoire par des fêtes en présence du ministre de Suède.

Cette considération universelle qu'il *s'était donnée* par sa victoire, il l'augmentait en ne perdant pas un moment pour en profiter. Elbing est d'abord assiégée; c'est une ville anséatique de la Prusse royale en Pologne; les Suédois y avaient encore une garnison. 11 mars 1710. Les Russes *%montent à l'assaut,* entrent dans la ville, et la garnison se rend prisonnière de guerre: cette place était un des grands magasins de Charles XII.; on y trouva cent quatre-vingt-trois canons de bronze, et cent cinquante-sept mortiers. Aussitôt Pierre se hâte d'aller de Moscou à Pétersbourg: à peine arrivé, il s'embarque sous sa nouvelle forteresse de Cronslot, *côtoie les côtes* de la Carélie—2 avril— et, malgré une violente tempête, il *aìnène* sa flotte devant Vibourg, la capitale de la Carélie en Finlande, tandis que ses troupes de terre approchent sur des marais glacés: la ville est *kinvestie,* et le blocus de la capitale de la Livonie est resserré. 23 juin. Vibourg se rend bientôt après la brèche faite, et they had been. this was not the case. . dockyard»' unanimously styled him. 'had acquired. scaled the wall» coasted along the 6hore. 'brought. besieged

I une garnison, composée d'environ quatre mille hommes, capitule, mais sans pouvoir obtenir les honneurs de la guerre; elle fut faite prisonnière, malgré la capitulation. Pierre se plaignait de plusieurs infractions de la part des Suedois; il

I)rômit *de rendre* la liberté à ces troupes, quand es Suédois auraient satisfait à ses plaintes; il fallut, *sur cette affaire,* demander les ordres du foi de Suède, toujours inflexible; et ces soldats, que Charles aurait pu délivrer, restèrent captifs. C'est ainsi que le prince d'Orange, roi d'Angleterre, Guillaume III., avait arrêté en 1695 le maréchal de Boufflers, malgré la capitulation de Namur. Il y a plusieurs *"exemples* de ces violations, et il serait à souhaiter qu'il n'y en eût point.

Après la prise de cette capitale, le siège de Riga devint bientôt un siège régulier, poussé avec *"vivacité:* il fallait rompre *vies glaces* dans la rivière de Duna qui *baigne* au nord Tes murs de la ville. La contagion, qui désolait depuis quelque temps ces climats, *se mit dans* l'armée assiegeantei et *"lui enleva* neuf mille hommes: cependant le siège ue fut point *ralenti;* il fut long, et la garnison obtint les honneurs de la guerre; 15juill. 1710: maison stipula dans la capitulation, que tous les officiers et les soldats livoniens resteraient au service de la Russie, comme citoyens d'un pays qui en avait été démembré, et que les ancêtres de Charles XII avaient usurpé; les privilèges dont son père avait *dépouillé* les Livoniens leur furent *"rendus,* et tous les officiers entrèrent au service du czar: c'était la

S lus noble vengeance qu'il pût prendre du meurtre u Livonien Patkul, son ambassadeur, condamné pour avoir défendu ces mêmes privilèges. La garnison était composée d'environ cinq mille to restore. on this occasion. instances. vigour.

'the ice. washes. 'got amongst. carried off

Mackened. stripped. 'restored.

hommes. Peu de temps après, la citadelle de Dunamunde fut prise; on trouva, *tant dans la ville que dans ce fort,* plus de huit cents *bouches à feu.*

Il manquait, pour être entièrement maître de la Carélie, là forte ville de Kexholm sur le lac Ladoga, située dans une île, et.*qu'on regardait comme* imprenable: 19 septembre 1710; elle fut bombardée quelque temps après et bientôt rendue. 23 septembre. L'ile a'Oesel, dans la mer qui borde le nord de la Livonie, fut soumise avec la même rapidité.

Du côté de l'Estonie, province de la Livonie, vers le septentrion et sur le golfe de Finlande, sont les villes de Pernau et de Revel; si on en était maître, la conquête de la Livonie était achevée. 25 aug. 1710. Pernau se rendit après un siège de peu de jours, 10 septembre; et Revel se soumit sans *'qu'on tirât* contre la ville *un seul coup de canon;* mais les assiégés trouvèrent le moyen d'échapper au vainqueur dans le temps même qu'ils se rendaient prisonniers de guerre: quelques vaisseaux de Suède *"abordèrent à la rade* pendant la nuit; la garnison s'embarqua, ainsi que la plupart des bourgeois; et les assiegeants, en entrant dans la ville, furent étonnés de la trouver déserte. Quand Charles XII remportait la victoire de Narva, il ne s'attendait pas que ses troupes auraient un jour besoin de pareilles *ruses de guerre.'*

En Pologne, Stanislas, voyant son parti détruit, s'était réfugié dans la Poméranie qui restait à Charles XII.; Auguste régnait, et il était difficile de décider si Charles avait eu plus de gloire à le détrôner que Pierre à le rétablir.

Les Etats du roi de Suède étaient encore plus malheureux que lui; cette maladie contagieuse, qui avait ravagé toute la Livonie, passa en Suède, in the town and fort. pieces of artillery. "deemed. firing. 'a single cannon. "anchored in the road artifices.

et "*enleva* trente mille personnes dans la seule ville de Stockholm; elle y *ravagea* les provinces déjà trop *%dénuées* d'habitants; car, pendant dix années *de suite,* la plupart étaient sortis du pays pour, aller périr à la suite de leur maître. Sa mauvaise fortune le poursuivait dans la Poméranie. Ses troupes de Pologne s'y étaient retirées au nombre de onze mille combattants; le czar, le roi de Danemarck, celui de Prusse, l'électeur de Hanovre, le duc de Holstein, *s'unirent* tous ensemble pour rendre cette armée inutile, et pour forcer le général Crassau, qui la commandait, à la neutralité. La régence de Stockholm, *ne recevant point de nouvelles* de son roi, se crut trop heureuse, au milieu de la contagion qui dévastait la ville, de signer cette neutralité qui semblait du moins *devoir écarter* les horreurs de la guerre d'une de ses provinces. L'empereur d'Allemagne favorisa ce traité singulier: on stipula que l'armée suédoise qui était en Poméranie, *n'e?i pourrait sortir* pour aller défendre ailleurs son monarque: il fut même résolu dans l'empire d'Allemagne de lever une armée pour "*faire exécuter* cette convention qui n'avait point d'exemple; "*c'est* que l'empereur, qui était alors en guerre contre la France, espérait *vfaire* entrer l'armée suédoise à son service. Toute cette négociation fut conduite pendant

que Pierre *s'emparait de* la Livonie, de l'Estonie et de la Carélie.

Charles XII. qui pendant tout ce temps-là '*faisaitJouer* de Bender à la Porte ottomane *Hous les ressorts* possibles pour engager le divan à déclarer la guerre au czar, reçut cette nouvelle comme carried off-'desolated. 'thinned. successively. joined. hearing no news. calculated to remove. "" sbould not mardi tnence. to enforce the execution of.

the reason of this was. to engage. was subduin". 'was putting in motion. every spring. un des plus funestes coups que lui portait sa mauvaise fortune: il ne put *soutenir* que sou sénat de Stockholm eût lie les mains à son armée; ce fut alors qu'il lui écrivit qu'il enverrait une de ses bottes pour le gouverner.

Les Danois cependant préparaient une descente en Suède. Toutes les nations de l'Europe étaient alors en gtierre; l'Espagne, le Portugal, l'Italie, la France, l'Allemagne, la Hollande, l'Angleterre combattaient encore pour la succession du roi d'Espagne Charles II., et tout le Nord était armé contre Charles XII. "*Il ne manquait qu'une* querelle avec la Porte ottomane, "'*pour qu'il n'y eût pas un village d'Europe qui ne fût* exposé aux ravages. Cette querelle arriva lorsque Pierre *était au plus haut point de sa gloire,* et précisément *parce qu'il y était.* brook. there only wanted. for every village in Europe to be, bad attained to the summit. for that reason.

CHAPITRE PREMIER.
Campagne du Pruth.

Le sultan Achmet III. déclara la guerre à Pierre I., mais ce n'était pas '*pour le roi de Suède;* c'était, comme on le croit bien, *pour ses seuls* intérêts. Le kan des Tartares de Crimée voyait avec crainte un voisin devenu si puissant. La Porte avait pris ombrage *de* ses vaisseaux sur les Pàlus-Méotides et sur la mer Noire, *de la* ville d'Azoph fortifiée, et du port de Taganrok déjà célèbre, enfin de tant de grands succès, et de l'ambition que les succès augmentent toujours.

11 n'est ni "*vraisemblable* ni vrai que la Porte ottomane ait fait la guerre au czar vers les PalusMéotides, parce qu'un

vaisseau suédois avait pris sur la mer Baltique une barque dans laquelle on avait trouvé une lettre d'un ministre qu'on n'a jamais nommé. Norberg a écrit que cette lettre contenait un plan de la conquête de l'empire turc, que la lettre fut portée à Charles XII. en Turquie, que Charles l'envoya au divan, et que *sur* cette lettre la guerre fut déclarée. Cette fable *porte* assez avec elle *son caractère de fable.* Le kan des Tartares, plus inquiet encore que le divan de Constan from any regard to. merely from a view to his own.

'at. "at the. probable. 'on account of.

'carries. '' the mark of fiction.

tinople du voisinage d'Azoph, fut celui qui par ses instances obtint '*qu'on entrerait en campagne.*

Ce que rapporte Norberg sur les prétentions du grand-seigneur, n'est ni moins faux ni moins puéril: il dit que le sultan Achmet envoya au czar les conditions *kauxquelles* il accorderait la paix, avant d'avoir commencé la guerre. Ces conditions étaient, selon le confesseur de Charles XII., de renoncer à son alliance avec le roi Auguste, *de rétablir* Stanislas, de rendre la Livonie à Charles, de payer à ce prince, *argent comptant,* ce qu'il lui avait pris à Pultava, et de démolir Pétersbourg. La Livonie n'était point encore toute entière au pouvoir du czar, quand Achmet III. prit, dès le mois d'auguste, la résolution de se déclarer. Il pouvait à peine "*savoir la reddition* de Riga. La proposition de rendre "*en argent les* effets perdus par le roi de Suède à Pultava, serait de toutes les idées la plus ridicule, si celle de démolir Pétershbourg ne l'était davantage. Il y eut beaucoup de romanesque dans la conduite de Charles à Bender;, mais celle du divan eût été plus romanesque encore, s'il eût fait de telles demandes.

Novembre 1710. Le kan des Tartares, qui fut, le F*grand moteur* de cette guerre, alla voir Charles dans sa retraite. Ils étaient *unis* par les mêmes intérêts, puisqu'Azoph est frontière de la petite Tartarie. Charles et le kan de Crimée étaient ceux qui avaient le plus perdu par l'agrandissement du czar; mais ce kan ne commandait point les Cette pièce fut forgée par un nommé Brazey, auteur famélique d'une feuille intitulée *Mémoires satiriques, historiques et amusants*. Norberg puisa dans cette source. Il parait que ce confesseur n'était pas le confident de Charles XII, that orders should be given to take the field. on which. to reinstate. in ready money. have had the news of the surrender. the value in money of the.

principal instigator. connected. armées du grand seigneur; il était comme les princes feudataires d'Allemagne, qui ont servi 1 Empire avec leurs propres troupes subordonnées au général de l'empereur allemand. 29 novembre 1710. La première démarche du divan fut de faire arrêter dans les rues de Constantinople l'ambassadeur du czar, Tolstoy, et trente de ses domestiques, et de l'enfermer au château des Sept-Tours. Cet. usage barbare, dont des sauvages auraient honte, *vient de ce que les Turcs onf* toujours des ministres étrangers résidant continuellement chez eux, et qu'ils n'envoient jamais d'ambassadeurs ordinaires. Ils *'regardent* les ambassadeurs des princes chrétiens comme des consuls de marchands; et, n'ayant pas d'ailleurs moins de mépris pour les chrétiens que pour les juifs, ils ne daignent observer *avec* eux *Ze droit des gens* que quand ils y sont forcés; du moins jusqu'à présent, ils ont persisté dans cet'orgueil féroce.

Le célèbre visir Achmet Couprougli, qui prit Candie sous Mahomet IV., avait traite le fils d'un ambassadeur de France avec outrage, et, ayant *"poussé* la brutalité *jusquà* le frapper, l'avait envoyé en prison, sans que Louis XIV., *toutfier* çw'il était, *ienfêt autrement ressenti qu'en* envoyant un autre ministre à la Porte. Les princes chrétiens, très délicats entre eux sur le point d'honneur, et qui l'ont même fait entrer dans le droit public, semblaient l'avoir oublié *"avec* les Turcs.

Jamais souverain ne fut plus offensé dans la fersdnne de ses ministres que le czar de Russie. vit, dans l'espace de peu d'années, son ambassadeur à Londres mis en prison pour dettes, son is owing to the Turks havîng. look upon. with respect to. the law of nations. carried. so far as. proud as. resenting it otherwise than by.

with regard to. plénipotentiaire en Pologne et en Saxe *roué vif* sur un ordre du roi de Suède, son ministre à la Porte ottomane saisi et mis en prison dans Constantinople comme un malfaiteur. La reine d'Angleterre lui fit, comme nous avons vu, satisfaction pour l'outrage de Londres. L'horrible affront reçu dans la personne de Patkul fut *"lavé* dans le sang des Suédois à la bataille de Pultava; mais la fortune laissa impunie la viola- tion du droit des gens par les Turcs.

Janvier 1711. Le czar fut obligé de quitter le théâtre de la guerre en Occident, pour aller combattre sur les frontières de la Turquie. D'abord il fait avancer vers la Moldavie dix régiment» qui étaient en Pologne; il ordonne au maréchal Shérémétof de partir de la Livonie avec son corpsd'armée; et, laissant le prince Menzikoff à la tête des affaires à Pétersbourg, il va donner dans Moscou tous les ordres *pour la campagne qui doit s'ouvrir.* 18 janvier 1711. Un sénat de régence est établi; ses régiments des gardes *"se mettent en marcJie*; il ordonne à la jeune noblesse de venir apprendre sous lui le métier de la guerre, place les uns en qualité de cadets, les autres d'officiers subalternes. L'amiral Apraxin va dans Azoph commander sur terre et sur mer. Toutes ces mesures étant prises, il ordonne dans Moscou qu'on reconnaisse une nouvelle czarine; c'était cette même personne faite prisonnière de guerre dans Marienbourg en 1702. Pierre avait répudié, l'an 1696, Eudoxia Lapoukin,-f-son épouse, *(dont* il avait deux enfants. Les lois de son Eglise per Il est bien étrange que tant d'auteurs confondent la Valachie et la Moldavie.

t Ou Lapouchin. broke upon the wheel. wasbed away. for opening tbe ensuing campaign. begin their march. 'by whom. mettent le divorce; et si elles *Savaient défendu,* il eût fait une loi pour le permettre.

La jeune prisonnière de Marienbourg, à qui on avait donné le nom de Catherine, était *audessus* de son sexe et de son malheur. Elle se rendit si agréable par son caractère, que le czar voulut l'avoir auprès de lui; elle l'accompagna dans ses *'courses* et dans ses travaux pénibles, *kpartageant ses fatigues,* adoucissant ses peines par la gaîté de son esprit et par sa complaisance, ne connaissant point cet *appareil* de luxe et de mollesse dont les femmes se sont fait ailleurs des besoins réels. Ce qui rendit sa faveur plus singulière, c'est qu'elle ne fut ni enviée, ni traversée, et que personne n'en fut la victime. Elle calma souvent la colère du czar, et le rendit plus grand encore en le rendant plus clément. Enfin elle lui devint si nécessaire qu'il Pépousa secrètement en 1707. Il *en* avait déjà deux filles, et il en eut l'année suivante une princesse qui épousa depuis le duc de Holstein. Le mariage secret de Pierre et de Catherine fut déclaré le jour même que le czar partit avec elle pour aller éprouver sa fortune contre l'empire ottoman.—27 mars 1711. Toutes les dispositions promettaient un heureux succès. L'hetman des Cosaques *"devait contenir* les Tartares qui déjà ravageaient l'Ukraine dès le mois de février; l'armée russe avançait vers le Niester; un autre corps de troupes, sous le prince Gallitzin, marchait par la Pologne. Tous les commencements furent favorables; car Gallitzin ayant rencontré près de Kiovie un parti nombreux de Tartares, joints à quelques Cosaques et à quelques Polonais du parti de Stanislas, et même de Suédois, il les défit entièrement, et leur tua cinq Journal de Pierre le grand.

had forbidden it. superior. 'excursions. sharing in his toils. 'display. TM by her. "was to keep in awe. mille hommes. Ces Tartares avaient déjà fait dix mille esclaves *"dans le plat pays.* C'est de temps immémorial la coutume des Tartares de porter plus de cordes que de cimeterres, pour lier les malheureux qu'ils surprennent. Les captifs furent tous délivres, et *leurs ravisseurs passés au Jil de l'épée.* Toute l'armée, si elle eût été rassemblée, *devait monter* à soixante mille hommes. Elle *"dut être* encore augmentée par les troupes du roi de Pologne. Ce prince, qui devait tout au çar, vint *He trouver,* le 3 juin, à Jaroslau sur la rivière de Sane, et lui promu de nombreux secours. *"On procla-*

ma la guerre contre les Turcs au nom des deux rois: mais la diète de Pologne ne ratifia pas ce qu'Auguste avait promis; elle ne voulut point rompre avec les Turcs. C'était le sort du czar d'avoir dans le roi Auguste un allié qui ne pouvait jamais l'aider. Il eut les mêmes espérances dans la Moldavie et dans la Valachie, et il fut trompé de même.

La Moldavie et la Valachie *"devaient secouer"* le joug des Turcs. Ces pays sont ceux des anciens Daces qui, mêlés aux Gepides, inquiétèrent longtemps l'empire romain: Trajan les soumit; le premier Constantin les rendit chrétiens. La Dacie Fut une province de l'empire d'Orient; mais bientôt après ces mêmes peuples contribuèrent à la ruine de celui d'Occident, en servant sous les Odoacre et sous les Théodoric.

Ces contrées restèrent depuis annexées à l'empire grec, et quand les Turcs eurent pris Constantinople, elles furent gouvernées et opprimées par des princes particuliers. Enfin elles ont été entièrement soumises par le padisha ou empereur turc, qui en donne l'investiture. Le hospodar ou vaivode que

"through the open country. those who had made thera prisoners. put to the sword. 'would have amounted. was to havebeen. 'to pay him a visit. "war was declared. ought to have taken this opportunity to shake off.

la Porte choisit pour gouverner ces provinces, est toujours un chrétien grec. Les Turcs ont, par ce choix, fait connaître leur tolérance, tandis que nos déclamateurs ignorants leur reprochent la persécution. Le prince que la Porte nonrme est tributaire, ou plutôt fermier: elle confère cette dignité à celui qui *en offre davantage,* et qui fait le plus de présents au visir, *ainsi qu'elle* confère le patriarchat grec de Constantinople. C'est quelque fois un dragoman, c'est-à-dire, un interprète du divan, qui obtient cette place. Rarement la Moldavie et la Valachie sont réunies sous un même vaivode; la Porte *'partage* ces deux provinces pour en être plus sûre. Démétrius Cantemir avait obtenu la Moldavie. *"On faisait descendre ce vaivode Cantemir* de Tamerlan, parce que

le nom de Tamerlan était Tîmur, que ce Timur était un kan tartare; et du nom de Timur-kan venait, disait-on, la famille de Kantemir.

Bassaraba Brancovan avait été investi de la Valachie. Ce Bassaraba ne trouva point de généalogiste qui le fit descendre d'un conquérant tartare. Cantemir crut que le temps était venu *de se soustraire à la domination des Turcs,* et de se rendre indépendant par la protection du czar. Il *Jit* précisément avec Pierre *ce que* Mazeppa avait fait avec Charles. Il engagea même d'abord le hospodar de Valachie, Bassaraba, à entrer dans la conspiration dont il espérait *"recueillir"* tout le fruit. Son plan était de se rendre maître des deux provinces. L'évêque de Jérusalem, qui était alors en Valachie, fut l'âme de ce complot. Cantemir

Sromit au czar des troupes et des vivres, comme fazeppa en avait promis au roi de Suède, et ne tint pas mieux sa parole.

on the highest bidder. in the same manner as. divides. this vaivod Cantemir was said to be descended from. to shake offthe Turkish yoke. 'acted. in the same manner as. "to reap.

Le général Shérémétof s'avança jusqu'à Yassi, capitale de la Moldavie, pour voir et *(pour soutenir* l'exécution de ces grands projets. Cantemir *H'y vint trouver* et en fut reçu *en* prince; mais il n'agit en prince qu'en publiant un manifeste contre l'empire turc. Le hospodar de Valachie, qui *'démêla* bientôt ses vues ambitieuses, abandonna son parti et *krentra dans* son devoir. L'évêque de Jérusalem, craignant justement pour sa tête, *'$'««Juit* et se cacha; les peuples de la Valachie et de la Moldavie *demeurèrent* fidèles à la Porte ottomane; et ceux qui *"devaient fournir des vivres* à l'armée russe, les allèrent porter à l'armée turque.

Déjà le visir Baltagi Méhémet avait passé le Danube à la tête de cent mille hommes, et marchait vers Yassi le long du Pruth, autrefois le fleuve Hiérase, qui tombe dans le Danube, et qui est *"à peu près* la frontière de la Moldavie et de la Bessarabie. Il envoya alors le comte Poniatowski, gentilhomme polonais at-

taché à la fortune du roi de Suède, prier ce prince de venir lui rendre visite et voir son armée. Charles ne put s'y resoudre; il exigeait que le grand visir lui fît sa première visite dans son asile près de Bender: sa fierté *vl'emporta sur* ses intérêts. Quand Poniatowski revint au camp des Turcs, et qu'il excusa les refus de Charles XII.: 'Je *m'attendais bien,* dit le visir au kan des Tartares, *que ce fier païen en userait ainsi.* Cette fierté réciproque, qui aliène toujours tous les hommes *'en place,* n'avança pas les affaires du roi de Suède: il dut d'ailleurs s'apercevoii bientôt que les Turcs n'agissaient que pour eux et non pas pour lui.

Tandis que l'armée ottomane passait le Danube,

'to assist in. came thither to meet hitn. "as a.

discovered. returned to. fled. continued. "were to have supplied provisions. nearly. got tbjÉf better of. 'indeed I expected. 'would beha» in power.

le czar avançait par les frontières de la Pologne, passait le Borysthène pour aller *'dégager* le maréchal Shérémétof, qui, étant au midi de Yassi sur les bords du Pruth, était menacé de se voir bientôt environné de cent mille Turcs et d'une armée de Tartares. Pierre, avant de passer le Borysthène, avait craint d'exposer Catherine à un danger qui devenait chaque jour plus terrible; mais Catherine *"regarda* cette attention du czar comme un outrage à sa tendresse et à son courage; elle *"fit tant d'instances* que le czar ne put *se passer d'elle;* l'armée la voyait avec joie à cheval a la tête des troupes; elle *se servait* rarement de *'voiture.* Il fallut marcher au-delà du Borysthène par quelques déserts, *Hraverser* le Bog, et ensuite la rivière du Tiras qu'on nomme aujourd'hui Niester; après quoi l'on trouvait encore un autre désert avant d'arriver à Yassi sur les bords du Pruth. Elle *encourageait* l'armée, y répandait *la gaîté,* envoyait *des secours* aux officiers malades, et étendait ses sc'ns sur les soldats. . 4 juillet 1711. On arriva enfin à Yassi, où *l'on devait* établir des magasins. Le hospodar de Valachie, Bassaraba, *(rentré dans* les intérêts de la Porte, et feignant d'être dans ceux du czar, lui proposa la paix, quoique le grand visir %one l'en eût point chargé: on sentit le piège; on se borna à demander des vivres qu'il ne pouvait ni ne voulait fournir. Il était difficile d'en faire venir de Pologne; les provisions que Cantemir avait promises, et qu'il espérait en vain tirer de la Valachie, ne pouvaient arriver; la situation devenait très "inquiétante. Un fléau dangereux se joignit à tous

'to relieve looked upon. intreated so innrh go without. 'made use- a carriage. to cross. animated. cheerfulness. refreshments. they were. 'who had again embraced had given him no commission for that purpose. discovered. 'contented himself with.

provisions. 'to procure any. TM to get. "distressing. ces "contre-temps, des nuées de vsauterelles couvrirent les campagnes, les dévorèrent et les infectèrent; l'eau manquait souvent dans la marche sous un soleil brûlant et dans des déserts arides; on fut obligé de 'faire porter à l'armée de l'eau dans des tonneaux.

Pierre, dans cette marche, se trouvait, par une fatalité singulière, à portée de Charles XII.; car Bender n'est êhigné que de vingt-cinq lieues communes de Tendroit où l'armée russe campait auprès de Yassi. Des partis de Cosaques pénétrèrent jusqu'à la retraite de Charles; mais les Tartares de la Crimée, qui voltigeaient dans ces quartiers, mirent le roi de Suède à couvert d'une surprise. Il attendait avec impatience et sans crainte, dans son camp, l'événement de la guerre.

Pierre se hâta de marcher sur la rive droite du Pruth, dès qu'il eut formé quelques magasins. Le point décisif était d'empêcher les Turcs, postés au dessous sur la rive gauche, de passer ce fleuve et de venir à lui. Cette manœuvre devait le rendre maître de la Moldavie et de la Valachie; il envoya le général Janus avec l'avant-garde pour s'opposer à ce passage des Turcs: mais ce général n'arriva que dans le temps même qu'ils passaient sur leurs pontons; il se retira, et son infanterie fut poursuivie jusqu'à ce que le czar vint lui-même le dégager.

L'armée du grand visir s'avança donc bientôt vers celle du czar, le long du fleuve. Ces deux armées étaient bien differentes: celle des Turcs, renforcée des Tartares, était, dit-on, de près de deux cent cinquante mille hommes; celle des Russes n'était alors que d'environ trente-sept mille disappointments. locusts. sandy. to have brought. 'in the neighbourhood. 'distant.

'hovered round that part of the country. "his essential object. would. combattants. Un corps assez considérable, sous le général Renne, était audelà des montagnes de la Moldavie sur la rivière de Sireth; et les Turcs coupèrent la communication.

Le czar commençait à manquer de vivres, et à peine ses troupes campées non loin du fleuve pouvaient-elles avoir de Peau; elles étaient exposées à une nombreuse, artillerie placée par le grand visir sur la rive gauche, avec un corps de troupes qui tirait sans cesse sur les Russes. Il paraît, par ce récit très "détaillé et très fidèle, que le visir Baltagi Méhémet, loin d'être un imbécile, comme les Suédois l'ont représenté, s'était conduit avec beaucoup d'intelligence. Passer le Pruth à la vue d'un ennemi, le contraindre à reculer et le poursuivre, couper tout d'un coup la communication entre l'armée du czar et un corps de sa cavalerie, enfermer cette armée sans lui laisser de retraite, "lui ôter l'eau et les vivres, la tenir sous des batteries de canon qui la menacent d'une rive opposée; tout cela n'était pas d'un homme sans activité et sans prévoyance.

Pierre alors se trouva dans une plus mauvaise position que Charles XII. à Pultava; (enfermé comme lui par une armée supérieure, éprouvant plus que lui la %disette, et s'étant fié comme lui aux promesses d'un prince trop peu puissant pour les tenir, il 'prit' le parti de la retraite, et Henta d'aller choisir un camp avantageux, en retournant vers Yassi.

20 juillet 1711. Il décampa dans la nuit; mais à peine est-il en marche que les Turcs tombent sur son arrière-garde au point du jour. Le régiment eut off. to be in want. circumstantial. a pusillanimous commander. to retreat. & to hem in. to eut oftall supplies of. 'surrounded. want of provisions. having confided. 'he resolved upon a. attempted. at break of day. des gardes préobazinski arréta long-temps hur impétuosité. On se forma, on fit des retranchements avec les "chariots et le bagage. Le même jour toute l'armée turque attaqua encore les Russes. 21 juillet. Une preuve qu'ils pouvaient se défendre, vquoi qu'on en ait dit, c'est qu'ils se défendirent très long-temps, qu'ils tuèrent beaucoup d'ennemis, et qu'ils ne furent point entamés.

Il y avait dans l'armée ottomane deux oflîciers du roi de Suède l'un le 'comte Poniatowski, l'autre le comte de Sparre, avec quelques Cosaques du parti de Charles XII. Mes memoires disent que ces généraux conseillèrent au grand visir de ne point combattre, de couper l'eau et les vivres aux ennemis, et de les forcer à se rendre prisonniers ou de mourir. D'autres mémoires prétendent qu'au contraire ils animèrent le grand visir à détruire avec le sabre une armée fatiguée et "languissante, qui périssait déjà par la disette. La première idée paraît plus circonspecte, la seconde plus conforme au caractère des généraux élevéa par Charles XII.

Le fait est que le grand visir tomba sur l'arrièregarde au point du jour. Cette arrière-garde était en désordre. Les Turcs ne rencontrèrent d'abord devant eux qu'une ligne de quatre cents hommes; on-se forma avec célérité. Un général allemand, nommé Allard, eut la gloire de faire des dispositions si rapides et si bonnes, que les Russes résistèrent pendant trois heures à l'armée ottomane sans perdre de "terrain.

La discipline à laquelle le czar avait accoutumé ses troupes, "le paya bien de ses peines. On avait vu à Narva soixante mille hommes défaits par huit checked. the fury of their onset. "waggons.

'whatever may have been alleged to the contrary. broker to eut off the supplies of water and provisions. half itarved. 'who had been trained up. ground»r amply repaid him for. 1 mille, parce qu'ils étaient indisciplinés; et ici l'on voit une arrière-garde d'environ huit mille Russes soutenir les efforts de cent cinquante mille Turcs, leur tuer sept mille hommes, et les forcer à retourner *en arrière.*

Après ce *rude* combat les deux armées se retranchèrent pendant la nuit; mais l'armée russe restait toujours enfermée, privée de provisions et d'eau même. Elle était près des bords du Pruth, et ne pouvait approcher du fleuve; car, sitôt que quelques soldats hasardaient d'aller puiser de l'eau, un corps de Turcs posté à la rive opposée *faisait pleuvoir* sur eux le plomb et le fer d'une artillerie nombreuse *"chargée à cartouche.* L'armée turque, qui avait attaque les Russes, continuait toujours de son côté à la *foudroyer* par son canon.

Il était probable qu'enfin les Russes allaient être perdus sans ressource par leur position, par l'inégalité du nombre, et par la disette. Les escarmouches continuaient toujours; la cavalerie du czar, presque toute démontée, ne pouvait plus être d'aucun secours, à moins qu'elle ne combattit à pied; la situation paraissait désespérée. *Il ne faut que jeter* les yeux sur la carte exacte du camp du czar et de l'armée ottomane, pour voir qu'il n'y eut jamais de position plus dangereuse, que la retraite était impossible, qu'il fallait *àremporter* une victoire complète, ou périr *"jusqu'au dernier,* ou être esclave des Turcs.

L'auteur de la nouvelle histoire de Russie prétend que le czar envoya un courrier à Moscou, pour recommander aux sénateurs de continuer de gouverner s'ils apprenaient qu'il eût été fait prisonnier, leur défendre d'exécuter ceux de ses ordres donnés pendant sa captivité, qui leur paraîtraient contraires à l'intérêt de l'empire, et leur ordonner de choisir un autre maître, s'ils croyaient cette élection nécessaire au back. sharp. discharged. loaded with chain shot. » to batter. jt is sufficient tô cast. to gain. to the last m an.

Toutes les *Relations,* tous les mémoires du temps *conviennent* unanimement que le czar, incertain V/ *tenterait* le lendemain le sort d'une nouvelle bataille, s'il exposerait sa femme, son armée, son empire, et le fruit de tant de travaux à une perte qui semblait inévitable, se retira dans sa tente, *'accablé de* douleur et agité de convulsions dont il était quel-

quefois attaqué, et que ses chagrins redoublaient. Seul, en proie à tant d'inquiétudes cruelles, ne voulant que personne fût temoin de son état, il défendit qu'on entrât dans sa tente. Il vit alors quel était son bonheur d'avoir permis à sa femme de la suivre. Catherine entra malgré la *défense.*

Une femme qui avait *affronté* la mort pendant tous ces combats, exposée comme un autre au feu de l'artillerie des Turcs, avait le droit de parler. 3511e persuada son époux *de tenter* la voie de la négociation.

C'est la coutume immémoriale dans tout l'Orient, quand on demande audience aux souverains ou à leurs représentants, *"de ne les aborder qu'&xec* des présents. Catherine rassembla *"le peu de pierreries* qu'elle avait apportées *vdans ce voyage guerrier,* dont toute magnificence et tout luxe étaient bannis; elle y ajouta deux pelisses de renard noir; *H'argent comptant* qu'elle *"ramassa* fut destiné pour le kiaia. Elle choisit elle-même un officier intelligent, qui *devait,* avec deux valets, porter les presents au grand visir, et ensuite faire conduire au kiaia, en sûreté, le présent qui lui était réservé. Cet officier salut de l'Etat: cependant le czarovitz Alexis vivait alora et était en âge de gouverner; mais il n'est question de cet ordre ni dans le journal de Pierre I., ni dans aucun recueil authentique.

'accounts 'agree. whether he would attempt.
oppressed with. injunction. faced to try. not to approach them but. the few jewels. 'on this military tour. q the ready money. collected. 'was. fut chargé d'une lettre du maréchal Shérémétof à Méhémet Baltagi. Les mémoires de Pierre *conviennent de* la lettre; ils *ne disent rien* des détails dans lesquels entra Catherine; mais tout est assez confirmé par la déclaration de Pierre lui-même, donnée en 1723, quand il *"Jit* couronner Catherine impératrice. *Elle nous a été,* dit-il, *dun très grand secours dans tous les dangers, et particulièrement à la bataille du Pruth, où, notre armée était réduite à vingt-deux mille hommes.* Si le czar, en effet, n'avait plus alors que vingt-deux mille combattants,

menacés de périr par la faim ou par le fer, le service rendu par Catherine était aussi grand que les bienfaits dont son époux l'avait comblée. Le journal manuscrit de Pierre le grand dit que, le jour même du grand combat du 20 juillet, il y avait trente et un mille cinq cent cinquante-quatre hommes d'infanterie, et six mille six cent quatrevingt-douze de cavalerie, presque tous démontés; il aurait donc perdu seize mille deux cent quarantesix combattants dans cette bataille. Les mêmes mémoires assurent que la perte des Turcs fut beaucoup plus considérable que la sienne, et qu'attaquant en foule et sans ordre, *'".* *aucun des coups tirés* sur eux *ne porta à faux.* S'il est ainsi, la journée du Pruth du 20 au 21 juillet fut une des plus *meurtrières* qu'on ait vues depuis plusieurs siècles. style; *et on n'écrivit à* Baltagi Méhémet que le 21, nouveau style. Ce ne fut point le czar qui écrivit; ce fut le maréchal Shérémétof: on ne se servit point dans cette lettre de ces expressions, *le czar a eu le malheur de déplaire à sa hautesse;* ces termes ne conviennent qu'à un sujet qui demande pardon à son maître; il n'est point question d'otage; on n'en envoya point; la lettre fut portée par un officier, tandis que l'artillerie tonnait des deux côtés. Shérémétof, dans sa lettre, *'faisait seulement souvenir* le visir de quelques *qffres* de

Il faut ou soupçonner Pierre le grand de *"s'être trompé* lorsque en couronnant l'impératrice, il lui témoigne sa reconnaissance *d'avoir sauvé son armée réduite à vingt-deux mille combattants,* ou accuser de faux son journal, dans lequel il est dit que, le jour de cette bataille, son armée du Pruth, indé Page 177 du journal de Pierre le grand.

agree concerning. take no notice "caused; not a single shot aimed. 'missed its efl'uct. bloody! baving been mistaken. pendamment du corps qui campait sur le Sireth, *montait à trente et un mille cinq cent cinquantequatre hommes d'infanterie, et à six mille six cent Îmatre-vingt-douze de cavalerie.* Suivant ce calcul, a bataille aurait été plus terrible que tous les historiens et tous *les mémoires pour et contre ne Vont rap-*

porté jusqu'ici. Il y a certainement ici quelque *maUentendu;* et cela est très ordinaire dans les récits de campagnes, lorsqu'on entre dans les détails. Le plus sûr est *de s'en tenir* toujours à l'événement principal, à la victoire et à la défaite: on sait rarement avec précision ce que l'une et l'autre ont coûté.

A quelque petit nombre que l'armée russe fût réduite, on se flattait qu'une résistance si intrépide et si opiniâtre en imposerait, au grand visir; qu'on obtiendrait la paix *à* des conditions honorables f)our la Porte ottomane; que ce traité, en rendant e visir agréable à son maître, ne serait pas trop *"humiliant* pour l'empire de Russie. Le grand mérite de Catherine fut, ce me semble, d'avoir vu cette possibilité dans un moment où les généraux ne paraissaient voir qu'un malheur inévitable.

Norberg, dans son histoire de Charles XII., *rapporte* une lettre du czar au grand visir, dans laquelle il s'exprime en ces mots: *Si, contre mon attente, j'ai le malheur d'avoir déplu à sa hautesse, je suis prêt à réparer les sijets de plainte qu'elle peut avoir contre moi. Je vous conjure, très noble général, d'empêcJier qu'il ne soit répandu plus de sang, et je vous supplie de faire cesser dans le moment le Jeu excessif de votre artillerie. Recevez otage que je viens de vous envoyer.*

Cette lettre porte tous les caractères de fausseté, ainsi que la plupart des pièces rapportées au hasard par Norberg: elle est datée du II juillet, nouveau 'misumlerstanding. to confine one's self.

'dÏ9graceful. 'quotes. intentions.

Ïlaix que la Porte avait faites au commencement de a campagne par les ministres d'Angleterre et de Hollande, lorsque le divan demandait la cession de la citadelle et du port de Tangarok, qui étaient les vrais sujets de la guerre.

21 juillet 1711. *Il se passa quelques heures* avant qu'on eût une réponse du grand visir. On craignait que le *porteur* n'eût été tué par le canon, ou n'eût été retenu par les Turcs. On dépêcha un second courrier avec un duplicata, et *"on tint* conseil de guerre en présence de Catherine, Dix officiers généraux si-

gnèrent le résultat que voici:

" Si l'ennemi ne veut pas accepter les conditions qu'on lui offre, et s'il demande que nous *"posions les* armes, et que nous nous rendions à discrétion, tous les généraux et les ministres sont unanimement d'avis *de se faire jour au travers* des ennemis."

En conséquence de cette résolution, on entoura le bagage de retranchements, et on s'avança jusqu'à cent pas de l'armée turque, lorsqu'enfin le grand visir *fit publier* une suspension d'armes.

whereas no letter was sent. 'only rcmhuled. proposals. some hours elapsed. messenger. "was held. should lay down our. to eut their way through. caused to be proclaimed.

Tout le parti suédois a traité, dans ses mémoires, ce visir *'de* lâche et d'infâme, qui s'était laissé *'corrompre.* C'est ainsi que tant d'écrivains ont accusé le comte Piper, d'avoir reçu de l'argent du duc de Marlborough pour engager le roi de Suède à continuer la guerre contre le czar, et qu'on a imputé à un ministre de France d'avoir *fait'à prix d'argent* le traité de Séville. De telles accusations ne doivent être avancées *"que* sur des preuves évidentes. Il est très rare que des premiers ministres *"s'abaissent* à de si honteuses *Hâchetés,* découvertes tôt ou tard par ceux qui ont donné l'argent, et par les registres qui *en font foi.* Un ministre *est toujours un homme en spectacle à* l'Europe: son *"honneur* est la base de son *crédit;* il est toujours assez riche pour n'avoir pas besoin d'être traître.

La place de vice-roi de l'empire ottoman est si belle, les profits en sont si immenses en temps de guerre, l'abondance et la magnificence régnaient à un si haut point dans les tentes de Baltagi Méhémet, la simplicité et surtout la disette etaient si grandes dans l'armée du czar, que c'était bien plutôt *au* grand visir à donner qu'à recevoir. Une légère attention de la part d'une femme qui envoyait des pelisses et quelques bagues, comme il est d'usage dans toutes les cours, ou plutôt dans toutes les *àportes orientales,* ne pouvait être *"reg-ardée comme une corruption.* La conduite franche et ouverte de Baltagi Méhémet

semble *(confondre* les accusations dont on a *%souillé* tant d'écrits touchant cette affaire. Le vice-chancelier Schaffirof alla dans sa tente avec un grand appareil; tout *se passa* publiquement, et ne pouvait se passer autrement. La négociation même *'fut entamée* en présence d'un homme attaché au roi de Suède, et domestique du comte Poniatowski, officier de Charles XII., lequel servit d'abord d'interprète; et les articles furent *krédigés* publiquement par le premier secrétaire du visiriat, nommé Hummer Effendi. Le comte Poniatowski y était présent lui-même. Le présent qu'on faisait au kiaia fut offert publiquement et en cérémonie; tout *se passa* selon l'usage des Orientaux; on se fit des présents réciproques: rien ne ressemble moins à une trahison. Ce qui détermina le visir à conclure, c'est que dans ce temps-là même le corps d'armée commandé par le général Renne, sur la rivière de Sireth en Moldavie, avait passé trois rivières, et était alors vers le Danube, où Renne *"'venait de* prendre la ville et le château de Brahila, défendus *'as. 'tobebribed. 'fora stipulated sum. 'but.*

"will stoop. meannesses. 'bear testimony to them. always stands as a public objcct to the eyes of. character. influence. for the. eastern courts. considered in the light of a bribe. 'to give the lie to. stained.

Ear une garnison nombreuse, commandée par un acha. Le czar avait un autre corps d'armée qui avançait des frontières de la Pologne. Il est *"de plus* très *"vraisemblable* que le visir ne fut pas *instruit de* la disette que souffraient les Russes. Le compte des vivres et des munitions n'est pas communiqué à son ennemi; on se vante au contraire devant lui d'être dans l'abondance, *dans le temps qu'on* souffre le plus. Il n'y a point de transfuges entre les Turcs et les Russes; la différence des vêtements, de la religion et du langage ne le permet pas. Ils ne connaissent point comme nous la désertion: *'aussi* le grand visir ne savait pas *"au juste* dans quel état déplorable était l'armée de Pierre

Baltagi, qui n'aimait pas la guerre, et qui cependant l'avait bien faite, crut que son expédition was transacted. 'was entered upon. committed to writing. 'was transacted. "' had just. nioreovcr. probable. acquainted with. even at the tune wben. 'and consequently. 'exactly. , M.'.'".

était assez heureuse s'il *Remettait aux mains du grand seigneur* les villes et les ports pour lesquels il combattait, s'il "renvoyait des bords du Danube en Russie l'armée victorieuse du général Renne, et s'il fermait à jamais l'entrée des Palus-Méotides, le bosphore Cimmérien, la mer Noire à un prince entreprenant; enfin s'il ne mettait pas des avantages certains aux risques d'une nouvelle bataille, qu'après tout le désespoir pouvait gagner contre la force: il avait vu ses janissaires repoussés *la veille,* et il y avait bien plus d'un exemple de victoires remportées par le petit nombre contre le grand. Telles furent ses raisons: ni les officiers de Charles qui étaient dans son armée, ni le kan des Tartares ne les approuvèrent. L'intérêt des Tartares était de pouvoir exercer leurs pillages sur les frontières de Russie et de Pologne: l'intérêt de Charles XII. était de se venger du czar: mais le général, le premier ministre de l'empire ottoman, n'était animé ni parla vengeance *particulière* d'un prince chrétien, ni par l'amour du butin qui'con*duisait* les Tartares. Dès qu'*onfut convenu d'une suspension d'armes,* les Russes achetèrent des Turcs les vivres dont ils manquaient. Les articles de cette paix ne furent point "rédigés, comme le voyageur la Motraye le rapporte, et comme Norbergle copie d'après lui. Le visir, parmi les conditions qu'il exigeait, voulait d'abord que le czar s'engageât à ne plus entrer dans les intérêts de la Pologne, et c'est sur quoi Poniatowski insistait; mais il était *au fond* convenable à l'empire Turc que la Pologne *restât* désunie et impuissant; ainsi cet article se réduisit à retirer les troupes Russes des frontières. Le kan des Tartares demandait un if he put the Grand Signior in possession of. drove baek. "the dey before. private. 'actuated. a suspension of arms was agreed to. drawn up. in fact. 'ihoulil continue.

K tribut de quarante mille sequins: ce point fut longtemps débattu, et ne passa point.

Le visir demanda long-temps qu'on lui livrât Cantemir, comme le roi de Suède s'était fait livrer Patkul. Cantemir *se trouvait précisément* dans le même *cas où* avait été Mazeppa. Le czar *avait fait à Mazeppa son procès criminel;* et l'avait fait exécuter en effigie. Les Turcs n'en usèrent point ainsi; ils ne connaissent ni les procès *%par contumace;* ni les sentences publiques. Ces condamnations affichées et les exécutions en effigie sont d'autant moins en usage chez eux que leur loi leur *défend* les représentations humaines, de quelque genre qu'elles puissent être. Us insistèrent en vain sur l'extradition de Cantemir. Pierre écrivit ces propres paroles au vice-chancelier Schaffirof..

"J'abandonnerai plutôt aux Turcs tout le terrain qui s'étend jusqu'à Cursk; il me restera l'espérance de le recouvrer: mais la perte de ma foi est irréparable, je ne peux la violer. Nous n'avons *'de propre que* l'honneur; y renoncer, c'est cesser d'être monarque."

Enfin le traité fut conclu et signé près du village nommé Falksen, sur les bords du Pruth. On convint dans le traité qu'Azoph et son territoire seraient *krendus* avec les munitions et l'artillerie dont il était pourvu avant que le czar l'eût pris en 1696; que le port de Tangarok sur la mer de Zabache serait démoli, ainsi que celui de Samara sur la rivière de ce nom, et d'autres petites citadelles. On ajouta enfin un article touchant le roi de Suède, et cet article même faisait assez voir combien le visir était mécontent de lui. Il fut stipulé que ce prince ne serait point *Hnquiété* par le *yras* exactly. situation. 'had caused Mazeppa to be arraigned. for coiituuiacy. "forbids 'anyihing he may call our own but 'restorcd uiolested. czar, s'il retournait dans ses Etats, et que d'ailleurs le czar et lui pouvaient faire la paix, s'ils *en avaient en*vie. ......,,

Il est bien évident par la "rédaction singulière de cet article que Baltagi Méhémet se souvenait des "hauteurs de Charles XII. Qui sait même si ces hauteurs n'avaient pas incliné Méhémet du

côté de la paix? la perte du czar était la grandeur de Charles, et il n'est pas dans le cœur humain de rendre puissants ceux qui nous méprisent. Enfin ce prince, qui n'avait pas voulu venir à l'armée du visir quand il avait besoin *vde le ménager,* accourut quand l'ouvrage qui lui était toutes ses espérances *allait* être 'consommé. Le visir n'alla point à *sa rencontre,* et se contenta de lui envoyer deux bachas; il ne vint au-devant de Charles qu'à quelque distance de sa tente.

La conversation ne se passa, comme on sait, qu'en reproches. Plusieurs historiens ont cru que la réponse du visir au roi, quand ce prince lui reprocha d'avoir pu prendre le czar prisonnier, et de ne l'a voit pas fait, était la réponse d'un imbécile. *Si Javais pris le czar,* dit-il, *qui aurait gouverné son empire?* Il est aisé pourtant de comprendre que c'était la réponse d'un homme piqué; et ces mots, qu'il ajouta,-*il ne faut pas que tous les rois sortent de chez eux,* montrent assez combien il voulait mortifier l'hôte de Bender.

Charles ne retira d'autre fruit de son voyage que celui; de déchirer la robe du grand visir avec l'éperon de ses bottes. Le visir, qui "pouvait l'en faire repentir, feignit de ne s'en pas apercevoir, et en cela il était très superieur a Charles. Si quelque chose "putfaire sentir à ce monarque, dans sa vie were so inclined. wording. "haughtybehaviour. to keep on good terms with him. was on the point. concluded.' 'to mect him. 'should quit their dominions. was in a condition. could have mede that mpnarch sensible. brillante et tumultueuse, combien la fortune peut confondre la grandeur, c'est qu'à Pultava un pâtissier avait *Jait mettre bas* les armes à toute son armée, et qu'au Pruth un *fendeur de bois* avait décidé du sort du czar et du sien; car ce visir Baltagi Méhémet avait été fendeur de bois dans le sérail, comme son nom le signifie: et, loin d'en rougir, il *s'en faisait honneur;* tant les mœurs orientales diffèrent des nôtres! Le sultan et tout Constantinople furent d'abord très contents de la conduite du visir: on fit des réjouissances publiques une semaine entière; le kiaia de Méhémet, qui porta le traité au divan, fut élevé *"incontinent* à la dignité de boujouk imraour, *grand écuyer:* ce n'est pas ainsi qu'on traite ceux *"dont* on croit être mal servi.

Il paraît que Norberg connaissait peu le gouvernement ottoman, puisqu'il dit que *le grand seigneur àménageait son visir, et que Baltagi Méhémet était à craindre.* Les janissaires ont été souvent *"dangereux* aux sultans; mais il n'y a pas un exemple d'un seul visir qui n'ait été aisément sacrifié sur un ordre de son maître, et Méhémet n'était pas *en état* de se soutenir par lui-même. C'est de plus contredire que d'assurer dans la même page que les janissaires étaient irrités contre Méhémet, et que le sultan craignait on pouvoir.

Le roi de Suède fut réduit à la ressource de cabaler à la cour ottomane. On vit un roi qui avait fait des rois s'occuper à faire présenter au sultan des mémoires et des *%placets* qu'on ne voulait pas recevoir. Charles employa toutes les intrigues, comme un sujet qui veut décrier un ministre auprès obliged to lay down. wood-cutter. gloried în it. instant y. » master of the horse. by whom. was obliged to keep fair. formidable. 'in a condition. 'petitions. de son maître: c'est ainsi qu'il se conduisit contre le visir Méhémet et contre tous ses successeurs: *tantôt* on s'adressait à la sultane VaKdé, par une juive; *tantôt* on employait un eunuque. 11 y eût enfin un homme qui, se mêlant parmi les gardes du grand seigneur, contrent l'insensé, afin d'attirer ses regards, et de pouvoir lui donner un mémoire du roi. De toutes ces *'manœuvres,* Charles ne recueillit d'abord que la mortification de se voir *kretrancher* son thaïm, c'est-à-dire, la subsistance que la générosité de la Porte lui fournissait par jour, et qui *se montait* à quinze cents livres, monnaie de France. Le grand visir, au lieu de thaïm, *lui dépêcha* un ordre, en forme de *"conseil,* de sortir de la Turquie.

Charles *"s'obstina* plus que jamais à rester, s'imaginant toujours qu'il rentrerait en Poigne et dana l'empire russe avec une armée ottomane. Personne n'ignore quelle fut enfin, en 1714,

l'issue de son audace inflexible, comment il se battit contre une armée de janissaires, de spahis et de Tartares avec, ses secrétaires, «es valets de chambre, ses gens de cuisine et d'écurie; qu'il fut captif dans le pays où il avait *vjoui de la* plus généreuse hospitalité; qu'il retourna ensuite déguise *en* courrier dans ses Etats, après avoir *"demeuré* cinq années en Turquie. *Il faut avouer* que, s'il y a eu de la raison dans sa conduite, cette raison n'était pas faite comme celle des autres hommes.

'schcmes. deprived of. 'amounted. »ent hiTM. advice. "persisted. been treated witb. M a. 'lived. 'it nmst be acknowledged.

» ',, ,,.'..-;,,.,,,

CHAPITRE II. » v.'.v

Asw£ de *l'affaire du Pruth.* , Il est utile 'de *rappeler* ici un fait déjà raconté dans l'histoire de Charles XII. Il arriva, pendant la suspension d'armes qui précéda le traité du Pruth, que deux Tartares surprirent deux officiers italiens de l'armée du czar, et vinrent les vendre à un officier des janissaires; le visir punit *"cet attentat contre* la foi publique par la mort des deux Tartares. *"Comment accorder* cette délicatesse si sévère avec la violation du droit des gens dans la personne de l'ambassadeur Tolstoy, que le même grand visir *avait fait. arrêter* dans les rues de Constantinople? Il y a toujours une raison des contradictions dans la conduite des hommes. Baltagi Méhémet était *épique* contre le kan des Tartares, qui ne voulait pas entendre parler de paix, et il *"voulut lui faire sentir* qu'il, était le maître.

Le czar, après la paix signée, se retira par Yassy jusque sur sa frontière, suivi d'un corps de huit mille Turcs, que le visir envoya non-seulement *pour observer* la marche de l'armée russe, mais pour empêcher que les Tartares vagabonds *ne l'inquiétassent.*

Pierre accomplit d'abord le traité, en faisant démolir la forteresse de Samara et de Kamienska; mais la reddition d'Azoph et la démolition de Tangarok *soivffrirent* plus de difficultés. Il fallait, *aux* termes du traité, distinguer l'artillerie et les munitions d'Azoph qui appartenaient aux Turcs to repeat. this

breach of. how are we to reconcile. caused to be arrested. 'incensed. was resolved to show him. to watch. should molert them.

met with. according to tbe. de celles que le czar y avait mises depuis qu'il avait conquis cette place: le gouverneur *traîna en longueur cette négociation,* et la Porte en fut justement irritée. Le sultan était impatient de recevoir les clefs cTAzoph; le visir les promettait; le gouverneur différait toujours. Baltagi Méhémet *en* perdit les bonnes grâces de son maître et sa place; le kan des Tartares et ses autres ennemis prévalurent contre lui:—novembre 1711 — il fut *enveloppé* dans la disgrâce de plusieurs bachas: mais le grand-seigneur, qui connaissait sa fidélité, *ne lui ôta ni* son bien ni sa vie; il fut envoyé à Mytilène, où il commanda. Cette simple déposition, cette conservation de sa fortune, et surtout ce commandement dans Mytilène *démentent* évidemment tout ce que Norberg avance pour faire croire que ce visir avait été corrompu par l'argent du czar. Norberg dit que le bostangi bachi, qui vint *Hui redemander le bul de l'empire* et lui signifier son arrêt, le déclara *traître et désobéissant à son maître, vendu aux ennemis à prix d'argent et coupable de n'avoir point veillé aux intérêts du roi de Suède.* Premièrement, ces sortes de déclarations ne sont point du tout en usage en Turquie; les ordres du sultan sont donnés en secret et exécutés en silence. Secondement, si le visir avait été déclaré *traître, rebelle et corrompu,* de tels crimes auraient été punis par la mort dans un pays où ils ne sont jamais pardonnes. Enfin, s'il avait été puni pour n'avoir pas assez ménagé l'intérêt de Charles XII., il est clair que ce prince aurait eu en effet à la Porte ottomane *"un pouvoir* 3ui *"devait faire* trembler les autres ministres; ils evaient, en ce cas, implorer sa faveur et prévenir protracted this affair. 'on this occasion. involved. did not depiire him either of 'contradicts. to divest fcim of hi« office. 'for moncy. taken proper care of the. degree of influence. was calculated to have made. ses volontés: mais au contraire, Jussuf bâcha, aga des janissaires, qui succéda Méhémet Baltagi dans le visiriat, pensa hautement comme son predécesseur sur la conduite de ce prince; loin de le servir; *Hl ne songea qu'à se défaire* d'un hôte dangereux, et quand Poniatowski, le confident et le compagnon de Charles XII., vint complimenter ce visir sur sa nouvelle dignité, il lui dit: *Païen, je t'avertis qu'à la première intrigue que tu voudras tramer, je te ferai jeter dans la mer une pierre "au cou.*

Ce compliment, que le comte Poniatowski *rapporte* lui-même dans des mémoires qu'il fit à ma *'réquisition,* ne laisse aucun doute sur le peu d'influence que Charles XII. avait à la Porte. Tout ce que Norberg a rapporté, des affaires de Turquie paraît d'un homme *"passionné* et mal informé. Il faut ranger parmi les erreurs *del'esprit de parti,* et parmi les mensonges politiques, tout ce qu'il avance sans preuve touchant la prétendue corruption d'un grand visir, c'est-à-dire, d'un homme qui *disposait* de plus de soixante *'millions* par an, sans *'rendre compte.* J'ai encore entre les mains la lettre que le comte Poniatowski écrivit au roi Stanislas immédiatement après la paix du Pruth: il reproche à Baltagi Méhémet son *éhignement* pour le roi de Suède, son *peu de goût* pour la guerre, sa facilité; mais il se garde bien de l'accuser de corruption; il savait trop ce que c'est que la place d'un grand visir, pour penser que le czar *pût mettre* un prix à la trahison du vice-roi de l'empire ottoman.

Schaffirof et Shérémétof, *"demeurés en otage* à Constantinople, ne furent point traités comme ils be thought of nothing but. q to get rid. warn thee. about the neck. 'relates. request. "prejudiced. party spmt. had the disposa!. million? of French livres. being subject to the least account. slight. di-like.. was capable ot settinjj.. who remained as hostages. '-, l'auraient été s'ils avaient été convaincus d'avoir *(acheté la paix,* et d'avoir trompé le sultan de concert avec le visir: ils demeurèrent en liberté dans la ville, escortés de deux compagnies de janissaires

L'ambassadeur Tolstoy, étant sorti des SeptTours immédiatement après la paix du Prutb, les ministres d'Angleterre et de Hollande s'entremirent auprès du nouveau visir pour l'exécution des articles.

Azoph venait enfin d'être *%rendu* aux Turcs; on démolissait les forteresses stipulées dans le traité. Quoique la Porte ottomane *ri'entre guère* dans les différends des princes chrétiens, cependant elle était flattée alors de se voir arbitre entre la Russie, la Pologne et le roi de Suède; elle *'voulait* que le czar *kretirât* ses troupes de la Pologne, et délivrât la Turquie d'un voisinage si dangereux; elle souhaitait que Charles retournât dans ses Etats, afin que les princes chrétiens fussent continuellement divisés: mais jamais elle n'eut l'intention de lui fournir une armée. Les Tartares désiraient toujours la guerre, comme les artisans veulent exercer leurs professions lucratives; les janissaires la souhaitaient, mais plus *par* haine contre les chrétiens, par fierté, par amour pour la licence, que *par* d autres motifs. Cependant les négociations des ministres anglais et hollandais prévalurent contre le parti opposé. La paix du Pruth fut confirmée; mais on ajouta dans le nouveau traité que le czar *"retirerait,* dans trois mois, toutes ses troupes de la Pologne, et que l'empereur turc *'renverrait* incessamment Charles XII.

On peut juger par ce nouveau traité si le roi de Suède avait à la Porte autant de *vpouvoir* qu'on l'a dit. Il était évidemment sacrifié par le nouTeau visir Jussuf bacha, ainsi que par Baltagi Méhémet. Ses historiens n'ont eu d'autre ressource, pour *couvrir* ce nouvel affront, que d'accuser Jussuf d'avoir été corrompu, ainsi que son prédécesseur. De pareilles imputations tant de fois *'renouvelées* sans preuve, sont bien plutôt les *'ois* d'une cabale impuissante que les témoignages de l'histoire. L'esprit de parti, obligé d'avouer les faits, en altère les circonstances et les motifs; et malheureusement c'est ainsi que toutes les histoires contemporaines parviennent falsifiées à la postérité, qui *ne peut plus guère démêler la*
'purchased. restored. "seldom interfeiet.

irisisted. should withdraw. 'out of. from. should withdraw. should send out of his dominions. influence, —w' i . . h

CHAPITRE III.

'" *Mariage du Czarovitz et déclaration solennelle du mariage de Pierre avec Catherine, qui "reconnaît son frère. ., --i-,*

Cette malheureuse campagne du Pruth fut plus funeste au czar que ne'l'avait été la bataille de Narva; car, après Narva, il avait *su tirer parti de* sa défaite même, *réparer* toutes ses pertes, et *zenlever* lTngrie à Charles XII.: mais, après avoir perdu, par le traité de Falksen avec le sultan, ses ports et ses forteresses sur les Palus-Méotides, il fallut renoncer à l'empire sur la mer Noire. Il lui restait un champ assez vaste pour ses entreprises; il avait à perfectionner tous ses établisse to colour over. repeatedclamou.-s. can harJlydistinuish. frora falsehoods. "find». fouhd means to turn to some advantage. 'to retrieve. to wrest.
ments en Russie, ses conquêtes sur la Suède à poursuivre, le roi Auguste *"à raffermir* en Pologne, et ses alliés à *ménager.* Les fatigues avaient *altéré* sa santé; il fallut qu'il allât aux eaux de Carlsbad en Bohême: mais, pendant qu'il prenait les eaux, il faisait attaquer la Poméranie; Stralsund était bloqué, et cinq petites villes étaient prises.

La Poméranie est la province d'Allemagne la plus *Septentrionale,* bornée à l'orient par la Prusse et la Pologne, à l'occident par le Brandebourg, au midi par le Mecklenbourg, et au nord par la mer Baltique: elle eut presque de siècle en siècle différents maîtres. Gustave-Adolphe *"s'en empara* dans la fameuse guerre de trente ans, et enfin elle fut cédée solennellement aux Suédois par le traité de Vestphalie, *à la réserve* de l'évêché de Camin et de quelques petites places situées dans la Poméranie ultérieure. Toute cette province devait naturellement appartenir à l'électeur de Brandebourg, en vertu des *%pactes de Jhmille* faits avec les ducs de Poméranie. La race de ces ducs *s'était 'éteinte* en 1637;-par conséquent, suivant les lois de l'Empire, la maison de Brpndebourg avait un droit évident sur cette province; mais la nécessité, la première des lois, *H emporta* dans le traité d'Osnabruck sur les pactes de famille, et depuis ce temps la Poméranie presque toute entière avait été le prix de la valeur suédoise.

Le projet du czar était *de dépouiller* la couronne de Suède de toutes les provinces qu'elle possédait en Allemagne: il fallait, pour remplir ce dessein, *"s'unir* avec les électeurs de Brandebourg et de Hanovre, et avec le Danemarck. Pierre écrivit to settle firmly. to keep fair with. impaired.

nurthern. got possession of it. 'with. family compacts. had become. extinct. prevailed. to wrest from. to enter into a confederacy, tous les articles du traité qu'il projettait avec ces puissances, et tout le détail des opérations nécessaires pour se rendre maître de la Poméranie. 25 Octobre 1711. Pendant ce temps-là même, il maria dans Torgau son fils Alexis avec la princesse de Volfenbuttel, sœur de 1 impératrice d'Allemagne, épouse de Charles VI., mariage qui fut depuis si funeste, et qui coûta la vie aux deux époux...,

Le czarovitz était né du premier mariage de Pierre avec Eudoxie Lapoukin, mariée, comme on Ta dit, en 1689. Elle était alors *"confinée* dans un couvent à Susdal. Son fils, Alexis Pétrovitz, né le premier mars 1680, était dans sa vingt-deuxième année: ce prince n'était pas encore connu en Europe. Un ministre, dont on a imprimé des mémoires sur la cour de Russie, dit, dans une lettre écrite à son maître, datée du 25 auguste 1711, que "ce prince était grand et bien fait; qu'il ressemblait beaucoup à son père; qu'il avait le cœur bon; qu'il était plein de piété; qu'il avait lu cinq fois l'écriture sainte; qu'il *"se plaisait fort* à la lecture des anciennes histoires grecques: il lui trouve *vTesprit* étendu et *"facile;* il dit que ce prince sait les mathématiques; qu'il entend bien la guerre, la navigation, la science de l'hydraulique; qu'il sait l'allemand; qu'il apprend le français: mais que son père n'a jamais *voulu quil fît* ce qu'on appelle *'ses exercices."*

Voilà un *portrait* bien différent de celui que le czar lui-même *ft,* quelque

temps après, de ce fils infortuné: nous verrons avec quelle douleur son père lui reprocha tous les défauts contraires aux bonnes qualités que ce ministre admire en lui.

C'est *à* la postérité à décider entre un étranger, shut up. took great delight. the understanding.

quick. suffered him to go through. 'a regular course of study. character. 'gave. or. qui *peut juger légèrement* ou flatter le caractère d'Alexis, et un père qui a cru *'"devoir* sacrifier les *'sentiments* de la nature au bien de son empire. Si le ministre n'a pas mieux connu l'esprit d'Alexis que sa figure, son témoignage a peu de poids: il dit que ce prince était grand et bien fait; les mémoires que j'ai reçus de Pétersbourg disent qu'il n'était ni lun ni l'autre.

Catherine, sa *"belle-mère,* n'assista point à ce mariage; car, quoiqu'elle fût regardée comme czarine, elle n'était point reconnue solennellement en cette qualité; et le titre *à'altesse,* qu'on lui donnait à la cour du czar, lui laissait encore un rang *Hrop équivoque* pour qu'elle signât au contrat, et pour que le *àcérémonial allemand* lui accordât une place convenable à sa dignité d'épouse du czar Pierre. Elle était alors à Thorn dans la Prusse polonaise. Janvier 1712. Le czar envoya d'abord les deux nouveaux époux à Volfenbuttel, et reconduisit bientôt la czarine à Pétersbourg avec cette *rapulité* et cette *Simplicité d'appareil* qu'il mettait dans tous ses voyages.

Ayant fait le mariage de son fils, il % *déclara plus solennellement* le sien, et le célébra à Pétersbourg. 19 février 171 . La cérémonie fut *aussiauguste* qu'on peut la rendre dans un pays nouvellement créé, *'dans un temps où* les finances étaient dérangées par la guerre soutenue contre les Turcs, et par celle qu'on faisait encore au roi de Suède. Le czar *-ordonna* seul la fête, et y travailla lui-même, selon sa coutume. Ainsi Catherine fut *reconnue* publiquement czarine, *pour prix* d'avoir sauvé son époux et son armée.

may form too slight a jmlgment. to be under the necessity. dictates. mother-in-law. highness. not sufficiently tettled.

German etiquette. "dispatch. 'privacy. publicly solemnized. grand. 'at a time when. gave orders for. 'deciared. "in reward for.

Les acclamations avec lesquelles ce mariage fut reçu dans Pétersbourg étaient sincères; mais les applaudissements des sujets aux actions d'un prince absolu sont toujours suspects: ils furent confirmés par tous *"les esprits sages* de l'Europe, qui virent avec plaisir, presque dans le même temps, d'un coté, l'héritier de cette vaste monarchie, n'ayant de gloire que celle de sa naissance, marié à une princesse, et de l'autre, un conquérant, un législateur, *"partageant* publiquement son lit et son trône avec une inconnue, captive à Marienbourg, et qui n'avait que du mérite. L'approbation même est devenue plus générale,?à *mesure que tles esprits se sont plus éclairés* par cette *'saine* philosophie qui a fait tant de progrès depuis quarante ans, philosophie sublime et circonspecte, qui apprend à ne donner que des respects extérieurs a toute espèce de grandeur et de puissance, et à réserver les respects véritables pour les talents et pour les services.

Je dois fidèlement *"rapporter* ce que ie trouve concernant ce mariage dans *esdépêches* du comte de Bassevitz, *"conseiller aulique* à Vienne, et longtemps ministre de Holstein à la cour de Russie. C'était un homme de mérite, plein de droiture et de candeur, et qui a laissé en Allemagne une mémoire précieuse. Voici ce qu'il dit dans ses lettres: "La czarine avait été non-seulement nécessaire à la gloire de Pierre, mais elle l'était à la conservation 'desa vie. Ce prince était malheureusement sujet à des convulsions douloureuses, *"qu'on croyait* être l'effet d'un poison qu'on lui avait donné dans sa jeunesse. Catherine seule avait trouvé' le secret *d'apaiser* ses douleurs par des soins pénibles et the thinkingpart. sharing. as. the niinds of men grew more enlightened. 'Sound. 'to relate. î dispatches. AuBc counsellor. which were thought. of alleviating.

SOtJS PIEUSE LE ÔRÂÎÎD. SÔ7 des attentions recherchées, dont elle seule était ca

Sable, et se donnait toute entière à. la conservation 'une santé aussi *précieuse* à l'Etat qu'à elle-même. Ainsi le czar, ne pouvant vivre sans elle, la ' fit compagne de son fit et de son trône." Je *'me borne* a rapporter ses "*propres* paroles.

La fortune qui, dans cette partie du monde, avait produit tant de scènes extraordinaires à nos freux, et qui avait *élevé* l'impératrice Catherine de 'abaissement et de la calamité au plus haut degré d'élévation, la servit encore singulièrement quelques années après la solennité de son mariage.

Voici ce que je trouve dans le manuscrit curieux d'un homme qui était alors au service du czar, et qui parle comme "*témoin.*

"Un *envoyé* du roi Auguste à la cour du czar, retournant à Dresde par la Courlande, entendit dans un *cabaret* un homme qui paraissait dans la misère, et à qui on faisait *l'accueil* insultant que cet état n'inspire que trop aux hommes. Cet inconnu, *épique,* dit qu'on ne le traiterait pas ainsi s'il pouvait *parvenir à* être présenté au czar, et que peut-être il aurait dans sa cour de plus puissantes protections qu'on ne pensait.

"L'envoyé du roi Auguste, qui entendit ce discours, eut la curiosité d'interroger cet homme; et, sur quelques réponses vagues qu'il en reçut, l'ayant considéré attentivement, *'il crut démêler* dans ses traits quelques ressemblances avec l'impératrice. Il ne put *ks'empêcher,* quand il fut à Dresde, *d'en* écrire à un de ses amis à Petersbourg. La lettre tomba dans les mains du czar, qui envoya ordre au prince Repnin, gouverneur de Riga, *de tâcher* de découvrir l'homme dont il était parlé dans la lettre.

valuable. "confine myielf. own, raised. an eve-« itness. envoy. inn. reception. resenting it. succeed in. 'he thought he found forbear. 'writing concerning it. to endeavo

Le prince Repnin "*fit partir* un homme de confiance pour Mit tau en Courlande: on découvrit l'homme; il s'appelait Charles Scavronski; il était fils d'un gentilhomme de Lithuanie, mort dans les guerres de Pologne, et qui avait laissé deux enfants "*au berceau,* un garçon

et une fille. L'un et l'autre n'eurent oTéducation que celle qu'on peut recevoir de la nature dans l'abandon général de toutes choses. Scavronski, séparé de sa sœur dès la plus tendre enfance, savait seulement qu'elle avait été prise dans Marienbourg en 1704, et la croyait encore auprès du prince Menzikoff, où il pensait qu'elle avait fait quelque fortune.

"Le prince Repnin, *vsuivant* les ordres exprès de son maître, fit conduire à Riga Scavronski, sous *prétexte* de quelque délit dont on l'accusait; *on Jit* contre lui une espèce d'information, et "*on l'envoya* sous *bonne garde* à Pétersbourg, avec ordre de le bien traiter sur la route.

"Quand il fut arrivé à Pétersbourg, *on le mena . chez* un *mattre-d'hôtel* du czar, nommé Shépleff. Ce maître-d'hôtel, instruit *du rôle* qu'il "*devait jouer, Hira* de cet homme *beaucoup de lumières* sur son état, et lui dit enfin que l'accusation *qu"on avait intentée* contre lui à Riga était très grave, mais qu'il obtiendrait justice; *qu'ii devait* présenter une *requête* à sa majesté, *qu'ora dresserait cette requête* en son nom, et *quon ferait en sorte qu'il pût* la lui *%donner* lui-même.

"Le lendemain, le czar alla dîner chez Shépleff, on lui présenta Scavronski: ce prince *luifit* beaucoup de questions, et demeura convaincu, par la naïveté de ses réponses, qu'il était le propre frère de la czarine. Tous deux avaient été, dans leur enfance, en Livonie. Toutes les réponses que fit Scavronski aux questions du czar se trouvaient conformes à ce que sa femme lui avait dit de sa naissance et des premiers malheurs de sa vie.

dispatched. in the cradle. agreeably to. pretence. 'they drew up. he was sent 'a strong' gtiard. he was carried to the house. officer of the palace. in the part. was to play. drew. many particulars which had been raised. that he was. a petition. that it would be drawn up. 'some mean s would be found to enable him. 'to delîver.
asked him.

"Le czar, ne doutant plus de la vérité, proposa le lendemain à sa femme d'aller

dîner avec lui chez ce même Shepleff: il fit venir '*au sortir de table* ce même homme qu'il avait interrogé la veille. Il vint vêtu des nié mes habits qu'il avait *kportés* dans le voyage; le czar ne voulut point qu'il parût dans un *autre état* que celui auquel sa mauvaise fortune l'avait accoutumé.''

Il l'interrogea encore devant sa femme. Le manuscrit porte qu'à la fin il lui dit ces *propres* mots: *Cet homme est ton frire; allons; Charles, baise la main de l impératrice, et embrasse ta sœur.*

L'auteur de la relation ajoute que l'impératrice *tomba en défaillance,* et que, lorsqu'elle eut "*repris ses sens,* le czar lui dit: *Il n'y a vlà rien "que de simple; ce gentilhomme est mon 'beau frère , s'il a du mérite, nous en ferons quelque chose; s'il n'en a point, nous n'en ferons rien.*

Il me semble qu'un tel discours montre autant de grandeur que de simplicité, et que cette grandeur est très peu commune. L'auteur dit que Scavronski resta long-temps chez Shépleff, qu'on lui assigna une pension considérable, et *qu'Hl vécut très retiré.* Il ne *'pousse* pas plus loin le recit de cette aventure, qui servit seulement à découvrir la naissance de Catherine: mais on sait "*d'ailleurs* que ce gentilhomme fut créé comte, qu'il épousa une fille de qualité, et qu'il eut deux filles mariées à des premiers seigneurs de Russie. Je laisse au peu de personnes qui peuvent être "*instruites de* ces détails, *à démêler* ce qui est vrai dans cette aventure, et ce qui peut y avoir été ajouté. L'auteur du manuscrit ne paraît pas avoir raconté ces faits dans la vue de débiter du merveilleux à ses lecteurs, puisque son mémoire n'était point *sdestiné à voir le jour.* Il écrit à un ami avec *ndiveté* qu'il dit avoir vu. Il se peut qu'il se trompe sur quelques circonstances; mais *Hefond* paraît très vrai: car, si ce gentilhomme avait su qu'il était frère d'une personne si puissante, il n'aurait pas attendu tant d'années pour *se faire reconnaître.* Cette *reconnaissance,* toute singulière qu'elle paraît, n'est pas si extraordinaire que *i'élévation* de Catherine: l'une et l'autre sont une preuve frappante de la destinée, et peuvent ser-

vir à nous faire suspendre notre jugement, quand nous traitons *"de* fables
tant d'événements de l'antiquité, moins
opposés peut-être à l'ordre commun des
choses que toute l'histoire de cette impératrice.

when dinner was over. worn. 'different
condition. very. "fainted away. recove-
red. in that. but what is very natural.
'brother-in law. 'she led a very retired
life. 'carries. 'from other authorities.

Les fêtes que Pierre donna pour le mariage de son fils et le sien ne furent
pas des divertissements passagers qui *%
épuisent* le trésor, et dont le souvenir
reste a peine. Il *acheva* la fonderie des
canons et les bâtiments de l'amirauté;
les grands chemins furent perfectionnés; de nouveaux vaisseaux furent
construits; il creusa des canaux; la
'bourse et les *kmagasins* furent ache-
vés; et le commerce maritime de Pétersbourg commença à être dans sa vigueur. Il ordonna que le sénat de Moscou fut *transporté* à Pétersbourg; ce qui
s'exécuta au mois d'avril 1712. Par-là,
cette nouvelle ville devint comme la capitale de l'empire. Plusieurs

"acquainted with. "to distinguish. intended to be published. simplicity. the
fact in ilself to make himself known.
discovery. the exaltation.

as. 'contradictory. exhaust. corapleted.
exchange. storehouses. removed.. prisonniers suédois furent employés aux
embellissements de cette ville, dont la
fondation était le fruit de leur défaite.
PRISE DE STETIN.
Descente en Finlande. Evénements de
1712.
Pierre, se voyant heureux dans sa maison, dans son gouvernement, dans ses
guerres contre Charles XII., dans ses négociations avec tous les princes qui voulaient chasser les Suédois du continent,
et les renfermer pour jamais dans la
presqu'île de la Scandinavie, portait
toutes ses vues sur les côtes occidentales du nord de l'Europe,. et oubliait
les Palus-Méotides et la mer Noire. Les
clefs d'Azoph, long-temps refusées au
hacha qui devait entrer dans cette place
au nom du grand-seigneur, avaient été
enfin *rendues;* et malgré tous les soins
de Charles XII., malgré toutes les in-

trigues de ses *"partisans* à la cour ottp-
mane, malgré même plusieurs *"démonstrations* d'une nouvelle guerre, la Russie et la Turquie étaient en paix."

Charles XII. restait toujours obstinément à Bender, et faisait dépendre sa
fortune et ses es 1)érances du caprice
d'un grand visir, *vtandis que* e czar menaçait toutes ses provinces, armait
contre lui le Danemarck et le Hanovre,
était prêt à faire déclarer la Prusse, et ré-
veillait la Pologne et la baxe.

La même fierté inflexible que
Charles mettait dans sa conduite avec la
Porte dont il dépendait, il la deployait
contre ses ennemis éloignés, réunis pour
l'accabler. Il bravait rfw *fond de sa retraite,* "restored. friends. menaces. whil-
st.

q from his lurking place. dans les déserts de la Bessarabie, et le czar, et les
rois de Pologne, de Danemarck et de
Prusse, et l'électeur de Hanovre, devenu
bientôt après roi d'Angleterre, et
l'empereur d'Allemagne, qu'il avait
tant offensé quand il traversa la Silésie
en vainqueur. L'empereur s'en vengeait
en l'abandonnant à sa mauvaise fortune,
et en ne donnant aucune protection aux
Etats que la Suède possédait encore en
Allemagne.

Il eût été aisé de dissiper la ligue
qu'on formait contre lui. *'Il n'avait qu'à*
céder Stetin au premier roi de Prusse,
Frédéric, électeur de Brandebourg, qui
avait des droits très légitimes sur cette
partie de la Poméranie; mais il ne regardait pas alors la Prusse comme une
puissance *"prépondérante:* ni Charles,
ni personne, ne pouvait prévoir que le
petit royaume de Prusse presque désert,
et l'électorat de Brandebourg devien-
draient formidables. Il ne voulutjconsen-
tir à aucun *commodément;* il résolut
de rompre plutôt que de plier: il ordonna
qu'on résistât de tous côtés, sur mer et
sur terre. Ses Etats étaient presque épui-
sés d'hnsuitës ta d'argent, cependant on
obéit: le sénat de Stockholm équipa une
flotte de treize vaisseaux de ligne; on arma des milices; chaque habitant devint
soldat. Le courage et la fierté de Charles
XII. semblèrent animer tous ses sujets,
presque aussi malheureux que leur
maître.

Il est difficile de croire que Charles
eût un plan *"réglé* de conduite. Il avait
encore un parti en Pologne qui, aidé des
Tartares de Crimée, pouvait ravager ce
malheureux pays, mais non pas remettre
le roi Stanislas sur le trône; son espérance d'engager la Porte ottomane à
soutenir ce parti, et de prouver au divan
quii *devait* envoyer deux cent mille
hommes à son secours, sous prétexte
que 'he had only to. 'of any weight 'proposai *oi* accommodation. regular. 'it
was their interest.

le czar défendait en Pologne son allié
Auguste, était une espérance chimé-
rique.

Septembre 1712. Il attendait à Bender
l'effet de tant de vaines intrigues; et les
Russes, les Danois, les Saxons étaient
en Poméranie. Pierre mena son épouse
à cette expédition. Déjà le roi de Da-
neniarck *s'était emparé* de Stade, ville
maritime du duché de Brême; les armées russe, saxonne et danoise étaient
devant Stralsund.

Octobre 1712. Ce fut alors que le roi
Stanislas, voyant l'état déplorable de
tant de provinces, l'impossibilité de remonter sur le trône de Pologne, et tout
en confusion par l'absence obstinée de
Charles XII., assembla les généraux
suédois qui défendaient la Poméranie
avec une armée d'environ dix à onze
mille hommes, seule et dernière ressource de la Suède dans ces provinces.

Il leur proposa «w *accommodement*
avec le roi Auguste, et offrit d'en être
la victime. Il leur parla en français: voici les *'propres* paroles dont il se servit,
et qu'il leur laissa par un écrit que signèrent neuf officiers généraux, entre
lesquels il se trouvait un Patkul, cousin-
germain de cet infortuné Patkul que
Charles XII. avait fait expirer sur la
roue.

"J'ai servi jusqu'ici d'instrument à la
gloire des armes de la Suède; *"je ne pré-
tends pas* être le sujet funeste de leur
perte. Je me déclare de sacrifier ma couronne et mes propres intérêts à la
conservation de la personne sacrée du
roi, ne voyant pas humainement d'autre
moyen pour le retirer de l'endroit où il
se trouve.' On a cru devoir laisser la déclaration du roi Stanislas telle qu'il la

donna, mot pour mot: il y a des fautes de langue; *je vie déclare de tacrifier* n'est pas français: mais la pièce en est plus authentique, et n'en est pas moins respectable.

had made himself master a reconciliation. verjr. I cannot think of. ruin.

Ayant fait cette déclaration, il se disposa à partir pour la Turquie, dans l'espérance de *fiéchir* l'opiniâtreté de son bienfaiteur, et de le toucher par ce sacrifice. Sa mauvaise fortune *le fit arriver* à Bessarabie, précisément dans le temps même que Charles, après avoir promis au sultan de quitter son asile, et ayant reçu l'argent et l'escorte nécessaires pour son retour, mais s'étant obstiné à rester, et à braver les Turcs et les Tartares, soutint contre une armée entière, aidé.de.ses seuls domestiques, ce combat malheureux de Bender, où les Turcs, pouvant aisément le tuer, se contentèrent de le prendre prisonnier. Stanislas, arrivant dans cette étrange conjoncture, fut arrêté lui-même; ainsi deux rois chrétiens furent à la fois captifs en Turquie.

Dans ce temps *où* toute l'Europe était troublée, et où la France *achevait* contre une partie de l'Europe une guerre non moins funeste, pour mettre sur le trône d'Espagne le *"petit-fils* de Louis XIV., l'Angleterre donna la paix à la France; et la victoire que le maréchal de Villars remporta à Denain en Flandre, sauva cet Etat de ses autres ennemis. La France était depuis un siècle l'alliée de la Suède; il importait que son alliée ne fût pas *privée* de ses possessions en Allemagne. Charles trop éloigné ne savait pas même encore à Bender ce qui *'se passait* en France.

La régence de Stockholm *khasarda de* demander de l'argent à la France épuisée, daijs un temps où Louis XIV. *'ri'avait pas même de quoi* payer ses domestiques. *Elle fit partir un* comte de Sparre, chargé de cette négociation qui *"ne devait pas* réussir. Sparre vint à Versailles, et représenta au marquis de Torcy *"Vimpuissance* où l'on était de to soften. would have it that he arrived. when.

'was terminating. grandsin. deprived. 'was transacted. ventured. 'had hardly

money enough.

they sent. wliicli was not likely. the inability.. payer la petite armée suédoise qui restait à Charles XII en Poméranie, qu'elle était prête à se dissiper, faute de paie, que le seul allié de la France allait perdre des provinces dont la conservation était nécessaire à la balance générale; qu'à la vérité Charles XII. dans ses victoires avait trop négligé le roi de France, mais que la générosité de Louis XIV. était aussi grande que les malheurs de Charles. Le ministre français *vfit voir* au Suédois *Timpuissance* où l'on était de secourir son maître; et Sparre desespérait du succès.

Un *'particulier* de Paris fit ce que Sparre désespérait d'obtenir. Il y avait à Paris un banquier nommé Samuel Bernard, qui avait fait une fortune)rodigieuse, tant par les *"remises* de la cour *dans* es pays étrangers que par d'autres entreprises; c'était un homme *"enivré* d'une espèce de gloire rarement *"attachée à* sa profession, qui aimait passionnément *Hontes les choses d'éclat,* et qui savait que tôt ou tard le ministère de France *rendait avec avantage* ce qu'on hasardait pour lui. Sparre alla dîner chez lui; il *He Jlatta, et au sortir de taille* le banquier fit 'délivrer au comte de Sparre six cent mille livres; après quoi il alla chez le ministre marquis de Torcy, et lui dit: "J'ai dormé en votre nom deux cent mille écus à la Suède; vous me les */erez rendre* quand vous pourrez. " 9 Decembre 1712. Le comte de Steinbock, général de l'armée de Charles, *"n'attendait pas* un tel secours; il voyait ses troupes sur le point de se mutiner; et n'ayant à leur donner que des promesses, voyant *grossir l'orage* autour de lui, craignant enfin d'être enveloppé par trois armées

'setforth. q the incapacity. private individual. "remit'tances. 'to. intoxicated. "to be met with araong pople of. everything that made an *(clat.* would repay with interest. 'flattered his/oiife. as soon as dinner was over. will repay. "did not expect. the storm gatheriug. .,, de Russes, de Danois, de Saxons, il demanda un armistice, jugeant que Stanislas allait abdiquer, qu'il fléchirait la hauteur de. Charles XII., qu'il fallait au

moins gagner du temps, et sauver ses troupes par les négociations. Il envoya donc un courrier a Bender pour représenter au roi l'état déplorable de ses finances, de ses affaires et de ses troupes, et pour l'instruire qu'il se voyait forcé à cet armistice qu'il serait trop heureux d'obtenir. Il n'y avait pas trois jours que ce courrier était parti, et Stanislas ne l'était pas encore, quand Steinbock reçut ces deux cent mille écus du banquier de Paris; c'était alors un trésor prodigieux dans un pays ruiné. *Fort de* ce secours avec lequel on remédie à tout, il encouragea son armée; il eut des munitions, des recrues; il se vit à la tête de douze mille hommes, et renonçant à toute suspension d'armes, il ne chercha plus qu'à combattre.

C'était ce même Steinbock qui, en 1710, après la défaite de Pultava, avait vengé la Suède sur les Danois, dans une irruption qu'ils avaient faite en Scanie: il avait marché contre eux avec de simples milices qui n'avaient que des cordes pour bandoulières, et avait remporté une victoire complète. Il était, comme tous les autres généraux de Charles XII., actif et intrépide; mais sa valeur était (souillée par la férocité. C'est lui qui, après un combat contre les Russes, ayant ordonné qu'on tuât tous les prisonniers, aperçut un officier polonais du parti du czar, qui *%se jetait à l'étrier* de Stanislas, et que ce prince tenait embrassé pour lui sauver la vie; Steinbock *le tua d'un coup de pistolet* entre les bras du prince, comme il est rapporté dans la vie de Charles XII.: et le roi Stanislas a dit à l'auteur qu'il aurait cassé la tête à Steinbock, s'il n'avait été *'retenu* par son respect et par sa reconnaissance pour le roi de Suède.

reinforced with. 'sullied. « had caught hold of the ttirrup. shot him dead with a pistol. 'withheld.

Le général Steinbock marcha donc, *dans* le chemin de Vismar, aux Russes, aux Saxons et aux Danois réunis. Il se trouva vis-à-vis l'armée danoise et saxonne qui précédait les Russes éloignés de trois lieues. Le czar envoie trois courriers *coup sur coup* au roi de Danemarck pour le prier de l'attendre, et pour *i'avertir* du danger qu'il court, s'il combat les Suédois sans être supérieur en forces. Le roi de Danemarck ne voulut point partager l'honneur d'une victoire qu'il croyait sûre: il s'avança contre les Suédois, et les attaqua près d'un endroit nommé Gadebesck. On vit encore à cette journée quelle était l'inimitié naturelle entre le6 Suédois et les Danois. Les officiers de ces deux nations *"s'acharnaient les uns contre les autres,* et tombaient morts percés de *"coups.*

Steinbock remporta la victoire avant que les Russes pussent arriver *và portée du* champ de bataille; il reçut quelques jours après la réponse du roi son maître, qui condamnait toute idée d'armistice; il disait qu'il ne pardonnerait cette démarche honteuse qu'en cas qu'elle fût réparée, et que fort ou faible il fallait vaincre ou périr. Steinbock avait déjà *prévenu* cet ordre par la victoire.

Mais cette victoire fut semblable à celle qui avait consolé un moment le roi Auguste, quand, dans le cours de ses infortunes, il gagna la bataille de Calish contre les Suédois vainqueurs de tous côtés. La victoire de Calish ne fit qu'aggraver les malheurs d'Auguste, et celle de Gadebesck *"recula* seulement la *'perte* de Steinbock et de son armée.

Le roi de Suède, en apprenant la victoire de Steinbock, crut ses affaires *Rétablies;* il se flatta même de faire déclarer l'empire ottoman, qui menaçait encore le czar d'une nouvelle guerre; et by. 'one after another. to warn him. furiously attacked one another. wounds. '' up to the. '' anticipated. 'delayed. 'ruin. 'retrieved.

dans cette espérance il ordonna à son général Steinbock de se porter en Pologne, croyant toujours, au moindre succès, que le temps de Narva, et ceux ou il faisait des lois, allaient renaître. Ces idées furent bientôt après confondues par l'affaire de Bender, et par sa captivité chez les Turcs.

Tout le fruit de la victoire de Gadebesck fut d'aller réduire en cendres pendant la nuit la petite ville d'Altona, peuplée de commerçants et de manufacturiers; ville sans défense, qui n'ayant point pris les armes, *'ne devait pas être* sacrifiee: elle fut entièrement détruite;

plusieurs habitants expirèrent dans les flammes; d'autres échappes nus à l'incendie, vieillards, femmes, enfants, expirèrent de froid et de fatigues aux portes de Hambourg. Tel a été souvent le sort de plusieurs milliers d'hommes pour les querelles de deux hommes. Steinbock *ne recueillit que* cet affreux avantage. Les Russes, les Danois, les Saxons le poursuivirent si vivement après sa victoire, qu'il fut obligé de demander un asile dans Tonningen, forteresse du Holstein, pour lui et pour son armée. Le pays de Holstein était alors un des plus dévastés du Nord, et son souverain un des plus malheureux princes. C'était le propre neveu de Charles XII.; c'était pour son père, beau-frère de ce monarque, que Charles avait porté ses armes jusque dans Copenhague avant la bataille de Narva; c'était pour lui qu'il avait fait le traité de Travendal, par lequel les ducs de Holstein étaient *rentrés dans* leurs droits.

Le chapelain confesseur Norberg dit froidement, dans son histoire, que le général Steinbock ne mit le feu a la ville que parce qu'il n'avait pas de voitures pour emporter les meubles. ought not to have been. "gained nothing bat were restored to.

Ce pays est en partie le berceau des Cimbres et de ces anciens Normands qui conquirent la Neustrie en France, l'Angleterre entière, Naples et Sicile. On ne peut être aujourd'hui *moinsen état* defaire des conquêtes que l'est cette partie de l'ancienne Chersonèse Cimbrique. Deux petits duchés la composent: Slesvick appartenant au roi de Danemarck et au duc en commun; Gottorp au duc de Holstein seul. Slesvick est une principauté souveraine; Holstein est membre de l'empire d'Allemagne qu'on appelle empire romain.

Le roi de Danemarck et le duc de HolsteinGottorp étaient de la même maison; mais le duc, neveu de Charles XII. et son héritier présomptif, était *nê f ennemi* du roi de Danemarck qui *'accablait* son enfance. Un frère de son père, évêque de Lubeck, administrateur des Etats de cet infortuné pupille, se voyait entre l'armée suédoise qu'il n'osait secourir, et les armées russe, danoise et

saxonne qui menaçaient. Il fallait pourtant tâcher de sauver les troupes de Charles XII., sans *chO' quer* le roi de Danemarck *devenu* maître du pays, dont il épuisait toute la substance.

L'évêqtie administrateur du Holstein était entièrement gouverné par ce fameux baron de Gortz, le plus *délié* et le plus entreprenant des hommes, d'un esprit vaste et fécond en ressources,' ne trouvant jamais rien de trop hardi, ni de trop difficile, aussi insinuant dans les négociations qu'audacieux dans les projets; sachant plaire, sachant persuader, et *entrabiant* les esprits par la chaleur de son génie, après les avoir *gagnes* par la *%douceur* de ses paroles. Il eut depuis sur Charles XII. le même ascendant qui lui soumettait Nous prononçons *Gueurtt.*

'moreunable. the natural enemy. endeavoured to cruih. irritating. "who had made himself.

artful. captivating. 'won. softness. l'évêque administrateur du Holstein, et l'on sait qu'il paya *'de sa tête* l'honneur qu'il eut de gouverner le plus inflexible et le plus opiniâtre souverain qui jamais ait été sur le trône. 21 janvier 1713. Gortz *s'aboucha secrètement* à Usum avec Steinbock, et lui promit qu'il lui livrerait la forteresse de Tonninge, sans compromettre Tévêque administrateur son maître, et dans le même temps il fit assurer le roi de Danemarck qu'on ne la livrerait pas. C'est ainsi que presque toutes les négociations *se conduisent;* les affaires d'Etat étant cV'wn *autre ordre que* celles des particuliers, l'honneur des ministres consistant uniquement dans le succès, et l'honneur des particuliers dans l'observation de leurs paroles.

Steinbock se présenta devant Tonninge; le commandant de la ville refuse de lui ouvrir les portes: ainsi on met *le roi de Danemarck hors d'état* de se plaindre de Tévêque administrateur; mais Gortz fait donner un ordre, au nom du duc mineur, *"de laisser* entrer l'armée suédoise dans Tonninge. Le secrétaire du cabinet, nommé Stanke, signe le nom du duc de Holstein: *"par-là* Gortz ne compromet qu'un enfant qui n'avait pas encore le droit de donner ses ordres: il sert o *la fois* le roi de Suède, *auprès duquel* il voulait *se faire valoir,* et l'évêque administrateur son maître, qui paraît ne pas consentir à l'admission de l'armée suédoise. Le commandant de Tonninge aisément gagné *'livra* la ville aux Suédois, et Gortz se justifia comme il put *auprès durai* de Danemarck, en protestant que tout avait été fait malgré lui. Mémoires secrets de Bassevitz. with his life. 'had a private conference. are carried on. a different nature from. out of the powerof the king .ofDenmark. to suffer. by that means. at the sametioie, t»whom. 'to makehis court. 'delivered up. to the.

L'armée suédoise, retirée en partie dans la ville, et en partie sous son canon, ne fut pas pour cela sauvée: le général Steinbock fut obligé de se rendre prisonnier de guerre avec onze mille hommes, *"de même* çw'environ seize mille s'étaient rendus après Pultava.

Il fut stipulé que Steinbock, ses officiers et soldats pourraient être rançonnés ou échangés; on fixa la rançon de Steinbock à huit mille écus d'Empire; c'est une bien petite somme, cependant on ne put la trouver, et Steinbock resta captif à Copenhague jusqu'à sa mort.

Les Etats de Holstein *"demeurèrent à la discrétion* d'un vainqueur irrité. Le jeune-duc fut l'objet de la vengeance du roi de Danemarck, pour prix de l'abus que Gortz avait fait de son nom; les malheurs de Charles XII. retombaient sur toute sa famille.

Gortz voyant ses projets évanouis, toujours occupé de jouer un grand *rôle* dans cette confusion, *revint à Fidée* qu'il avait eue d'établir une neutralité dans les Etats de Suède en Allemagne.

Le roi de Danemarck était près d'entrer dans Tonninge. Georges, électeur de Hanovre, voulait avoir les duchés de Brème et de Verden avec la ville de Stade. Le nouveau roi de Prusse FrédéricGuillaume *jetait la vue* sur Stetin. Fierre se disposait à se rendre maître de la Finlande. Tous les Etats de Charles XII., hors la Suède, étaient des dépouilles qu'on cherchait à partager: comment accorder tant d'intérêts avec une neutralité? Gortz *"négocia* en même temps avec tous les princes qui avaient

intérêt à ce *partage:* il courait jour et nuit d'une province à une autre; il Mémoires de Steinbock. in the sarae manner as. "remained at the mercy. part. 'recalled to mind a scheroe. cast his view». entered into negociation. partition. *"engagea* le gouverneur de Brème et de Verden à *remettre* ces deux duchés à l'électeur de Hanovre en séquestre, afin que les Danois ne les prissent pas pour eux: il fit tant qu'il *obtint du* roi de Prusse qu'il *se chargerait* conjointement avec le Holstein du séquestre de Stetin et de Vismar, *moyennant quoi* le roi de Danemarck laisserait le Holstein en paix, et n'entrerait pas dans Tonninge. C'était assurément un étrange service à rendre à Charles XII. que de mettre ses places entre les mains de ceux qui pourraient les garder à jamais: mais Gortz, en leur remettant ces villes comme en otage, les forçait à la neutralité, du moins pour quelque temps; il espérait qu'ensuite il pourrait faire déclarer le Hanovre et le Brandebourg en faveur de la Suède; il faisait entrer dans ses vues le roi de Pologne, dont les Etats ruinés avaient besoin de la paix: enfin il voulait se rendre nécessaire à tous les princes, il disposait du *bien* de Charles XII. comme un *Huteur* qui sacrifie une partie du 'ôiend'un *pupille* ruiné pour sauver l'autre, et d'un pupille qui ne peut faire ses affaires par lui-même; tout cela sans mission, sans autre garantie de sa conduite qu'un plein pouvoir d'un evêque de Lubeck, qui n'était nullement autorisé lui-même par Charles XII.

Tel a été ce Gortz que jusqu'ici on n'a pas assez connu. On a vu des premiers ministres de grands Etats, comme un Oxenstiern, un Richelieu, un Albéroni, donner le mouvement à une partie de l'Europe; mais qne le conseiller privé d'un évêque de Lubeck en ait fait autant qu'eux, sans *être avoué de personne,* c'était une chose inouïe.

Juin 1713. Il réussit d'abord: il fit un traité advised. to put. întohe hands of. 'prevailed with the. would accept. in consideration oJ'which. 'possessions. guardian. 'estates.

"ward. his conduct being allowed by any one.

avec le roi de Prusse, par lequel ce monarque s'engageait, en gardant Stetin en séquestre, à *conserver à* Charles XII. le reste de la Poméranie. En vertu de ce traité, Gortz *"fit proposer* au gouverneur de la Poméraine (Mayerfeid) de rendre la place de Stetin au roi de Prusse pour le *"bien* de la paix, croyant que le Suédois gouverneur de Stetin pourrait être aussi *facile* que l'avait été le Holstenois gouverneur de Tonninge: mais les officiers de Charles XII. n'étaient pas accoutumés à obéir à de pareils ordres. Mayerfeld répondit qu'on n'entrerait dans Stetin *que sur son corps* et sur des ruines. Il informa son maître de cette étrange proposition. Le courrier trouva Charles XII. captif à Démirtash, après son aventure de Bender. On ne savait alors si Charles ne resterait pas prisonnier des Turcs toute sa vie, si on ne le reléguerait pas dans quelque île de l'Archipel ou de l'Asie. Charles de sa prison manda à Mayerfeld ce qu'il avait mandé à Steinbock, qu'il fallait mourir plutôt que de plier sous ses ennemis, et lui ordonna d'être aussi inflexible qu'il l'était luimême.

Gortz voyant que le gouverneur de Stetin *'dérangeait* ses mesures, et ne voulait entendre

Earler ni de neutralité, ni deséquestre, *'se mit dans i tête* non seulement de faire sequestrer cette ville de Stetin, mais encore Stralsund; et il trouva le secret de faire avec le roi de Pologne, électeur de Saxe, le même traité pour Stralsund qu'il avait fait avec l'électeur de Brandebourg pour Stetin. Il voyait clairement l'impuissance des Suédois de garder ces places sans argent et sans armée, pendant que le roi était captif en Turquie; et il comptait *écarter le Jléau* de la guerre de tout le to preserve for. "made a proposai. sake.

easy to be persuaded. but over lus dead body. ditconcerted. "took it into his head. « to turn atide tbe «courge.

Nord, *au moyen* de ses séquestres. Le Danc marck lui-même se prêtait enfin aux négociations de Gortz. Il gagna absolument l'esprit du prince Menzikoff, général et favori du czar: il lui persuada qu'on pourrait céder le Holstein à son maître; il flatta le czar *"de l'idée de per-*

cer un canal du Holstein dans la mer Baltique, entreprise si conforme au goût de ce fondateur, et surtout d'obtenir une puissance nouvelle, *en voulant bien êtrs* un des princes de l'empire d'Allemagne, et en acquérant aux diètes de Itatisbonne un droit de suffrage qui serait toujours *soutenu* par le droit des armes.

On ne peut ni se plier en plus de manières, ni prendre plus de formes différentes, ni *zjouer* plus de rôles que fit ce négociateur volontaire: il alla "*jusqu'à* engager le prince Menzikoff à ruiner cette même ville de Stetin qu'il voulait sauver, à la bombarder, afin de forcer le commandant Mayerfeld à la remettre en séquestre; et il osait ainsi outrager le roi de Suède, auquel il voulait plaire, et à qui en effet il ne plut que trop, dans la suite, pour son malheur.

Quand le roi de Prusse vit qu'une armée russe bombardait Stetin, il craignit que cette ville ne fût perdue pour lui, et ne restât à la Russie. C'était où Gortz l'attendait. Le prince Menzikofl' manquait d'argent; il lui fit prêter 400,000 écus pâlie roi de Prusse; il fit parler ensuite au gouverneur de la place: *Lequel aimez-vous mieux,* lui dit-on, *ou de voir Stetin en cendres sous la domination de la Russie, ou de la confier au roi de Prusse gui la rendra au roi votre maître?* Le commandant *se laissa* enfin persuader; il se rendit; Menzikoff entra dans la place, et "*moyennant* les 400,000 écus,

"by means. with the prospect of opening by condescending to become. 'maintain. to act. so far ai suffered himself. in consideration c-f.

il *Ha remit* avec tout le territoire entre les mains.du roi de Prusse qui, pour la forme, y laissa entrer deux bataillons de Holstein, et qui n'a jamais "*rendu* depuis cette partie de la Poméranie.

Dès-lors le second roi de Prusse, successeur d'un roi faible et prodigue, *jeta les fondements* de la frandeur où son pays %*parvint* dans la suite par la iscipline militaire et par l'économie. Septembre 1713. Le baron de Gortz, qui *Jit mouvoir* tant de ressorts, ne put '*venir à bout* d'obtenir que les Danois pardonnassent à la province de Holstein, ni

qu'ils renonçassent à *s'emparer* de Tonninge: il *manqua* ce qui paraissait être son premier *but;* mais il réussit à tout le reste, et surtout à devenir un personnage important dans le Nord, ce qui était en effet sa vue principale. Déjà l'électeur de Hanovre *s'était assuré* de Brême et de Verden dont Charles XII. etait dépouillé; les Saxons étaient devant sa ville de Vimar; Stetin était entre les mains du roi de Prusse; les Russes allaient assiéger Stralsund avec les Saxons, et ceux-ci étaient déjà dans l'île de Rugen; le czar au milieu de tant de négociations "*était descendu en* Finlande, pendant qu'on disputait ailleurs sur la neutralité et sur les partages. Après avoir luimême pointé l'artillerie devant Stralsund, abandonnant le reste à ses alliés et au prince Menzikoff, il s'était embarqué dans le mois de mai sur la mer Baltique; et *vmontant* un vaisseau de cinquante canons qu'il avait fait construire lui-même à Pétersbourg, il vogua vers la Finlande, suivi de quatre-vingt-douze galères et de cent dix demigalères qui portaient seize mille combattants.

22 mai 1713. La descente *seftb* à Elsinfotd qui est dans la partie la plus méridionale de cette froide et stérile contrée '*par* le soixante et unième degré. delivered it. restored. 'lay the foundations. arrivee. "put in motion. 'succeed. to take possession. failed in. object. had secured. had made a descent upon. 'on board. was made. 'lying in.

Cette descente réussit malgré toutes les difficultés. On feignit d'attaquer par un endroit, on descendit par un autre: "*on mit les troupes à terre,* et l'on prit la ville. Le czar s'empara de Borgo, d'Abo, et fut maître de toute la côte. Il ne paraissait pas que les Suédois eussent désormais aucune ressource; car c'était dans ce temps-là même que l'armée suédoise, commandée par Steinbock, se rendait prisonnière de guerre.

Tous ces désastres de Charles XII. furent suivis, comme nous l'avons vu, de la perte de Brême, de Verden, de Stetin, d'une partie de la Poméranie; et enfin le roi Stanislas et Charles lui-même étaient prisonniers en Turquie: cependant il n'était pas encore détrompé de

l'idée de retourner en Pologne à la tête d'une armée ottomane, de remettre Stanislas sur le trône, et de faire trembler tous ses ennemis.

CHAPITRE V.
SUCCES DE PIERRE LE GRAND.
Retour de Charles XII. dans ses Etats.
Pierre *suivant* le cours de ses conquêtes perfectionnait l'établissement de sa marine, *faisait venir* douze mille familles à Pétersbourg, tenait tous ses alliés attachés à sa fortune et à sa personne, quoiqu'ils eussent tous des intérêts divers et des-vues opposées. Sa flotte menaçait à la fois toutes les côtes de la Suède sur les golfes de Finlande et de Bothnie.

L'un de ses généraux de terre, le prince Gai . landed the troops. while he was following. "brought. iitzin, formé par lui-même, comme ils l'étaient tous, avançait d'Elsinford, où le czar avait débarqué, jusqu'au milieu des terres vers le bourg de Tavastus: c'était un poste qui "*couvrait* la Bothnie. Quelques régiments suedois, avec huit mille hommes de milice, le défendaient. Il fallut "*livrer* une bataille; 13 mars 1714, les Russesla gagnèrent entièrement; ils "*dissipèrent* toute l'armee suédoise,etpénétrèrentjusqu'à Vasa; desortequ'ils furent les maîtres de quatrevingts lieues de pays. Il restait aux Suédois une armée navale avec laquelle ils *tenaient* la mer. Pierre ambitionnait depuis long-temps *de signaler* la marine qu'il avait creée. Il était parti de Pétersbourg, et avait rassemblé une flotte de seize vaisseaux de ligne, cent quatre-vingts galères "*propres à manœuvrer* « *travers* les rochers qui entourent l'île d'Aland, et les autres îles de la mer Baltique non loin du rivage de la Suède, vers laquelle il rencontra la flotte suédoise. Cette flotte était plus forte en grands vaisseaux que la sienne, mais inférieure en galères; plus propre à combattre en *pleine* mer qu'au travers des rochers. C'était une supériorité que le czar ne devait qu'à son génie. Il servait dans sa flotte en qualité de contre-amiral, et recevait les ordres de l'amiral Apraxin. Pierre voulait s'emparer de l'île d'Aland, qui n'est éloignée de la Suède que de douze lieues. Il fallait passer *à la vue* de la flotte des Suédois:

ce dessein hardi fut exécuté; les galères *'ouvrirent le passage* sous le canon ennemi, qui *"ne plongeait pas assez.* On entra dans Aland; et, comme cette côte est *(hérissée d'écueils* presque toute entière, le czar *%Jit* transporter *à bras* quatre-vingts petites commanded to give. routed. kept.

to establish the reputation of. fit for working among. open. 'full in the view. forced a passage through the enemy. did not fire low enough.

'»urrounded with rocki. caused. » *by* men.

galères *'par une klangue de terre,* et *'on les remit à jlot* dans la mer qu'on nomme de Hango, où étaient ses gros Taisseaux. Erenschild, contre-amiral des Suédois, crut qu'il allait prendre aisément ou *couler à fond* ces quatre-vingts galères; il avança de ce côté, pour les reconnaître: mais il fut reçu avec un feu i *vif* qu'il vit tomber presque tous ses soldats et tous ses matelots. On lui prit les galères et les prames qu'il avait amenées, et le vaisseau *"qu'il montait;* 8 auguste 1714, il *'se sauvait* dans une chaloupe, mais il y fut blessé: enfin obligé de se rendre, on l'amena sur la galère où le czar manœuvrait lui-même. Le reste de la flotte suédoise *regagna* la Suède. On fut consterné dans Stockholm, et on ne s'y croyait pas en sûreté. Pendant ce temps-là même le colonel Schouvalow Neushlof attaquait la seule forteresse qui restait à prendre sur les côtes occidentales de la Finlande, et la soumettait au czar, malgré la plus opiniâtre résistance.

Cette journée d'Aland fut *'après* celle de Pultava, la plus glorieuse de la vie de Fierre. Maître de la Finlande dont il laissa le gouvernement au prince Gallitzin, vainqueur de toutes les forces navales de la Suède, et plus respecté que jamais de ses alliés, 15 septembre, il retourna dans Pétersbourg, quand la saison devenue très orageuse ne lui permit plus de rester sur les mers de Finlande et de Bothnie. Son *bonlieur voulut encore* qu'en arrivant dans sa nouvelle capitale, la crarine *accouchât* d'une princesse, mais qui mourut un an après. Il institua l'ordre de sainte Catherine en l'honneur de son épouse, et célébra la naissance de sa fille par une entrée triomphale. C'était, de orer. point of land. 1 they were launchcJ.

"sink. 60 brisk. on board of which he was.

'was escaping. returned to. 'next to. good fortune would have it also. 'was brought to bed. toutes les fêtes auxquelles il avait accoutumé ses peuples, celle qui leur était devenue la plus chère. Le commencement de cette fête fut d'amener dans le port de Cronslot neuf galères suédoises, sept prames remplis de prisonniers, et le vaisseau du contre-amiral Erenschild.

Le vaisseau amiral de Russie était chargé de tous les canons, des drapeaux et des étendards pris dans la conquête de la Finlande. On apporta toutes ces dépouilles à Pétersbourg, où l'on arriva en ordre de bataille. Un arc de triomphe, que le czar avait dessiné selon sa coutume, fut décoré des emblèmes de toutes ses victoires: les vainqueurs passèrent sous cet arc triomphal; l'amiral Apraxin marchait à leur tête, ensuite le czar en qualité de contre-amiral, et tous les autres officiers selon leur rang: on les présenta tous au vice-roi llomadonoski, qui dans ces cérémonies représentait le maître de l'empire. Ce vice-czar distribua à tous les officiers des médailles d'or; tous les soldats et les matelots en eurent d'argent. Les Suédois prisonniers passèrent sous l'arc de triomphe, et l'amiral Erenschild suivait immédiatement le czar son vainqueur. Quand on fut arrivé au trône où le vice-czar était, l'amiral Apraxin lui présenta le contre-amiral Pierre, qui demanda à être viceamiral *"pour prix de* ses services: on *alla aux voix,* et *Hon croit bien* que toutes les voix lui furent favorables.

Après cette cérémonie qui *comblait de joie Hous les assistants,* et qui inspirait à tout le monde l'émulation, l'amour de la patrie et celui de la gloire, le czar prononça ce discours qui mérite *de passer à la dernière* postérité.

"Mes frères, est-il quelqu'un de vous qui eût in regard for. it was to put tothe vote. it may easily be conceived. 'filled with. every one present. to be transmitted tothe latest.

pensé, *Hly a vingt* on,?, qu'il combat-

trait avec moi sur la mer Baltique, dans des vaisseaux construits par vous-mêmes, et que nous serions établis dans ces contrées conquises par nos fatigues et par notre courage? On place l'ancien *"siège des sciences* dans la Grèce; elles s'établirent ensuite dans l'Italie, d'où elles se répandirent dans toutes les parties de l'Europe: c'est à présent notre tour, si vous voulez seconder mes desseins, en joignant l'étude à l'obéissance. Les arts circulent dans le jnonde, comme le sang dans le corps humain; et peut-être ils établiront leur empire parmi nous pour retourner dans la Grèce leur ancienne patrie. J'ose espérer que nous ferons un jour rougir les nations les plus civilisées, par nos travaux et par notre solide gloire."

C'est là le *précîs véritable* de ce discours digne d'un fondateur. Il a *été énervé* dans toutes les traductions; mais le plus grand mérite de cette harangue éloquente est d'avoir été prononcée par un monarque victorieux, fondateur et législateur de son empire.

Les vieux boyards écoutèrent cette harangue avec plus de regret pour les anciens usages que.d'admiration pour la gloire de leur maître; mais les jeunes en furent touchés jusqu'aux larmes.

Ces temps furent encore signalés par l'arrivée des ambassadeurs russes qui revinrent de Constantinople avec la confirmation de la paix avec les Turcs. 15 déc. 1714. Un ambassadeur de Perse,était arrivé quelque temps auparavant de la part de Cha-Ussin; il avait amené au czar un éléphant et cinq lions. Il reçut en même temps une ambassade du kan des Usbecks, Méhémet Bahadir, qui lui demandait sa protection contre d'autres Tartares.

twenty years ago seat. a true subrtance. lost its chief beauties. *(DuJbndAe* l'Asie et de l'Europe tout *%rendait* hommage à sa gloire.

La regence de Stockholm, désespérée de l'état déplorable de ses affaires, et de l'absence de son roi qui abandonnait le soin de ses Etats, avait pris la resolution de ne le plus consulter; et immédiatement après la victoire navale du czar, elle avait demandé un passeport au vainqueur pour un officier chargé de propositions de paix. Le passeport fut envoyé; mais dans ce temps-là même la princesse Ulrique Eléonore, sœur de Charles XII., reçut la nouvelle que le roi son frère se disposait enfin à quitter la Turquie, et à revenir se défendre. On n'osa pas alors envoyer au czar le négociateur qu'on avait nommé en secret: on supporta la mauvaise fortune, et l'on attendit que Charles XII. se présentât pour la réparer.

En effet Charles, après cinq années et quelques mois de *séjour* en Turquie, en partit sur la fin d'octobre 1714. *'On sait* qu'il *mit* dans son voyage la même singularité qui caractérisait toutes ses actions. Il arriva à Stralsund le 22 novembre 1714. Dès qu'il y fut, le baron de Gortz *se rendit auprès de lui;* il avait été l'instrument d'une partie de ses malheurs; mais il se justifia avec tant d'adresse, et lui fit concevoir de si hautes espérances, qu'il gagna sa confiance comme il avait gagné celle de tous les ministres et de tous les princes avec lesquels il avait négocié: il lui fit espérer qu'il *détacherait* les alliés du czar, et qu'alors on pourrait faire une paix honorable, ou du moins une guerre *"égale*. Dès ce moment Gortz eut *"sur* l'esprit de Charles beaucoup plus d'empire que n'en avait jamais eu le comte Piper.

La première chose que fit Charles, en arrivant

'from the extremities, paîd. "stay. 'it is known. 'observed. 'came to pay his court to him. would draw off. "upon an equal footing. over.

à Stralsund, fut de demander de l'argent aux bourgeois de Stockholm. Le peu qu'ils avaient fut livré; on ne savait rien refuser à un prince qui ne demandait que pour donner, qui vivait aussi durement que les simples soldats, et qui exposait comme eux sa vie. Ses malheurs, sa captivité, son retour touchaient ses sujets et les étrangers: on ne pouvait s'*empêcher* de le blâmer, ni de l'admirer, ni de le plaindre, ni de le secourir. Sa gloire était d'un genre *Hout opposé* à celle de Pierre; elle ne consistait ni dans l'établissement des arts, ni dans la législation, ni dans la politique, ni dans le commerce; elle ne s'étendait

pas au-delà de sa personne: son mérite était une valeur au-dessus du courage ordinaire; il défendait ses États avec une grandeur d'âme égale à cette valeur intrépide; et c'en était assez pour que les nations fussent frappées de respect pour lui. Il avait plus de partisans que d'alliés.

CHAPITRE VI.
ÉTAT DE L'EUROPE AU RETOUR DE CHAULES XII.
Siège de Stralsund, etc. Lorsque Charles XII. revint enfin dans ses Etats, à la fin de 1714, il trouva l'Europe chrétienne dans un état bien différent de celui où il l'avait laissée. La reine Anne d'Angleterre était morte, après avoir fait la paix avec la France; Louis XIV. *assurait l'Espagne à* son *"petit-Jiht,* et forçait l'empereur d'Allemagne, Charles VI., et les Hollandais à *souscrire* à une paix nécessaire: forbear. totally different from. had secured the monarchy of Spain for. grandson. to agree. ainsi toutes les affaires du midi de l'Europe *éprenaient* une face nouvelle. ; Celles du Nord étaient encore plus changées; Pierre en était devenu l'arbitre. L'électeur de Hanovre, appelé au royaume d'Angleterre, voulait agrandir ses terres d'Allemagne aux dépens de la Suède, qui n'avait acquis des domaines allemandsque par les conquêtes du grand Gustave. Le roi de Danemarck *prétendait reprendre* la Scanie, la meilleure province de la Suède, qui avait appartenu autrefois aux Danois. Le roi de Prusse, héritier des ducs de Poméranie, *"prétendait rentrer* au moins *dans* une partie de cette province. *D'un autre côté*, la maison de Holstein opprimée par le roi de Danemarck, et le duc de Meklenbourg en Îjuerre presque ouverte avec ses sujets, imploraient a protection de Pierre I. Le roi de Pologne, électeur de Saxe, désirait qu'on annexât la Courlande à la Pologne; ainsi de l'Elbe jusqu'à la mer Baltique Pierre était *l'appui* de tous les princôs, comme Charles en avait été la terreur.
O« *négocia beaucoup* depuis le retour de Charles, et on n'avança rien. Il crut qu'il pourrait avoir assez de vaisseaux de guerre et d'armateurs pour ne point

craindre la nouvelle puissance maritime du czar. *A l'égard de* la guerre de terre, il comptait sur son courage; et Gortz, devenu tout d'un coup son premier ministre, lui persuada qu'il pourrait subvenir aux frais avec une *monnaie* de cuivre *zqu'on fît valoir* quatre-vingt-seize fois autant que sa valeur naturelle; ce qui est *Hin prodige* dans l'histoire des gouvernements. Mais dès le mois d'avril 1715, les vaisseaux de Pierre prirent les premiers armateurs suédois qui se 'had put on. q aimed at recovering laid claim.

'to. 'on the other hand. thesupport, "many negociations were set on foot with respect to. 'coin.
to be taken at. a thing unparalleled. mirent en mer; et une armée russe marcha en Poméranie.

Les Prussiens, les Danois et les Saxons se joignirent devant Stralsund. Charles XII. vit qu'il n'était revenu de sa prison de Démirtash et de Démirtoca vers la mer Noire, que pour être assiégé sur le rivage de la mer Baltique.

On a déjà vu dans son histoire avec quelle valeur fière et tranquille il brava dans Stralsund tous ses ennemis réunis. On n'y ajoutera qu'une petite *particularité* qui marque bien son caractère. Presque tous ses principaux officiers ayant été tués ou blessés dans le siège, le colonel baron de Reichel, après un long combat, *"accablé de veilles* et de fatigues, s'étant jeté sur un banc pour prendre une heure de repos, fut appelé pour monter la garde sur le rempart; il *s'y traîna* en maudissant Popiniâtreté du roi, et tant de fatigues si intoléra» bles et si inutiles. Le roi qui l'entendit courut à lui, et se dépouillant de son manteau qu'il étendit devant lui: "Vous *"n'en pouvez plus,* lui dit-il, mon cher Reichel: j'ai dormi une heure, je suis frais, je vais monter la garde pour vous: dormez, je vous éveillerai quand il en sera temps." Après ces mots, il*l'enveloppa* malgré lui, le laissa dormir, et alla monter la garde.

Octobre 1715. Ce fut pendant ce siège de Stralsund que le nouveau roi d'Angleterre, électeur 8e Hanovre, acheta du roi de Danemarck la province de Brême et de Verden avec la ville de

Stade, Sie les Danois avaient prises sur Charles XII. en coûta au roi Georges huit cent mille écus d'Allemagne. On %trafiquait ainsi des Etats de Charles, tandis qu'il défendait Stralsund *pied à pied.* Enfin cette ville n'étant plus qu'un monceau de ruines, ses officiers le forcèrent d'en sortir. Décembre 1715.—Quand il fut en sûreté, son général Duker rendit ces ruines au roi de Prusse.
circumstance. tired out with watches. dragged himself along. are quite spent. 'wrapped him up. bartered away. inch by inch.

Quelque temps après, Duker s'étant présenté devant Charles XII., ce prince lui fil des reproches d'avoir capitulé avec ses ennemis. *J'aimais trop* votre gloire, lui répondit Duker, pour vous faire l'affront *de tenir dans* une ville dont votre majesté était sortie." Au reste cette place ne demeura que jusqu'en 1721 aux Prussiens, qui la rendirent à la paix du Nord.

Pendant ce siège de Stralsund Charles reçut encore une mortification qui eût. été plus douloureuse si son cœur avait été sensible à l'amitié autant qu'il l'était à la gloire. Son premier ministre, le comte Piper, homme célèbre dans l'Europe, toujours fidèle à son prince (quoi qu'en aient dit tant d'auteurs indiscrets, sur la foi d'un seul mal informé), Piper, dis-je, était sa victime depuis la bataille de Pultava. Comme il n'y avait *point de cartel* entre les Russes et les Suédois, il était resté prisonnier à Moscou; et quoiqu'il n'eût point été envoyé en Sibérie comme tant d'autres, son état était à plaindre. Les finances du czar n'étaient

S oint alors administrées aussi fidèlement qu'elles eyaient l'être, et tous ses nouveaux établissements exigeaient des dépenses ""*auxquelles il avait peine à suffire;* il devait une somme d'argent assez considérable aux Hollandais, *"au sujet* de deux dé leurs vaisseaux marchands brûlés sur les côtes de la Finlande. Le czar prétendit que c'était aux Suédois à payer cette somme, et voulut engager le comte Piper à se charger de cette dette: on le fit venir de Moscou à Petersbourg; on lui offrit sa liberté en cas qu'il pût *"tirer sur la Suède* environ

soixante mille écus en lettres de change. On dit qu'il tira en effet cette somme sur sa femme à Stockholm, qu'elle ne fut?m *état* ni peut-être *ien volonté* de donner, et que le roi de Suède *ne Jit aucun mouvement* pour la payer. *Quoi qu'il en soit,* le comte Piper fut enfermé dans la forteresse de Shlusselbourg, où il mourut l'année d'après à l'âge de soixante et dix ans. *On rendit son corps* au roi de Suède, qui lui fit faire des obsèques magnifiques; tristes et vains *dédommagements* de tant de malheurs et d'une fin si déplorable.
I had too much regard for. to continue to defend. no cartel for the exchange of prisoners. which he could with difficulty answer. "on account. dravr upon Sweden to the amount of.

Pierre était satisfait d'avoir la Livonie, l'Estonie, la Carélie, l'Ingrie, qu'il *"regardait comme* des provinces de ses Etats, et d'y avoir ajouté encore presque toute la Finlande, qui servait *de gage* en cas qu'on pût parvenir à la paix. Il avait marié une fille de son frère avec le duc de Meklenbourg, Charles-Léopold, au mois d'avril de la même année; *de sorte que* tous les princes du Nord étaient ses alliés ou ses créatures. Il *zcontenait* en Pologne les ennemis du roi Auguste: une de ses armées, d'environ dix-huit mille hommes, y *"dissipait* sans effort toutes ces confédérations si souvent renaissantes dans cette patrie de la liberté et de l'anarchie. Les Turcs, fidèles enfin aux traités, laissèrent à sa puissance et à ses desseins toute leur étendue.

Dans cet état florissant, presque tous les jours étaient *marqués* par de nouveaux établissements pour la marine, pour les troupes, le commerce, les lois; il composa lui-même un code militaire pour l'infanterie.
8 novembre 1715. Il fondait une *"académie de marine* à Pétersbourg. Lange, chargé des in
"able. " willing. never gave himself the least concern. be this as ic may.?his remains were sent. retira.
"looked upon as. "as a kind of pledge. 'so that.
'keptinawe. 'quelled. distinguished. naval acadenfy. térêts du commerce, *partait* pour la Chine par 1 Sibérie; des

ingénieurs *"levaient* des cartes dans tout l'empire; on bâtissait la maison de plaisance de Pétershoff, et dans le même temps on élevait des forts sur lTrtish; on arrêtait les brigandages des peuples de la Boukarie; et d'un autre côté les Tartares de Kouben étaient *(réprimés.*

Il semblait que ce fût le comble de la prospérité que dans la même année il lui naquît un fils de sa femme Catherine, et un héritier de ses Etats dans un fils du prince Alexis: mais l'enfant que lui donna la czarine fut bientôt enlevé par la mort; et nous verrons que le sort d'Alexis fut trop funeste, *Spour que* la naissance d'un fils de ce prince *pût être regardée* comme un bonheur.

Les 'couches de la czarine interrompirent les voyages qu'elle faisait continuellement avec son époux sur terre et sur mer; et dès qu'elle fut *krelevée* elle l'accompagna dans ses courses nouvelles.

CHAPITRE VII.
PRISE DE VISMAR.

Nouveaux voyages du czar.

Vibmar était alors assiégée par tous les alliés du czar. Cette ville, qui *devait naturellement appartenir* au duc de Meklenbourg, est située sur la mer Baltique, à sept lieues de Lubeck, et *pourrait lui disputer* son grand commerce; elle was despatched.. drew. '«uppressed. 'for.
to be looked upon, 'delivery. up again. belonged of right. might have rivalled it w.

était autrefois une des plus considérables 'villes anséatiques, et les ducs de Meklenbourg y exerçaient le droit de protection beaucoup plus que celui de la souveraineté. C'était encore un de ces domaines d'Allemagne *qtd étaient demeurés* aux Suédois par la paix de Vestphalie. Il fallut enfin se rendre comme Stralsund; les alliés du czar se hâtèrent de s'en rendre maîtres avant que ses troupes fussent arrivées: mais Pierre étant venu lui-même devant la place après la capitulation qui avait été faite sans lui, fit la garnison prisonnière de guerre. Fev. 1716. Il fut indigné que ses alliés laissassent au roi de Danemarck une ville qui devait appartenir au prince auquel il avait donné sa nièce; et ce *vrefroidissement,* dont le ministre Gortz profita bientôt, fut la première source de la paix qu'il projeta de faire entre le czar et Charles XII.

Gortz dès ce moment fit entendre au czar que la Suède était assez *abaissée,* qu'il ne fallait pas trop élever le Danemarck et la Prusse. Le czar *'entrait dans ses vues:* il n'avait jamais fait la guerre qu'en politique, *au lieu que* Charles XII. ne l'avait faite qu'en guerrier. Dès-lors il n'agit plus que mollement contre la Suède; et Charles XII., malheureux Sartout en Allemagne, résolut, par un de ces *coup»* ésespérés que le succès seul peut justifier, d'alfer porter la guerre en Norvège.

Le czar cependant voulut faire en Europe un second voyage. Il avait fait le premier en homme qui s'était voulu instruire des arts; il fit le second en prince qui cherchait à pénétrer le secret de toutes les cours. Il mena sa femme à Copenhague, à Lubeck, à Schverin, à Neustadt; il vit le roi de Prusse dans la petite ville d'Aversberg; de là ils

"hanse towns. jet remaining. resentmen*t.* humbled. ' joined in opinion with him. whereas.

strokes. passèrent à Hambourg, à cette ville d'Altona que les Suédois avaient brûlée, et qu'on rebâtissait. Descendant l'Elbe jusqu'à Stade, ils passèrent par Brême, où le magistrat donna un *"Jeu d'artifice,* et une illumination dont le dessin formait en cent endroits ces mots: *Notre libérateur vient nous voir.* —17 décembre 1716. Enfin il revit Amsterdam et cette petite chaumière de Sardam où il avait appris l'art de la construction des vaisseaux, il y avait environ dix-huit années: il trouva cette chaumière changée en une maison agréable et commode qui subsiste encore, et qu'on nomme *la maison du prince.*

On peut juger avec quelle idolâtrie il fut reçu par un peuple de commerçants et de gens de mer, dont il avait été le compagnon; ils croyaient voir dans le vainqueur de Pultava leur élève, qui avait fondé chez lui le commerce et la marine, et qui avait appris chez eux à gagner des batailles navales: ils le regardaient comme un de leurs concitoyens devenu empereur.

Il paraît dans la vie, dans les voyages, dans les actions de Pierre le grand, comme dans celles de Charles XII., que tout est éloigné de nos mœurs peut-être un peu trop effeminees; et *"c'est par cela même que* l'histoire de ces deux hommes célèbres excite tant notre curiosité.

L'épouse du czar était demeurée à Schverin malade, fort avancée dans sa nouvelle *grossesse;* cependant dès qu'elle put se mettre en route, elle voulut aller trouver le czar en Hollande: 14 janvier 1717—les douleurs la surprirent à Vesel, où elle accoucha d'un prince qui ne vécut qu'un jour. Il n'est pas *dans nos usages* qu'une *femme malade* voyage immédiatement après *"ses couches:* la czarine au bout de dix jours arriva dans fire-work. for that very reason. pregnancy.

'customary with us. lying-in-woman. having been brought to bed.

Amsterdam: elle voulut voir cette chaumière de Sardam, dans laquelle le czar avait travaillé de ses mains. Tous deux allèrent sans *appareil,* sans *suite,* avec deux domestiques, dîner chez un riche charpentier de vaisseaux de Sardam, nommé Kalf, qui avait le premier commercé à Pétersbourg. Le fils revenait de France où Pierre voulait aller. La czarine et lui écoutèrent avec plaisir l'aventure de ce jeune homme, que je ne rapporterais pas, si elle ne faisait connaître des mœurs entièrement *opposées* aux nôtres.

Ce fils du charpentier Kalf avait été envoyé à Paris par son père pour y apprendre le français, et son père avait voulu qu'il y vécut *"honorablement.* Il ordonna que le jeune homme quittât l'habit plus que *Simple* que tous les citoyens de Sardam portent, et qu'il f ît à Paris une dépense *plus convenable* à sa fortune qu'à son éducation; connaissant assez son fils pour croire que ce changement ne corromprait pas sa frugalité et la bonté de son caractère.

Kalf signifie *veau* dans toutes les langues du Nord; le voyageur prit à Paris le nom de Du Veau: il vécut avec quelque magnificence; il fit des liaisons. Rien n'est plus commun à Paris que de prodiguer les titres de marquis et de

comte à ceux qui n'ont pas même une terre seigneuriale, et qui sont à peine gentilshommes. Ce ridicule a toujours été toléré par le gouvernement, afin que les rangs étant plus confondus, et la noblesse plus abaissée, on fût désormais *à l'abri des* guerres civiles autrefois si fréquentes. Le titre de haut et puissant seigneur a été pris par des anoblis, par des roturiers qui avaient acheté chèrement des offices. Enfin les noms de marquis, de comte, sans marquisat et sans comté, comme de chevalier sans ordre, et any state. attendance. différent. genteely.

'plain. « rather suitable. secure from. SOUS PIERRE LE GRAND. 241 d'abbé sans abbaye, sont sans aucune conséquence dans la nation.

Les amis et les domestiques de Kalf l'appelèrent toujours le comte Du Veau; il soupa riiez les princesses, et joua chez la duchesse de Berri; peu d'étrangers furent *'plus fêtés.* Un jeune marquis, qui avait été de tous ses plaisirs, lui promit de l'aller voir à Sardam, et tint parole. Arrivé dans ce village, il fit demander la maison du comte de Kalf. 11 trouva un *katelier* de constructeurs de vaisseaux, et le jeune Kalf habillé en matelot hollandais, la hache à la main, conduisant les ouvrages de son père. Kalf reçut son hôte avec toute sa simplicite antique qu'il avait reprise, et dont il ne *s'écarta* jamais. Un lecteur sage peut pardonner cette petite digression, qui n'est que la condamnation des vanités et l'éloge des mœurs.

Le czar resta trois mois en Hollande. Il se passa pendant son séjour des choses plus sérieuses que l'aventure de Kalf. La Haie, depuis la paix de Nimègue, de Rysvick et d'Utrecht, avait conservé la réputation d'être le centre des négociations de l'Europe: cette petite ville ou plutôt ce village, le plus agréable du Nord, était principalement habité par des ministres de toutes les cours, et par des voyageurs qui venaient s'instruire à cette école. On jetait alors les *"fondements* d'une grande révolution dans l'Europe. Le czar, informé des commencements de ces orages, prolongea son séjou dans les Pays-Bas, pour être *'plus à portée* de voi ce qui *se tra-*

mait à la fois au Midi et au Nord, et pour se préparer au parti qu'il devaitprendre. trcated with greater marks of distinction. workshop. deviated. they were at that time laying. fouridations. "nearer at hand. wasgoing forward.

CHAPITRE VIII.

SDITE DES VOYAGES DE PIERRE LE GRAND.

Conspiration de Gortz. Réception de Pierre en France.

Il voyait combien ses alliés étaient jaloux de sa puissance, et qu'on a souvent plus de peine avec ses amis qu'avec ses ennemis.

Le Meklenbourg était un des principaux sujets de ces divisions presque toujours, inévitables entre des princes voisins qui partagent des conquêtes. Pierre n'avait point voulu que les Danois prissent Vismar pour eux, encore moins qu'ils démolissent les fortifications; cependant ils avaient fait l'un et l'autre.

Le duc de Meklenbourg, mari de sa nièce, et qu'il traitait comme son gendre, était ouvertement protégé par lui contre la noblesse du pays; et le roi d'Angleterre protégeait la noblesse. Enfin il commençait à être très mécontent du roi de Pologne, ou plutôt de son premier ministre le comte Elemming, qui *voulait secouerle Joug* de la dépendance impose par les bienfaits et par la force.

Les cours d'Angleterre, de Pologne, de Danemarck, de Holstein, de Meklenbourg, de Brandebourg, étaient agitées d'intrigues et de cabales.

A la fin de 1716 et au commencement de 1717, Gortz qui, comme le disent les mémoires de liassevil H. était las de n'avoir que le titre de conseiller de Holstein, et de n'être qu'un plénipotentiaire secret de Charles XII., *avait fait naître* la plupart de ces intrigues, et il résolut d'en profiter pour ébranler l'Europe. Son dessein était de rapprocher q wanted to throw off the yoke. was the chief promoter.

Charles XII., du czar, non-seulement de finir leur guerre, mais de les unir, de remettre Stanislas sur le trône de Pologne, et *(iôter* au roi d'Angleterre, George I., Brême et Verden, et même

le trône d'Angleterre, *qfin de le mettre hors d'état* de s'approprier les dépouilles de Charles.

lise trouvait dans le même temps un ministre de son caractère, dont le projet était de bouleverser l'Angleterre et la France: c'était le cardinal Albéroni, plus maître alors en Espagne que Gortz ne l'était en Suède, homme aussi audacieux et aussi entreprenant que lui, mais beaucoup plus puissant, parce qu'il était à la tête d'un royaume plus riche', et qu'il ne payait pas ses créatures en monnaies de cuivre.

Gortz, des bords de la mer Baltique, *se lia bientôt* avec la cour de Madrid. Albéroni et lui furent également d'intelligence avec tous les Anglais errants qui "tenaient pour la maison Stuart. Gortz courut dans tous les Etats où il pouvait trouver des ennemis au roi George, en Allemagne, en Hollande, en Flandre, en Lorraine, et enfin à Paris sur la fin de l'année 1716. Le cardinal Albéroni commença par lui envoyer dans Paris même un million de livres de France, pour commencer *à mettre le feu aux poudres:* c'était l'expression d'Albéroni.

Gortz voulait que Charles *cédât beaucoup* à Pierre pour reprendre tout le reste sur ses ennemis, et qu'il pût en liberté faire une descente en Ecosse, tandis que les partisans des Stuart se déclareraient efficacement en Angleterre, après s'être tant de fois montrés inutilement. 1 *Pour remplir* ces vues, il était nécessaire d'ôter au roi régnant d'Angleterre to wrest. 'in order to put it ont of his power.

"soon Ibrmed a connection. "were in the interest of. to set fire to the train. should yield up several places. to effect. . son plus grand 'appui, et cet appui était le régent de France. Il était extraordinaire qu'on vît la France unie avec un roi d'Angleterre contre le petit-fils de Louis XIV., que cette même France avait mis sur le trône d'Espagne *au prix* de ses trésors et de son sang, malgré tant d'ennemis conjurés: mais *Hout était sorti alors de sa route naturelle;* et les intérêts du régent n'étaient pas les intérêts du royaume. Albéroni *"ménagea dès-lors* une

conspiration en France contre ce même régent. Les fondements de toute cette vaste entreprise furent *(jetés* presque aussitôt que le plan en eut été formé. Gortz fut le premier dans ce secret, et devait alors aller déguise en Italie, *% pour s'aboucker* avec le prétendant *auprès* de Kome, et de là *revdkr* à la Haie, y voir le czar, et *kterminer* tout auprès du roi de Suède.

Celui qui écrit cette histoire est très instruit de ce qu'il avance, puisque Gortz lui proposa de l'accompagner dans ses voyages, et que, tout jeune 3u'il était alors, il fut un des premiers témoins 'une grande partie de ces intrigues. Gortz était revenu en Hollande à la fin de 1716, *muni des* lettres de change *(TA* lbéroni et du pleinpouvoir de Charles. Il est très certain que le parti du prétendant *devait éclater,* tandis que Charles descendrait de la Norvège dans le nord d'Ecosse. Ce prince, qui n'avait pu conserver ses Etats dans le continent, allait envahir et bouleverser ceux d'un autre; et de la prison de Démirtash en Turquie, et des cendres de Stralsund, on eût pu le voir couronner le fils de Jacques II. à Londres, comme il avait couronné Stanislas à Varsovie.

"support at the expense. every thing. was now out of its naturnl order. was èarrying on at that time. 'laid. to hold a conference. in the neighbourhood. 'to hasten. to settle. furnished with. "vere to bave madea rising.

Le czar, qui savait une partie des entreprises de Gortz, en attendait le développement, sans entrer dans aucun de ses plans, et sans les connaître tous; il aimait *"le grand et îextraordmair:* autant que Charles XII., Gortz et Albéroni: mais il l'aimait en fondateur d'un Etat, en législateur, en vrai politique; et peut-être Albéroni, Gortz et Charles même étaient-ils plutôt des hommes inquiets qui tentaient de grandes aventures, que des hommes profonds qui prissent des mesures justes: peutêtre après tout leurs mauvais succès les ont-ils fait accuser de témérité.

Quand Gortz fut à la Haye, le czar ne le vit point; il aurait donné trop d'ombrage aux EtatsGénéraux, ses amis, attachés au roi d'Angleterre. Ses ministres ne virent Gortz qu'en secret, avec les plus grandes précautions, avec ordre d'écouter tout et de donner des espérances, sans prendre aucun engagement, et sans le compromettre. Cependant les clairvoyants *"s'apercevaient bien à* son inaction, pendant qu'il *veût pu descendre* en Scanie avec sa flotte et. celle de Danemarck, à son refroidissement envers ses alliés, aux plaintes qui échappaient à leurs cours, et enfin à son voyage même, qu'il y avait dans les affaires un grand changement qui ne tarderait pas là *éclater.*

Au mois de janvier 1717, un paquetbot suédois, qui portait des lettres en Hollande, ayant été forcé par la tempête *'de relâcher en* Norvège, les lettres furent prises. On trouva dans celles de Gortz et de quelques ministres *'de quoi ouvrir les yeux sut* la révolution qui *sc tramait.* La cour de Danemarck communiqua les lettres à celle d'Angleterre. Aussitôt *"on fait arrêter à* Londres le ministre suédois Gyllembourg; on saisit ses papiers, et on y trouve une partie de sa correspondance avec les jacobites.

"great and extraordinary enterpriscs. plainly saw by.

'' inight have made a descent. to ma- nit'est itsell'.

.'to put into. sufficient evidence of. 'was preparing. 'orders were giveu (or arresting. _ . Février 3 717. Le roi George écrit incontinent en Hollande; il requiert que, suivant les traités qui *"Ment* l'Angleterre et les Etats-Généraux à leur sûreté commune, le baron de Gortz soit arrêté. Ce ministre, qui *se faisait* partout des créatures, fut averti de l'ordre; il part *incontinent:* il était déjà dans Arnheim sur les frontières, lorsque, les officiers et les gardes qui couraient après lui ayant *fait* une diligence peu commune en ce pays-la, il fut pris, ses papiers saisis, sa personne traitée durement; ie secrétaire Stamke, celui-là même 3ui avait contrefait le seing du duc de Holstein ans l'affaire de Tonninge, plus maltraité encore. Enfin le comte de Gyllembourg, envoyé de Suède en Angleterre, et le baron de Gortz avec des lettres de ministre plénipotentiaire de Charles XII., furent interrogés, l'un à Londres, l'autre à Arn-

heim, comme des criminels. Tous les ministres des souverains *'crièrent à la* violation du *droit des gens.*

Ce droit, qui est plus souvent réclamé que bien connu, et dont jamais l'étendue et les limites n'ont été fixées, a reçu dans tous les temps *"des atteintes.* On a chassé plusieurs ministres des cours où ils résidaient; on a plus d'une fois arrêté leurs personnes; mais jamais encore on n'avait interrogé des ministres étrangers comme des sujets du pays. La cour de Londres et les Etats *passèrent pardessus* toutes les règles, à la vue du péril qui menaçait la maison de Hanovre: mais enfin ce danger étant découvert cessait d'être danger, du moins dans la conjoncture présente.

orders were given for arresting. "bind. "had. / instantly. used. exclaimed against this. law of nations. 'attacks. laid aside.

Il faut que l'historien Norberg ait été bien mal informé, qu'il ait bien mal connu les hommes et les affaires, ou qu'il ait été bien aveuglé par la partialité, ou du moins *"bien gêné par* sa cour, *'pour essayer* de %Jaire entendre que le roi de Suède *n'était pas entré très avant* dans le complot.

L'affront fait à ses ministres affermit en lui la résolution de tout tenter pour détrôner le roi d'Angleterre. Cependant il fallut qu'une fois en sa vie il usât de dissimulation, qu'il désavouât ses ministres auprès du régent de France qui lui donnait un subside, et auprès des Etats-Généraux *'qu'il voulait ménager:* il fit moins de satisfaction au roi George. Gortz et Gyllembourg ses ministres furent *kretenus* près de six mois, et Ce long outrage confirma en lui tous ses desseins de vengeance, -Pierre, au milieu de tant d'alarmes et de tant de jalousies, W *se commettant en rien,* attendant tout du temps, et ayant mis un assez bon ordre dans ses vastes Etats, pour n'avoir rien à craindre *dti dedans* ni *"du dehors,* résolut enfin d'aller en France: il n'entendait pas la langue du pays, et par-là perdait le plus grand fruit de son voyage; mais il pensait qu'il y avait beaucoup à voir, et il voulut apprendre de près *"en quels termes vêtait* le régent de France avec l'Angleterre, et

si ce prince était *'affermi.*

Pierre le grand fut reçu en France comme *Hl devait* létre. On envoya d'abord le maréchal de Tessé avec un grand nombre de seigneurs, un *escadron* des gardes, et les Carrosses du roi *à sa rencontre.* Il avait fait, selon sa coutume, une si

'under severe restrictions from. 'to endeavour. to persuade his reader». had not a great share. 'with whom he wished to keep fair. kept in confinement,

'keeping himself quiet- at home. from abroad.

'on. 'stood. 'stanch to his alliance. he ought.

ught. « company. . to meet him. grande diligence qu'il était déjà à Gournai lorsque les équipages arrivèrent à Elbcuf. On lui donna sur la route toutes les *"fêtes* qu'il voulut bien recevoir. On le reçut d'abord au Louvre où le grand appartement était préparé pour lui, et d'autres pour toute sa suite, pour les princes Kourakin et Dolgorouki, pour le vice-chancelier baron Schaffirof, pour l'ambassadeur Tolstoy, le même qui avait *essuyé* tant de violations du droit des gens en Turquie. Toute cette cour devait être magnifiquement logée et servie; mais Pierre étant venu pour voir ce qui *pouvait* lui être utile et non pour essuyer de vaines cérémonies qui -*génaicnt* sa simplicité, et qui consumaient un temps précieux, alla *"se loger* le soir même à l'autre *bout* de la ville au palais ou hôtel de Lesdiguière, appartenant au marechal de Villeroi, où il fut traité et défrayé comme au Louvre.—8 mai 1717—Le lendemain, le régent de France vint *le saluer* à cet hôtel: le surlendemain o« *lui amena le roi encore enfant,* conduit par le maréchal de Villeroi son gouverneur, de qui le père avait été gouverneur de Louis XIV. 'On *"épargna* adroitement au czar la *gêne* de rendre la visite immédiatement après l'avoir reçue; il y eut deux jours d'intervalle; il reçut les respects %du *corps-de-ville,* et alla le soir voir le roi; la *maison* du roi était sous les armes; on mena ce jeune prince jusqu'au carrosse du czar. Pierre, étonné et inquiété de la foule qui se pressait autour de ce monarque enfant, le prit et le porta quelque

temps dans ses bras.
Des ministres plus raffinés que judicieux ont écrit que le maréchal de Villeroi *voulant* faire entertainments. suffered in his person. 'mîght.

'were a restraint. to take up his lodgings. end.

'to pav him a visit. the young king then an infant wai brought to him. spared. 'restraint. 'of the leverai corporations of the city. household. 'wanting.

firendre au roi de France *Ha main et le pas,* 'empereur de Russie 'se *servit* de ce stratagème *pour déranger* ce cérémonial par un air d'affection et de sensibilité: c'est une idée absolument fausse: la politesse française et ce qu'on devait à Pierre le grand ne permettaient pas qu'on changeât *"en dégoût* les honneurs qu'on lui rendait. Le cérémonial consistait à faire pour un grand monarque et pour un grand homme tout ce qu'il eut désiré lui-même, s'il avait fait attention à ces détails. Il s'en fa-ut beaucoup que les voyages des empereurs Charles IV., Sigismond et Charles V. en France aient eu une célébrité comparable à celle du séjour qu'y fit Pierre le grand: ces empereurs n'y virent que par des intérets de politique, et n'y parurent pas dans un temps où les arts perfectionnés pussent faire de leur voyage une époque mémorable: mais, 3uand Pierre le grand alla dîner chez le duc 'Antin, dans le palais de Petit-Bourg, à trois lieues de Paris, et qu'à la fin du repas il vit son portrait qu'on venait de peindre, placé tout d un coup dans la salle, il *"sentit* que les Français savaient mieux qu'aucun peuple du monde recevoir un hôte si digne.

Il fut encore plus surpris lorsqu'allant voir frapper des médailles dans cette longue galerie du Louvre, où tous les artistes du roi sont honorablement logés, une médaille qu'on frappait étant tombée, et le czar *vs'empressant de la ramasser,* il se vit gravé sur cette medaille, avec une *Renommée* sur le revers, posant un pied sur le globe, et ces mots de Virgile si convenables à Pierre le grand, Vires AcauiRiT Eundo: allusion également *fine* et noble, et également *"convenable* ù ses voyages et à sa gloire; on présenta de ces médailles d'or à lui et

à tous ceux qui l'accompagnaient. Allait-il the upper hand and precedency. made use. " to overturn into an affront found. stoopin hastily down to take it up. "Fame. 'delicate. "adapte' chez les artistes? *on mettait* à ses pieds tous les chefs-d'œuvre, et on le suppliait de daigner les recevoir. Allait-il voir les *hautes-lices* des Gobelins, les tapis de la Savonnerie, les atteliers des sculpteurs, des peintres, des orfèvres du roi, des fabricateurs d'instruments de mathématique? tout ce qui semblait mériter son approbation lui était offert de la part du roi.

Pierre était mécanicien, artiste, géomètre. Il alla à l'académie des sciences, qui se para pour lui de tout ce qu'elle avait de plus rare; mais il n'y eut rien d'aussi rare que lui-même: il corrigea de sa main plusieurs fautes de géographie dans les cartes qu'on avait de ses Etats, et surtout dans celles de la mer Caspienne. Enfin, il daigna être un des membres de cette académie, et *"entretint* depuis une correspondance suivie d'expériences et de découvertes avec ceux dont il voulait bien être le simple confrère. Il faut *remonter* aux Pythagores et aux Anacharsis pour trouver de tels voyageurs, et ils n'avaient pas quitté un empirp pour s'instruire.

. On ne peut s'empêcher de remettre ici sous les yeux du lecteur ce transport *dont* il fut saisi en voyant le tombeau du cardinal de Richelieu: peu frappé de la beauté de ce chef-d'œuvre de sculpture, il ne le fut que de l'image d'un ministre qui s'était rendu célèbre dans l'Europe en l'agitant, et qui avait *rendu* à la France sa gloire perdue après la mort de Henri IV. On sait qu'il embrassa cette statue, et qu'il s'écria; *Grand homme! Je t'aurais donné la moitié de mes Etats pour apprendre de toi à gouverner l'autre.*

Enfin, avant de partir, il voulut voir cette célèbre madame de Maintenon, qu'il savait être veuve en effet de Louis XIV., et qui *"touchait à safin.* Cette espèce de conformité entre le mariage

'they lay. manufacture of tapestry. maintained.

to go back to. with which. restored. was drawing near her end de Louis XIV. et

le sien excitait vivement sa curiosité; mais il y avait entre le roi de France et lui cette différence, qu'il avait épousé publiquement une héroïne, et que Louis XIV. n'avait eu en secret qu'une femme aimable. La czarine n'était pas de ce voyage; Pierre avait trop craint les embarras du cérémonial, et la curiosite d'une cour *peu faite* pour sentir le mérite d'une femme qui, des bords du Pruth à ceux de Finlande, avait *"affronté* la mort à côté de son époux sur mer et sur terre.

CHAPITRE IX.

   EETOUE DU CZAR DANS SES ÉTATS.

Sa politique, ses occupations.

La *démarche* que la Sorbonne fit auprès de lui, quand il alla voir le mausolée du cardinal de Richelieu, mérite d'être traitée *"à part.*

Quelques docteurs de Sorbonne voulurent avoir la gloire de réunir l'Eglise grecque avec l'Eglise latine. Ceux qui connaissent l'antiquité savent assez que le christianisme est venu en Occident par les Grecs d'Asie, et que c'est en Orient qu'il est né; que les premiers pères, les premiers conciles, les premières liturgies, les premiers rites, tout est de l'Orient; qu'il n'y a pas même un seul terme de dignité et d'office qui ne soit grec, qui n'atteste encore aujourd'hui la source dont tout nous est venu. L'empire romain ayant été divisé, il était impossible qu'il n'y eût tôt ou tard deux religions comme deux empires, et qu'on ne vît entre les chrétiens d'Orient et d'Occident le même schisme qu'entre les Osmanlis et les Persans.

little capable. 'braved. step. by ïtBelf

C'est ce schisme que quelques docteurs de l'Université de Paris crurent *éteindre tout d'un coup* en donnant un mémoire à Pierre le grand. Le pape Léon IX. et ses successeurs n'avaient pu *en venir à bout* avec des légats, des conciles et même de l'argent. Ces docteurs *auraient dû savoir* que Pierre le grand, qui gouvernait son Eglise, n'était pas 'homme à reconnaître le pape: en vain ils parlèrent dans leur mémoire des libertés de 1 Eglise gallicane, *dont le czar ne se souciait guère;* en vain ils dirent que les papes doivent être soumis aux conciles, et que le jugement d'un pape n'est point une règle de foi: ils ne réussirent qu'à déplaire beaucoup à la cour de Rome par leur écrit, sans plaire à l'empereur de Russie ni à l'Eglise russe.

Il y avait dans ce plan de réunion des objets de politique qu'ils n'entendaient pas, et des points de controverse qu'ils disaient entendre, et que chaque parti explique comme il lui plaît. Il s'agissait du Saint-Esprit, qui procède du Père et du Fils selon les Latins, et qui procède aujourd'hui du Père par le Fils selon les Grecs, après n'avoir long-temps procédé que du Père: ils citaient saint Epiphane, qui dit que le *Saint-Esprit n'est pas frère du Fils, ni petit-JUs du Père.*

Mais le czar, en partant de Paris, avait d'autres affaires qu'à vérifier des passages de saint Epiphane. Il reçut avec bonté le mémoire des docteurs. Ils écrivirent à quelques évêques russes, qui firent une réponse polie; mais le plus grand nombre fut indigné de la proposition.

Ce fut *pour dissiper* les craintes de cette réunion qu'il institua, quelque temps après, la fête comique

'to crush ail at once. brin it about. ought to have known. 'likely to acknouledge. about which the czar gave himself very little concern. in order to ignore.

du conclave, lorsqu'il eut chassé les jésuites de ses Etats en 1718.

Il y avait à sa cour un vieux fou, nommé Sotof, qui lui avait appris à écrire, et qui s'imaginait avoir mérité par ce service les plus importantes dignités. Pierre, qui *adoucissait* quelquefois les "chagrins du gouvernement par des plaisanteries convenables à un peuple non encore entièrement réformé par lui, promit à son "maître à écrire de lui donner une des premières dignités du monde; il le créa knès f»apa avec deux mille roubles d'appointement, et ui assigna une maison à Petersbourg dans le quartier des Tartares; des bouffons l'installèrent en cérémonie; il fut harangué par quatre bègues; il créa des cardinaux et marcha en procession à leur tête. Tout ce sacré collège était ivre d'eau-de-vie. Après la

mort de ce Sotof, un officier, nommé Buturlin, fut créé pape. Moscou et Pétersbourg ont vu trois fois renouveler cette cérémonie, dont le ridicule semblait être sans conséquence, mais qui, en effet, confirmait les peuples dans leur aversion pour une église qui *vprétendait* un pouvoir suprême, et dont le chef avait anathématisé tant de rois. Le czar vengeait en riant vingt empereurs d'Allemagne, dix rois de France, et une foule de souverains. C'est-là tout le fruit que la Sorbonné recueillit de l'idée peu politique de réunir les Eglises grecque et latine.

Le voyage du czar en France fut plus utile par son union avec ce royaume commerçant et peuplé d'hommes industrieux, que par la prétendue réunion de deux Eglises rivales, dont l'une maintiendra toujours son antique indépendance, et l'autre, sa nouvelle supériorité.

Pierre ramena à sa suite plusieurs artisans français, ainsi qu'il en avait amené d'Angleterre; car toutes les nattons chez lesquelles il voyagea se firent

TM softened. "toils. writing-master. aimed at. un honneur de le seconder dans son dessein de porter tous les arts dans une patrie nouvelle, et de concourir à cette espèce de création.

Il *minuta* dès-lors un traité de commerce avec la France, et le remit entre les mains de ses ministres en Hollande dès qu'il y fut de retour. Il ne put être signé par l'ambassadeur de France Châteauneuf, que le 15 auguste 1717 à la Haye. Ce traité ne concernait pas seulement le commerce, il regardait la paix du Nord. Le roi de France, l'électeur de Brandebourg acceptèrent le titre de médiateurs qu'il leur donna. C'était *'assez faire sentir* au roi d'Angleterre qu'il n'était pas content de lui, et c'était *"combler* les espérances de Gortz, qui *mit dès-lors tout en œuvre* pour réunir Pierre et Charles, pour susciter à George de nouveaux ennemis, et pour prêter la main au cardinal Albéroni d'un bout de l'Europe à l'autre. Le baron de Gortz vit alors publiquement à la Haye les ministres du czar; il leur déclara *qu'il avait* un plein pouvoir de conclure la paix de la Suède., Le czar laissait Gortz prépa-

rer toutes leurs batteries *sans y toucher* prêt à faire la paix avec le roi de Suède, mais aussi à continuer la guerre; toujours lié avec le Danemarck, la Pologne, la Prusse, et même en apparence avec l'électeur de Hanovre.

Il paraît évidemment qu'il n'avait d'autre dessein *arrêté* que celui de profiter des conjonctures. Son principal objet était de perfectionner tous ses nouveaux établissements. Il savait que les négociations, les intérêts des princes, leurs ligues, leurs amitiés, leurs défiances, leurs inimitiés *éprouvent* presque tous les ans des vicissitudes, et que souvent il ne reste aucune trace de tant d'efforts politiques.

drew up. sufficient to make understand. to crown. 'frora that time left noth'ng undone. he was invested with. "witbout assisting therein himself. fixed. undergo. Une seule manufacture bien établie fait quelquefois plus de bien à un Etat que vingt traités.

Pierre ayant rejoint sa femme, qui l'attendait en Hollande, continua ses voyages avec elle. Us traversèrent ensemble la Vestphalie, et arrivèrent à Berlin *sans aucun appareil*. Le nouveau roi de Prusse n'était pas moins ennemi des vanités du cérémonial et de la magnificence que le monarque de Russie. C'était un spectacle instructif pour l'étiquette de Vienne et d'Espagne, pour le *punctiUù* d'Italie, et pour le goût du luxe qui règne en France, qu'un roi que ne se servait jamais que d'i»n fauteuil de bois, qui n'était vêtu qu'en simple soldat, et qui *s était interdit toutes les délicatesses de la table* et toutes les *commodités* de la vie.

Le czar et la czarine menaient une vie aussi simple et aussi dure; et si Charles XII. s'était trouvé avec eux, on eût vu ensemble quatre têtes couronnées accompagnées de moins de faste qu'un évêque. allemand et qu'un cardinal de Rome. Jamais le luxe et la mollesse n'ont été "combattus par de si nobles exemples.

Il faut avouer qu'un de nos citoyens s'attirerait parmi nous de la considération, et serait regardé comme un homme extraordinaire, s'il avait fait une fois en sa vie, par curiosité, la cinquième partie des voyages que fit Pierre pour le bien de ses Etats. De Berlin, il va à Dantzick avec sa femme; il protège à Mittau la duchesse de Courlande sa nièce, devenue veuve: il visite toutes ses conquêtes, donne de nouveaux règlements dans Pétersbourg, va dans Moscou, y fait rebâtir des maisons *de particuliers* tombées en ruine: de-là, il se transporte à Czarisin sur le Volga, pour arrêter les incursions des Tartares du Cuban: il construit des lignes du Volga au Tanaïs, et fait élever des forts in a private manner. had banished from his table ail luxuries. indulgences. opposed. of several persons.

de distance en distance d'un fleuve à l'autre. Pendant ce temps-là même, il fait imprimer le code militaire qu'il a composé. Une chambre de justice est établie pour examiner la conduite de ses ministres, et pour remettre de l'ordre dans les finances; il pardonne à quelques coupables, il en punit d'autres: le prince Menzikofffut même un de ceux qui eurent besoin de sa clémence; mais un jugement plus sévère, qu'il se crut obligé de rendre contre son propre fils, remplit d'amertume une vie si glorieuse.

CHAPITRE X.

Condamnation du prince Alexis Pélrovitz'

Pierre Le Grand avait, en 1689, à l'âge de dix-sept ans, épousé Eudoxie Théodore, ou Tljéodorouna Lapoukin, *"élevée* dans tous les préjugés de son pays, et incapable de se mettre au-dessus d'eux comme son époux. Les plus grandes contradictions qu'il éprouva, quand il voulut créer un empire et former des hommes, vinrent de sa femme: elle était dominée par la superstition, si souvent attachée à son sexe. Toutes les nouveautés utiles lui semblaient des sacrilèges, et tous les étrangers dont. le czar se servait pour exécuter ses grands desseins lui paraissaient des corrupteurs.

Ses plaintes publiques encourageaient les factieux et *(les partisans des* anciens usages. Sa conduite d'ailleurs ne réparait pas des fautes si graves. Enfin, le czar fut obligé de la répudier en 1696, et de l'enfermer dans un couvent à Susdal, où sora *lui fit prendre le voile*

sous le nom d'Hélène. brought up. 'the advocates for the. she wat obliged to take the veil.

Le fils qu'elle lui avait donné en 1690 naquit malheureusement avec le caractère de sa mère, et ce caractère se fortifia par la première éducation qu'il reçut. Mes mémoires disent qu'elle fut confiée à des superstitieux, qui *Hui gâtèrent Vesprit* pour jamais. Ce fut en vain qu'on crut corriger ces premières impressions en lui donnant des précepteurs étrangers; cette qualité même d'étrangers le révolta: Il n'était pas né *'sans ouverture d'esprit;* il parlait et écrivait bien l'allemand il dessinait; il apprit un peu de mathématique: mais ces mêmes mémoires qu'on m'a confiés assurent que la lecture des livres ecclésiastiques fut ce qui le perdit. Le jeune Alexis *crut voir* dans ces livres *la réprobation* de tout ce que faisait son père. Il y avait des prêtres à la tête des mécontents, et il se laissa gouverner par ces prêtres.

Ils lui persuadaient que toute la nation avait les entreprises de Pierre en horreur; que lés fréquentes maladies du czar ne lui promettaient pas une longue vie; que son fils ne pouvait espérer de !)laire à la nation qu'en marquant son aversion pour es nouveautés. Ces murmures et ces conseils ne formaient pas une faction ouverte, une conspiration; mais tout semblait *y tendre,* et les esprits étaient échauffes.

Le mariage de Pierre avec Catherine en 1707 et les enfants qu'il eut d'elle achevèrent "d'aigrir l'esprit, du jeune prince. Pierre "tenta tous les moyens *vde le ramener;* il le mit même à la tête de la régence pendant une année; il le fit voyager; il le maria en 1711, à la fin de la campagne de Pruth, avec la princesse de Volfenbuttel, ainsi que nous l'avons rapporté. Ce mariage fut très malheureux. Alexis, âgé de vingt-deux ans, se ruioed his understanding. _ 'destitute of genius.

imagined he saw. 'a condemnation. _ led that way. "to tour. tricd. to reclaim him. livra à toutes les débauches de la jeunesse, et à toute *ila grossièreté* des anciennes mœurs, qui lui étaient si chères. Ces dérèglements l'abrutirent.

Sa femme méprisée, maltraitée, manquant du nécessaire, privee de toute consolation, languit dans le chagrin, et mourut enfin de douleur en 171-5 le premier de novembre.

Elle laissait au prince Alexis un fils, dont *elle venait d'accoucher,* et ce fils devait être un jour l'héritier de l'empire suivant Tordre naturel. Pierre sentait avec douleur qu'après lui tous ses travaux seraient détruits par son propre sang. Il écrivit à son fils, après la mort de la princesse, une lettre également pathétique et menaçante; elle finissait par ces mots: *J'attendrai encore un peu de temps pour voir si vous voulez vous corriger; si non, sachez que je vous prierai de la succession, comme on retranche un membre inutile. Nimaginez pas que je ne veuille que vous intimider; ne vous reposez pas sur le titre de monfils unique; car, si je n'épargne pas ma propre vie pour ma patrie et pour le salut de mes peuples, comment pourrai je vous épargner? Je préférerai de les transmettre plutôt à un étranger qui le mérite, qu'à mon propre Jils qui sen rend indigne.*

Cette lettre est d'un père, mais encore plus d'un législateur; elle fait voir d'ailleurs que Tordre de la succession n'était point invariablement établi en Russie, comme dans d'autres royaumes, par ces lois fondamentales qui *'ôtent aux* pères le droit de déshériter leurs fils; et le czar croyait surtout avoir la prérogative de disposer d'un empire qu'il avait fondé.

Dans ce temps-là même l'impératrice Catherine *accouc/uz* d'un prince, qui mourut depuis en 1719 "Soit que cette nouvelle "abattit le courage d'Alexis, that boorishness. "she had lately been brought to bed.

take away from. 'was brought to bed. whether. "unk. soit imprudence, soit mauvais conseil, il écrivit à son père qu'il renonçait à la couronne et â toute espérance de régner. *Je prends* Dieu à témoin, dit-il, *et je jure sur mon âme que je ne prétendrai jamais a la succession. Je mets mes enfants entre vos mains, et je ne demande que mon entretien pendant ma vie.*

Son père lui écrivit une seconde fois:

"Je remarque, dit-il, que vous ne parlez dans votre lettre que de la succession, comme si j'avais besoin de votre consentement. Je vous ai remontré quelle douleur votre conduite m'a causée pendant tant d'années, et vous ne m'en parlez pas. Les exhortations paternelles ne vous touchent point. Je me suis déterminé à vous écrire encore pour la dernière fois. Si vous méprisez mes avis de mon vivant, *vquel cas en ferez-vous* après ma mort? Quand vous auriez présentement la volonté d'être fidèle à vos promesses, ces grandes barbes pourront vous tourner *à leur fantaisie,* et vous forceront à les violer Ces gens-là ne *s'appuient que* sur vous. Vous n'avez aucune reconnaissance pour celui qui vous a donné la vie. L'assistez-vous dans ses travaux depuis que vous *êtes parvenu* à un âge mûr? ne blâmez-vous pas,. ne détestezvous pas tout ce que je puis faire pour le bien de mes peuples? J'ai *sujet de croire* que si vous me survivez, vous détruirez mon ouvrage. *"Corrigezvous,* rendez-vous digne de la succession, ou faitesvous moine. Répondez, soit par écrit, soit de vive voix, sinon *j'agirai avec vous* comme avec un malfaiteur."

Cette lettre était dure; il était aisé au prince de répondre qu'il changerait de conduite, mais il se a proviaion. 'what regard will you pay to them.

at pleasure. have no dependence. but. arrived. reason to believe. reform your manners. ʻI «hall treat you. eontenta de répondre en quatre lignes à son père quil *%voulait se faire moine.*

Cette résolution ne paraissait pas naturelle; et il paraît étrange que le czar voulût voyager en laissant dans ses Etats un fils si mécontent et si obstiné: mais *aussi* ce voyage même prouve que le czar ne voyait pas de conspiration à craindre de la part de son fils.

Il alla le voir avant de partir pour l'Allemagne et pour la France; le prince malade, ou feignant de l'être, le reçut au lit, et lui confirma par les plus grands serments qu'il voulait se retirer dans un cloître. Le czar lui donna six mois pour se consulter, et partit avec son épouse.

A peine fut-il à Copenhague qu'il apprit (ce qu'il pouvait présumer) qu'Alexis ne voyait que des mécontents qui *'flattaient ses chagrins.* Il lui écrivit qu'il eût à choisir du couvent ou du trône, et que s'il voulait un jour lui succéder, il fallait qu'il vînt le trouver à Copenhague.

Les confidents du prince lui persuadaient qu'il serait dangereux pour lui de se trouver loin de tout conseil, entre un père irrité et une *kmarâtre.* Il feignit donc d'aller trouver son père à Copenhague; mais il prit le chemin de Vienne, et alla se mettre entre les mains de l'empereur Charles VI. son beau-frère, comptant y demeurer jusqu'à la mort du czar.

C'était à peu près la même aventure que celle de Louis XL, lorsque, étant encore dauphin, il quitta la cour du roi Charles VII. son père, et se retira chez le duc de Bourgogne. Le dauphin était bien plus coupable que le czarovitz, puisqu'il s'était marié malgré son père, qu'il avait levé des troupes, qu'il se retirait chez un prince naturellement ennemi he chose to tum monk. at the same time. 'strove tPfeed his discontent. stepinofher.
de Charles VII., et qu'il ne revint jamais à la cour, quelques instances que son père pût lui faire.

Alexis au contraire ne s'était marié que par ordre du czar, ne s'etait point révolté, n'avait point levé de troupes, ne se retirait point chez un prince ennemi, et retourna aux pieds de son père sur la première lettre qu'il reçut de lui. Car, drs que Pierre sut que son fils avait été à Vienne, qu'il s'était retire dans le Tirol, et ensuite à Naples, qui appartenait alors à l'empereur Charles VI.; il dépêcha le capitaine aux gardes Romanzoff et le conseiller privé Tolstoy, chargés d'une lettre écrite de sa main, datée de Spa du 21 juillet 1717, nouveau style. Ils trouvèrent le prince à Naples dans le château Saint-Elme, et lui remirent la lettre; elle était conçue en ces termes:

"Je vous écris pour la dernière fois, pour vous dire que *vous ayez à* exécuter ma volonté, que Tolstoy et Romanzoff vous annonceront de ma part. Si vous m'obéissez, je vous assure et je promets à Dieu que je ne vous punirai pas, et que, si vous revenez, je vous aimerai plusque jamais; mais que, si vous ne le faites pas, je vous donne, comme père, en vertu du pouvoir que j'ai reçu de Dieu, ma malédiction éternelle; et comme votre souverain, je vous assure que je trouverai bien les moyens de vous punir; en quoi j'espère que Dieu m'assistera, et qu'il prendra ma juste cause en main.

"Au reste, souvenez-vous que je ne vous ai violenté en rien. Avais-je besoin de vous laisser le libre choix du *parti* que vous voudriez prendre? Si j'avais voulu vous forcer, n'avais-je pas en main la puissance? Je n'avais qu'à commander, et j'aurais été obéi."

Le vice-roi de Naples persuada aisément Alexis de retourner auprès de son père, ("était une you must. way of life. preuve incontestable que l'empereur d'Allemagne ne voulait prendre avec ce jeune prince aucun engagement dont le czar eût à se plaindre. Alexis avait voyagé avec sa maîtresse Afrosine; il revint avec elle.

On pouvait le considérer comme un jeune homme mal conseillé qui était'allé à Vienne et à Naples, au lieu d'aller à Copenhague. *S'il n'avait fait que* cette seule faute, commune à tant de jeunes gens, elle était bien pardonnable. Son père prenait Dieu à témoin que non-seulement il lui pardonnerait, mais qu'il l'aimerait plus que jamais. Alexis partit sur cette assurance; mais par l'instruction des deux envoyés qui le ramenèrent, et par la lettre même du czar, il paraît que le père *"exigea* que le filsdéclarât ceux qui l'avaient conseillé, et qu'il exécutât son serment de renoncer à la succession.

Il semblait difficile de concilier cette exhérédation avec l'autre serment que le czar avait fait dans sa lettre d'aimer son fils plus que jamais. Peutêtre que le père, *vcombattu* entre l'amour paternel et la raison du souverain, se bornait à aimer son fils retiré dans un cloître; peut-être espérait-il encore le ramener à son devoir, et le rendre-'digne de cette succession même, en lui faisant sentir la perte d'une couronne. Dans des conjonctures si *irares,* si *'difficiles,* si douloureuses, il est aisé de croire que ni le cœur du père, ni celui du fils, également agités, n'étaient d'abord bien à"accord avec eux-mêmes.

Le prince arrive, le 13 février 1718 nouveau style, à Moscou, où le czar était alors. Il se jette le jour même aux genoux de son père; il a un très long entretien avec lui: le bruit *se répand* aussitôt dans la ville que le père et le fils sont réconciliés, que tout est oublié: mais le lendemain

"had he been only guilty. required. divided.

uncommon. intricate. consistent. « was spread. *on fait prendre les armes* aux régiments des gardes *à la pointe du jour:* on fait sonner la grosse cloche de Moscou. Les boyards, les conseillers privés sont mandés dans le château; les évêques, les archimandrites et deux religieux de Saint-Basile, professeurs en théologie, s'assemblent dans l'église cathédrale. Alexis est conduit, sans épée et comme prisonnier, dans le château devant son père. Il se prosterne en sa présence, et lui remet en pleurant un écrit par lequel il avoue ses fautes, se déclare indigne de lui succéder, et pour toute grâce lui demande la vie.

Le czar, après l'avoir *relevé,* le conduisit dans un cabinet, où il lui fit plusieurs questions. Il lui déclara que, s'il célait quelque chose touchant son évasion, *il y allait de sa tête.* Ensuite on ramena le prince dans la salle où le conseil était assemblé; là on lut publiquement la déclaration du czar déjà *dressée.*

Le père dans cette pièce reproche à son fils tout ce que nous avons détaillé, son peu d'application à s'instruire, ses liaisons avec les *"partisans des anciennes mœurs,* sa mauvaise conduite avec sa femme. *Il a violé,* dit-il, *la foi conjugale en sattachant à une fille de la plus basse extraction, du vivant de son épouse.* Il est vrai que Pierre avait répudié sa femme en faveur d'une captive; mais cette captive était d'un mérite supérieur, et il était justement mécontent de sa femme qui était sa sujette. Alexis au contraire avait négligé sa femme pour une jeune inconnue qui n'avait de mérite que sa beauté. Jusque-là on ne voit que des fautes d'un jeune homme qu'un père *doit reprendre,* et qu'il peut pardonner.

orders are issued to be under arras. "at brenk of day. raised up. 'his life would answer for it. 'drawn up. favourera. "during the life timc. ought to reprimand.

Il lui reproche ensuite d'être allé à Vienne se mettre sous la protection de l'empereur. Il dit qu'Alexis *a calomnié son père,* en faisant entendre a l'empereur Charles VI. qu'il était persécuté, qu'on le forçait à renoncer à son héritage; qu'enfin il a prié l'empereur de le protéger *"?à main armée. "On ne voit pas* d'abord comment l'empereur aurait pu faire la guerre au czar pour Un tel sujet, et comment il eût pu interposer autre chose que de bons offices entre le père irrité et le fils desobéissant. Aussi Charles VI. s'était contenté de donner une retraite au prince, et on l'avait renvoyé quand le czar instruit de se retraite l'avait redemandé.

Pierre ajoute, dans cette pièce terrible, qu'Alexis avait persuadé à l'empereur *qu'il n'était pas en sûreté de sa vie,* s'il revenait en Russie. C'était en quelque façon justifier les plaintes d'Alexis, que de le faire condamner à mort après son retour, et surtout après avoir promis de lui pardonner: mais nous verrons pour quelle cause le czar fit ensuite *(porter* ce jugement mémorable. Enfin on voyait dans cette grande assemblée un souverain absolu plaider contre son fils.

"Voilà, dit-il, de quelle manière notre fils est revenu; et quoiqu'il ait mérité la mort par son évasion et par ses calomnies, cependant notre tendresse paternelle lui pardonne ses crimes: mais, considerant son indignité et sa conduite déréglée, nous ne pouvons en conscience lui laisser la succession au trône, prévoyant trop qu'après nous sa conduite dépravée détruirait la gloire de la nation, et ferait perdre tant d'Etats reconquis par nos armes. Nous plaindrions surtout nos sujets, si nous les rejettions par. un tel successeur dans un état beaucoup plus mauvais qu'ils n'ont été.

with an armed force. 'it does not occur. 'to denounce.

"Ainsi par le pouvoir paternel, en vertu duquel, selon les droits de notre empire, chacun même de nos sujets peut déshé-

riter«un fils comme il lui plait, et en vertu de la qualité de prince souverain, et en considération du salut de nos Etats, nous privons notre dit fils Alexis de la succession après nous à notre trône de Russie, à cause de ses crimes et de son %indignité, quand même il ne subsisterait pas une seule personne de notre famille après nous.

"Et nous constituons et déclarons successeur audit trône après nous notre second fils Pierre, quoique encore jeune, n'ayant pas de successeur plus âgé.

"Donnons à notre susdit fils Alexis notre malédiction paternelle, *si jamais, en quelque temps que ce soit,* il prétend à ladite succession ou *'la recherche.*

"Désirons aussi de nos fidèles sujets de l'état ecclésiastique et séculier et de tout autre état, et de la nation entière, que selon cette constitution et suivant notre volonté, ils reconnaissent et considèrent notre dit fils Pierre, désigné par nous à la succession, pour légitime successeur, et qu'en conformité de cette presente constitution, ils confirment le tout par serment devant le saint autel, sur les saints évangiles, en baisant la croix.

"Et tous ceux qui s'opposeront jamais, en quelque temps que ce soit, à notre volonté, et qui dès aujourd'hui oseront considérer notre fils Alexis comme successeur, ou l'assister à cet effet, nous les déclarons traîtres envers nous et à la patrie; et nous avons ordonné que la présente soit partout publiée, afin que personne n'en prétende cause d'ignorance. Fait a Moscou le 14 février 1718, nouveau style, signé de notre main et scellé de notre sceau." C'est ce même fils de l'impératrice Catherine, qui mourut en 1719, le 15 avril.

unworthiness.." if ever at any time 're-claimsit.

N

Il paraît que ces actes étaient préparés, ou qu'ils furent *Pressés* avec une extrême célérité, puisque le prince Alexis était revenu le 13, et que son ex-hérédation en faveur du fils de Catherine est du 14.

Le prince *de son côté* signa qu'il renonçait à la succession. "Je reconnais, dit-il, cette exclusion pour juste; je l'ai méritée par mon indignité, et je jure, au Dieu tout puissant en Trinite, de me soumettre en tout à la volonté paternelle, etc."

Ces actes étant signés, le czar marcha à la cathédrale; *cm les y lut* une seconde fois, et tous les ecclésiastiques mirent leurs approbations et leurs signatures *au bas* d'une autre copie. Jamais prince ne fut déshérité d'une manière si authentique. Il y a beaucoup d'Etats où un tel acte *"ne serait d'aucune valeur;* mais en Russie, comme chez les anciens Romains, tout père avait le droit de priver son fils de sa succession, et ce droit était plus fort dans un souverain que dans un sujet, surtout dans un souverain tel que Pierre.

Cependant il était à craindre qu'un jour ceux mêmes qui avaient *Ranimé* le prince contre son père, et conseillé son évasion, ne tâchassent *danéanlir* une renonciation imposée par la force, et de rendre au fils aîné la couronne transférée au cadet d'un second lit. On prévoyait en ce cas une guerre civile et la destruction inévitable de tout ce que Pierre avait fait de grand et d'utile. Il fallait décider entre les intérêts de près de dix-huit millions d'hommes que contenait alors la Russie, et un seul homme qui n'était pas capable de les gouverner. Il était donc important de connaître *'le mal-intentionnés;* et le czar menaça encore une fois son fils de mort, s'il lui cachait quelque chose.
drawn up. on his part. they were read orer.
"at the bottom. would be of no validity. encouraged. to set aside, 'those who were disaffected..

En conséquence le prince fut donc interrogé juridiquement par son père, et ensuite par des commissaires.
'Une des chargea qui servirent à sa condamnation fut une lettre d'un résident de l'empereur nommé Beyer, écrite de Pétersbourg après l'évasion du prince; cette lettre portait qu'il y avait de la mutinerie dans l'armée russe, assemblée dans le Mecklenbourg; que plusieurs officiers parlaient d'envoyer la nouvelle czarinè Catherine et son fils dans la prison ou était la czarine répu-

diée, et de mettre Alexis sur le trône quand on l'aurait retrouvé. Il y avait en effet alors une sédition dans cette armée du czar, mais elle fut bientôt *Réprimée.* Ces propos vagues n'eurent aucune *suite.* Alexis ne pouvait les avoir *"encouragés;* un étranger en parlait comme d'une nouvelle, la lettre n'était point adressée au prince Alexis, et il n'en avait qu'une copie qu'on lui avait envoyée de Vienne.
Une accusation plus grave fut une minute de sa propre main d'une lettre écrite de Vienne aux sénateurs et aux archevêques de Russie; les termes en étaient forts: *Les mauvais traitements continuels que j'ai essuyés sans les avoir mérités m'ont obUgé de fuir: peu s'en est fallu qu'on ne m'ait mis dans un couvent. Ceux qui ont enfermé mu mère ont,voulu me traiter de même. Je suis sous la protection d'un grand prince; je vous prie de ne me point abandonner à présent.* Ce mot d'à *présent,* qui pouvait être regardé comme séditieux, était *rayé,* et ensuite remis de sa main, et puis rayé encore; ce qui marquait un jeune homme *'troublé, se livrqnt* à son ressentiment et s'en repentant au moment même. On ne trouva que la minute de ces lettres; elles n'étaient jamais parvenues à. leur destination, et la cour de Vienne les retint: preuve assez *'forte* que cette cour ne voulait pas *ee brouiller* avec celle de Russie, et soutenir à main armée le fils contre le père.
one of the articles of the charge. quclled.
'consequences. eounlenanced. I have narrowly cscaped being confinai. 'scràtched oui. disturbed in h's mind giving way to.

On confronta plusieurs témoins au prince; l'un d'eux nommé Afanassief *àsoutint* qu'il lui avait entendu dire autrefois: *Je dirai quelque cliose aux évêques qui le rediront aux curés, les curés aux paroissiens, et on me fera régner,fût-ce malgré moi.*
Sa propre maîtresse Afrosine déposa contre lui. Toutes les accusations n'étaient pas bien précises; nul *(projet digéré,* nulle *%intrigue suivie,* nulle conspiration, aucune association, encore moins de préparatifs. C'était un fils

de famille mécontent et dépravé, qui se plaignait de son père, qui le fuyait et qui espérait sa mort; mais ce fils de famille était l'héritier de la plus vaste monarchie de notre hémisphère, et dans sa situation et dans sa place il n'y avait point de petite faute.

Accusé par sa maîtresse, il le fut encore *au Sujet* de l'ancienne czarine sa mère et de Marie *sd* Sœur. On le chargea d'avoir consulté sa mère sur son évasion, et d'en avoir parlé à la princesse Marie. Un évêque de Rostou, confident de tous trois, fut arrêté et déposa que ces deux princesses, prisonnières dans un couvent, avaient espéré un changement qui les mettrait en liberté, et avaient par leurs conseilsengagé le prince à la fuite. Plusieurs ressentiments étaient naturels, plus ils étaient dangereux. On verra à la fin de ce chapitre quel était cet évêque, et quelle avait été sa conduite,

Alexis nia d'abord plusieurs faits de cette nature, et par cela même il s'exposait à la mort, dont son père l'avait menacé, en cas qu'il ne fît pas un aveu général et sincère.

Enfin il avoua quelques discours peu respectueux
» convincing. to fall out. deposed. whether I will or not. t regular plan. chain of'intriguts.
in relation. qu'on lui imputait contre son père, et il s'excusa sur la colère et sur l'ivresse.
Le czar *'dressa* lui-même de nouveaux articles d'interrogatoire. Le quatrième était ainsi conçu: *Quand vous avez vu par la lettre de Beyer qu'il y avait une révolte à l'armée de Mecklenbourg, vous en avez eu de la joie; je crois que vous aviez quelque vue, et que vous vous seriez déclaré pour les rebelles, même de mon vivant.* C'était interroger le prince *sur le fond de ses sentiments secrets.* On peut les avouer à un père dont les conseils les corrigent, et les cacher'a un juge qui ne prononce que sur les faits avérés. Les sentiments cachés du cœur ne sont pas l'objet d'un procès criminel. Alexis pouvait les mer, les déguiser aisément; il n'était pas obligé d'ouvrir son âme; cependant il répondit par écrit: *Si les rebelles m'avaient ap-*

pelé de votre vivant, j'y serais apparemment allé, supposé qu'ils fussent assez forts.

Il est inconcevable qu'il ait fait cette réponse de lui-même, et il serait aussi extraordinaire, du moins suivant les mœurs de l'Europe, qu'on l'eût condamné sur l'aveu d'une idée qu'il aurait pu avoir un jour dans un cas qui n'est point arrivé.

A cet étrange aveu de ses plus secrètes pensées, qui ne s'étaient point échappees au-delà du fond de son âme, on joignit des preuves qui en plus d'un Eays ne sont pas admises au tribunal de la justice umaine.

Le prince accablé, hors de ses sens, recherchant dans lui-même, avec l'ingénuité de la crainte, tout ce qui pouvait servir à le perdre, avoua enfin que dans la confession il s'était accusé devant Dieu à l'archiprêtre Jacques d'avoir souhaité la mort de son père, et que le confesseur Jacques lui avait répondu: Dieu *vous le pardonnera, nous lui en souliaitons autant. "-.. ' drew up. even during my life time. 'this was. '" on the bubject of bis private thoughts. "from.*

Toutes les preuves qui peuvent *"se tirer* de la confession sont inadmissibles par les canons de notre Eglise; ce sont des secrets entre Dieu et le pénitent. L'Eglise grecque ne croit pas, non plus que la latine, que cette correspondance intime et sacrée entre un pécheur et la Divinité soit du *vressort* de la justice humaine: mais *iîl s'agissait* de l'Etat et d'un souverain. Le prêtre Jacques fut appliqué à la *'question,* et avoua ce que le prince avait revélé. C'était une chose rare dans ce procès de voir le confesseur accusé par son pénitent, et le pénitent par sa maîtresse. On peut encore ajouter à la singularité de cette aventure, que l'archevêque de Rézari ayant été impliqué dans les accusations, ayant autrefois, *'dans les premiers éclats* des ressentiments du czar contre son fils, prononcé un sermon trop favorable au jeune czarovitz, ce prince avoua dans ses interrogatoires qu'il comptait sur ce prélat; et. ce même archevêque de Rézan fut à la tête des juges ecclésiastiques consultés par le czar sur ce procès cri-

minel, comme nous Talions voir bientôt.

'Il y a une remarque essentielle à faire dans cet étrange procès très mal *digéré* dans la grossière histoire de Pierre I. par le prétendu boyard Nestésuranoy; et cette remarque la voici.

Dans les réponses que fit Alexis au premier interrogatoire de son père, il avoue que, quand il fut à Vienne, où il ne vit point l'empereur, il s'adressa au comte de Schonhorn, chambellan; que ce chambellan lui dit: *L'empereur ne vous abandonnera pas; et quand il en sera temps, après la mort de votre père, il vous aidera à monter sur le trône à main armée. Je lui répondis,* ajoute l'accusé: *Je ne demande pas cela; que l'empereur m'accorde sa 'resuit. cognizanee. were concerned.*

"torture. at the first breaking ont, « rektterî.

protection, Je n'en veux pas davantage. Cette déposition est simple, naturelle, porte *un grand caractère* de vérité: car c'eût été le *"comble* de la folie de demander des troupes à l'empereur pour aller tenter de détrôner son père; et personne n'eût osé faire ni au prince Eugène, ni au conseil, ni à l'empereur une proposition si absurde. Cette déposition est du mois de février; et quatre mois après, au premier juillet, dans le cours et sur la fin de ces procédures, on fait dire au czarovitz dans ses dernières réponses par écrit:

"Ne voulant imiter mon père en rien, je "cherchais *Jà parvenir à* la succession de quelque autre manière que ce fût, *excepté de la bonne façon.* Je la voulais avoir par une assistance étrangère: et si j'y étais parvenu, et que l'empereur eût mis en exécution *ce qu'il m'avait promis,* de me procurer la couronne de Russie même à *main armée,* je n'aurais rien épargné *"pour me mettre en* possession de la succession. Par exemple, si l'empereur avait demandé en échange des troupes de mon pays pour son service contre qui que ce fût de ses ennemis, ou de grosses sommes d'argent, j'aurais fait tout ce qu'il aurait voulu, et j'aurais donné de grands présents à ses ministres et à ses généraux. J'aurais *entretenu* à mes dépens les troupes auxi-

liaires qu'il m'aurait données pour me mettre en possession de la couronne de Russie; et en un mot, rien ne m'aurait coûté pour accomplir en cela ma volonté."

Cette dernière déposition du prince paraît bien *"forcée;* il semble qu'il fasse des efforts pour se faire croire coupable: ce qu'il dit est même contraire à la vérité dans un point capital. Il dit que l'empereur lui avait promis de lui *procurer la couronne à main armée:* cela était faux. Le comte de Schonborn lui avait fait espérer qu'un jour après la mort du czar l'empereur 1 aiderait à soutenir le droit de sa naissance; mais l'empereur ne lui avait rien promis. Enfin *Hl ne s'agissait pas de se révolter* contre son père, mais *de lui succéder* après sa mort.

strong marks. height. endeavoured. 'to secure myself. by Force of arme. to have got. nmintained. strained.

Il dit dans ce dernier interrogatoire ce qu'il crut qu'il eût fait s'il avait eu à disputer son héritage; héritage auquel il n'avait point juridiquement renoncé avant son voyage à Vienne et à Naples. Le voilà donc qui depose une seconde fois, non pas ce qu'il a fait, et ce qui peut être soumis à la rigueur des lois, mais ce qu'il imagine qu'il eût pu faire un jour, et qui par conséquent ne semble soumis à aucun tribunal; le voilà qui s'accuse deux fois des pensées secrètes qu'il a pu concevoir pour l'avenir. On n'avait jamais vu auparavant, dans le monde entier, un seul homme jugé et condamné sur les idées inutiles qui lui sont venues dans l'esprit, et qu'il n'a communiquées à personne. Il n'est aucun tribunal en Europe où l'on écoute un homme qui s'accuse d'une pensée criminelle, et l'on prétend même que Dieu ne les punit que quand elles sont accompagnées d'une volonté déterminée.

On peut répondre à ces considérations si naturelles, qu'Alexis avait *mis son père en droit* de le punir, par sa réticence sur plusieurs complices de son évasion; sa grâce était attachée à un aveu général, et il ne le fit que quand il n'était plus temps. Enfin, après un tel éclat, il ne paraissait pas dans la nature humaine qu'il fût possible qu'Alexis pardonnât un jour au frère en faveur duquel il était déshérité; et il valait mieux, disait-on, punir un coupable que d'exposer tout l'empire. La rigueur de la justice s'accordait avec la raison d'Etat.

the matter in question was not whether he should revolt. whether he should succeed him. 'given lus father a right.

Il ne faut pas juger des mœurs et des lois d'une nation par celles des autres; le czar avait le droit fatal, mais réel, de punir de mort son fils pour sa seule évasion: il s'en explique ainsi dans sa déclaration aux juges et aux évêques.

"Quoique, selon toutes les lois divines et humaines, et surtout suivant celles de Russie, qui excluent toute juridiction entre un père et un enfant parmi les particuliers, nous ayons un pouvoir assez abondant et absolu de juger notre fils suivant ses, crimes, selon notre volonte, sans en demander avis à personne: cependant, comme on n'est point aussi clairvoyant dans ses propres affaires que dans celles des autres, et comme les médecins, même les plus experts, ne risquent point de se traiter eux-mêmes, et qu'ils *en appellent d'autres* dans leurs maladies; craignant de charger ma conscience de quelque péché, je *vous expose* mon état, et je vous demande du *'remède;* car j'appréhende la mort éternelle, si, ne connaissant peut-être point la qualité de mon mal je voulais m'en guérir seul, *vu principalement que* j'ai juré sur les jugements de Dieu, et que j'ai promis par écrit le pardon de mon fils, et je l'ai ensuite confirmé de bouche, au cas qu'il me dit la vérité.

"Quoique mon fils ait violé sa promesse, toutefois, *pour ne m'écarter* en rien de mes obligations, je vous prie de penser à cette affaire et de l'examiner avec la plus grande attention, pour voir ce qu'il a mérité. Ne me flattez point; n'appréhendez pas que, s'il ne mérite qu'une légère punition, et que vous le jugiez ainsi, cela me soit désagréable; car je vous jure, par le grand Dieu et par ses juge pall in the assistance of others. make known to you._

''cure. and the rather as. 'not to swerve. ménts, que vous n'avez absolu-ment rien à en craindre.

.n"' N'ayez point d'inquiétude sur ce que vous devez juger le fils de votre souverain; mais, sans avoir *égard* à la personne, rendez justice, et *"ne perdez pas* votre âme et la mienne. Enfin, que notre conscience ne nous reproche rien au jour terrible du jugement, et que notre patrie ne soit point lésée."

Le czar fit au clergé une déclaration à peu près semblable; ainsi tout se passa avec la plus grande authenticité, et Pierre mit dans toutes ses *"démarches* une publicité qui montrait la persuasion intime de sa justice.

Ce procès criminel de l'héritier d'un si grand empire dura depuis la fin de février jusqu'au 5 juillet, nouveau style. Le prince fut interrogé plusieurs fois; il fit les aveux qu'on exigeait: nous avons rapporté ceux qui sont essentiels»

Le premier juillet, le clergé donna son sentiment par écrit. Le czar, en effet, ne lui demandait que son *vsentiment,* et non pas une sentence. Le début mérite l'attention de l'Europe.

"Cette affaire, disent les évêques et les archimandrites, *n'est point du tout du ressort* de la juridiction ecclésiastique, et le pouvoir absolu établi dans l'empire de Russie n'est point soumis *'au jugement* des sujets; mats le souverain y a l'autorité d'agir suivant son *bon plaisir,* sans qu'aucun inférieur y intervienne.

Après ce préambule, on cite le Lévitique, où il est dit que celui qui aura maudit son père ou sa mère sera puni de mort, et l'évangile de saint Matthieu, qui rapporte cette loi sévère du Lévitique. On finit, après plusieurs autres citations, par ces paroles très remarquables: respect. do not destroy. proceedings. opinion. does not fall within the verge. 'to the cogni2ance.

"Si sa majesté veut punir celui qui est tombé, selon ses actions et suivant la mesure de ses crimes, il a devant lui des exemples de l'Ancien Testament; s'il veut faire miséricorde, il a l'exemple de Jésus-christ même, qui reçoit *He fils égaré* revenant à la repentance; qui laisse libre, la femme surprise en adultère, laquelle a mérité la lapidation selon la loi; qui préfère la miséri-corde au sacrifice: il a l'exemple de David, qui veut épargner Absalon, son fils et son persécuteur; car il dit à ses capitaines, qui voulaient l'aller combattre; *Epargnez mon fils Absalon:* le père le voulut épargner lui-même; mais la justice divine ne l'épargna point.

"Le cœur du czar est entre les mains de Dieu; qu'il choisisse le parti auquel la main de Dieu le tournera."

Ce sentiment fut signé par huit évêques, quatre archimandrites, et deux professeurs; et comme nous l'avons déjà dit, le métropolite de Rézan, avec qui le prince avait *"été d'intelligence,* signa le premier.

Cet avis du clergé fut incontinent présenté au czar. *On voit aisément* que le clergé *voulait le porter* à la clémence, et rien n'est plus beau peutêtre que cette opposition de la douceur de JésusChrist à la rigueur de la loi judaïque, *i'mise sous* les yeux din père qui *faisait le procès à* son fils.

Le jour même on interrogea encore Alexis pour la dernière fois; et il mit par écrit son dernier aveu: c'est dans cette confession qu'il s'accuse "d'avoir été bigot dans sa jeunesse; d'avoir fréquenté les prêtres et les moines; d'avoir bu avec eux; d'avoir reçu d'eux les impressions qui lui donnèrent de l'horreur pour les devoirs de son état, et même, pour la personne de son père."

S'il fit cet aveu de son propre *"mouvement,* cela the prodigal son. held a correspondance. it is eosy to perçoive. was desirons of inclining lus mind.

'placed before. pros: cuted. accord. prouve qu'il ignorait le conseil de clémence que venait de donner ce même clergé qu'il accusait; et cela prouve encore davantage combien le czar avait changé les mœurs des prêtres de son pays, qui, de la grossièreté et de l'ignorance, étaient *parvenus* en si peu de temps à *pouvoir rédiger* un ecrit dont les plus illustres pères de l'Eglise n'auraient désavoué ni la sagesse ni l'éloquence.

C'est dans ces derniers aveux qu'Alexis déclare ce qu'on a déjà rapporté, qu'il voulait arriver à la succession *de quelque manière que ce fût, excepté de la bonne.*

Il semblait par cette dernière confession, qu'il craignît de ne s'être pas assez chargé, assez rendu criminel dans les premières, et qu'en se donnant à lui-même les noms de *mauvais caractère,* de *méchant esprit,* en imaginant ce qu'il aurait fait s'il avait été le maître, il cherchait avec un soin pénible à justifier *H'arrêt* de mort qu'on allait prononcer contre lui. En effet, cet arrêt fut *aparté* le 5 juillet. On se contentera d'observer ici qu'il commence, comme l'avis du clergé, par déclarer qu'un tel jugement n'a jamais appartenu à des sujets, mais. au seul souverain, dont le pouvoir ne dépend que de Dieu seul. Ensuite, après avoir *exposé* toutes les charges contre le prince, les juges s'expriment ainsi: *Que penser de son dessein de rébellion, tel qu'il n'y en eut jamais de semblable dans le monde, joint à celui d'un horrible dovble parricide contre son souverain, comme père de la patrie, et père selon la nature?*

Peut-être ces mots furent mal traduits *cTaprèa le procès criminel* imprimé par ordre du czar; car assurément il y a eu de plus grandes rébellions dans le monde, et on ne voit point, par les actes, become capable. of drawing up. by any means whatever. such as were just. 'tne sentence.

pronounced. 'set forth. 'from the trial. que jamais le czarovitz eût conçu le dessein de tuer son père. Peut-être *entendait-on,* par ce mot de parricide, l'aveu que ce prince venait de faire, de s'être confessé un jour d'avoir souhaité la mort à son père et à son souverain: mais l'aveu secret, dans la confession, d'une pensée secrète, n'est pas un double parricide. *Quoi qu'il en soit,* il fut *"jugé à* mort unanimement, *"sans que l'arrêt prononçât* le genre de supplice. De cent quarante-quatre juges, il n'y en eut pas un seul qui imaginât seulement une peine moindre que la mort. Un *décrit* anglais, qui fit beaucoup de bruit dans ce temps-là, *porte* que, si un tel *'procès* avait été *"jugé au* parlement d'Angleterre, il ne serait pas trouvé, parmi cent quarante-quatre juges, un seul qui eût prononcé la plus légère *peine.*

Rien ne fait mieux connaître la diffé-rence des temps et des lieux. Manlius aurait pu être condamné lui-même à mort par les lois d'Angleterre, pour avoir fait périr son fils, et il fut respecté par les Romains sévères. Les lois ne punissent point en Angleterre l'évasion d'un prince de Galles, qui comme pair du royaume, est maître d'aller où il veut. Les lois de la Russie ne permettent pas au fils du souverain de sortir du royaume malgré son père. Une *"pensée criminelle* sans aucun effet ne peut être punie ni en Angleterre, ni en France; elle peut l'être en Russie. Une désobéissance longue, formelle et réitérée, n'est, parmi nous, qu'une mauvaise conduite *"qu'il faut réprimer;* mais c'était un crime capital dans l'héritier d'un vaste empire, dont cette désobéissance même eût produit la ruine. Enfin, le czarovitz était coupable by the word parricide is understood. be this as it may. sentenced. but no mention was made in the sentence. tract. observe». 'cause. brought before.

'penalty, 'design. "which oughtto be suppressed.

envers toute la nation de vouloir la replonger dans *les ténèbres* dont son père *l'avait tirée.*

Tel était le pouvoir reconnu du-czar, qu'il pouvait faire mourir son fils coupable de désobéissance, sans consulter personne; cependant *il s'en remit* au jugement de tous ceux qui représentaient la nation: ainsi ce fut la nation elle-même qui condamna ce prince, et Pierre eut tant de confiance dans Téquité de sa conduite, qu'en faisant imprimer et traduire le procès, il se soumit lui-même au jugement de tous les peuples de la terre.

La loi de l'histoire ne nous a permis ni de rien déguiser, ni de rien affaiblir dans le récit de cette tragique aventure. On ne savait, dans l'Europe, qui on devait plaindre davantage, ou un jeune prince accusé par son père, et condamné *à* la mort par ceux qui devaient être un jour ses sujets, ou un père qui se croyait obligé de sacrifier son propre fils au salut de son empire.

On publia, dans plusieurs livres, que le czar avait *'fait venir d'Espagne le* procès de don Carlos, condamné à mort par Philippe II.: mais il est faux *qiCon eût jamais fait le procès à don Carlos.* La conduite de Pierre I. fut entièrement différente de celle de Philippe. L'Espagnol ne fit jamais connaître ni pour quelle raison il avait fait arrêter son fils, ni comment ce prince était mort. Il écrivit à ce sujet au pape et à l'impératrice des lettres absolument contradictoires. Le prince d'Orange,Guillaume, aocusapubliquementPhilippe d'avoir sacrifié son fiis et sa femme à sa jalousie, et. d'avoir moins été un juge sévère qu'un mari jaloux et cruel, un père dénaturé et parricide. Philippe se laissa accuser, et garda le silence. Pierre, au contraire, ne fit rien qu'aM *grand jour,* publia that state of darkness. 'had delivered it. submitted it.

sent to Spain for a copy. that D Carlos had ever been brought to his trial. in the eye of the worid. hautement qu'il préférait sa nation à son propre fils, Vm *remit* au jugement du clergé et des grands, et rendit le monde entier iuge des uns et des autres,, et de lui-même.

Ce qu'il y eut encore d'extraordinaireans cette fatalité, c'est que la czarine Catherine, haïe du czarovitz, et menacée ouvertement du sort le plus triste si jamais ce ' prince régnait, ne contribua pourtant en rien à son malheur, et ne fut ni accusée, ni même soupçonnée par aucun ministre étranger, résidant à cette cour, d'avoir *fait la plus légère démarche* contre un beau-fils dont elle avait tout à craindre. Il est vrai qu'on ne dit point qu'elle ait demandé grâce pour lui: mais tous les mémoires de ce temps-là, surtout ceux du comte de Bassevitz, assurent unanimement qu'elle plaignit son infortune.

J'ai en main les mémoires d'un ministre public, où je trouve ces propres mots: "J'étais présent quand le czar dit au duc de Holsteïn que Catherine l'avait prié d'empêcher qu'on ne prononçât au czarovitz sa condamnation. *Contentez-vous,* me diuelle, *'de lui faire prendre le froc, parce que cet opprobre d'un arrêt de mort signifié %rejaillira sur votre petit-fils.'"*

Le czar *'ne se rendit point* aux prières de sa femme; il crut qu'il était important que la sentence fût prononcée publiquement au prince, afin qu'après cet acte solennel il ne pût jamais 'revenir contre un arrêt auquel il avait acquiescé luimême, et qui» le rendant mort kcivilement, le mettrait pour jamais hors d'état de réclamer la couronne.

Cependant, après la mort de Pierre, si un parti puissant se fût elevé en faveur d'Alexis, cette mort 'civile l'aurait-elle empêché de régner?

L'arrêt fut prononcé au prince. Les mêmes submitted the cause. "taken the least step. 'to oblige him to turn monfc. will rchect. "dit! not give wajr. 'dispute. "in law. ' in law.

mémoires m'apprennent qu'il tomba en convulsion à ces mots: Les lois divines et ecclésiastiques, civiles et militaires condamnent à mort sans miséricorde ceux dont les attentats contre leur père et leur souverain sont manifestes. Ses convulsions se tournèrent, dit-on, en apoplexie; on eut peine à le faire revenir. Il reprit un peu ses sens, et, dans cet intervalle de vie et de mort, il "fît prier son père de venir le voir. Le czar vint; les larmes coulèrent des yeux du père et du fils infortuné; le condamné demanda pardon; le père pardonna publiquement. L'extrême-onction fut administrée solennellement au malade agonisant. Il mourut en présence de toute la cour, le lendemain de cet arrêt funeste. Son corps fut porté d'abord à la cathédrale, et déposé dans un cercueil ouvert. ;JJ y resta quatre jours exposé à tous les regards, jfc enfin il fut inhumé dans l'église de la citadelle,,£ côté de son épouse. Le czar et la czarine assistèrent à la cérémonie. .-?! On est indispensablement obligé ici d'imiter, si pn ose le dire, la conduite du czar, c'est-à-dire, de soumettre au jugement du public tous les faits qu'on vient de raconter avec la fidélité la plus scrupuleuse, et nonseulement ces faits, mais les bruits qui coururent, et ce qui fut imprimé sur ce triste sujet par les auteurs "les plus accrédités, Lamberti, le plus impartial de tous, et le plus exact, qui vs'est borné à rapporter les pièces originales et authentiques concernant les affaires de l'Europe, semble s'éloigner ici de cette impartiabté et de ce discernement qui fait son ca-

ractère; il s'exprime en ces termes: "La czarine, craignant toujours pour son fils, n'eut point de relâche qu'elle n'eût porti le czar à faire au fils aîné le procès, et à le faire condamner à mort; ce qui est étrange: c'est que recover. sent for. of the first credit. confined himself. « to deviate. rest. "inducsd. le czar, après lui avoir donné lui-même le knout, qui est une gestion, lui coupa aussi lui-même la tête. Le corps du czarovitz fut exposé en public, et la tête tellement adaptée au corps, que l'on ne touvait pas discerner qu'elle en avait été séparée. 1 arriva, quelque temps après, que le fils de la czarine vînt à décéder, à son grand regret et à celui du czar. Ce dernier, qui avait "décollé de sa propre main son fils aîné, réfléchissant qu'il n'avait point de successeur, devint de mauvaise humeur. Il fut informé, dans ce temps-là, que la czarine avait des intrigues secrètes et illégitimes avec le !)rince Menzikoff. Cela joint aux réflexions, que a czarine était la cause qu'il avait sacrifié lui même son fils aîné, il médita de faire raser la czarine, et de l'enfermer dans un couvent, ainsi qu'il avait fait de.sa première femme, qui y était encore. Le czar avait accoutumé de mettre ses pensées journalières sur des tablettes; il y avait mis sondit dessein sur la czarine. Elle avait gagnê des pages qui entraient dans la chambre du czar. Un de ceux-ci, qui était accoutumé à prendre les tablettes sous la toilette, pour les faire voir à la czarine, prit celles où il y avait le dessein du czar. Dès que cette princesse l'eut,parcouru, elle en fit part à Menzikoff; et un jour ou deux après, le czar fut pris d'une maladie inconnue et violente, qui le fit mourir. Cette maladie fut attribuée au poison, puisqu'on vit manifestement qu'elle était si violente et subite, qu'elle ne pouvait venir que d'une telle source, qu'on dit être assez "usitée en Moscovie."

Ces accusations, consignées dans les mémoires de Lamberti, se répandirent dans toute l'Europe. Il reste encore un grand nombre d'imprimés et de torture. "beheaded. a pocket book. entered. » this his intention. gained over to her interert.

had pcrused it. seized. used. 'were

spread manuscrits qui "pourraient faire passer ces opinions à la dernière postérité.

Je crois qu'il est de mon devoir de dire ici ce qui est "parvenu à ma connaissance. Je certifie d'abord que celui qui dit à Lamberti l'étrange anecdote qu'il rapporte, était à la vérité né en Kussie, mais non d'une famille du pays, qu'il ne résidait point dans cet empire au temps de la catastrophe du czarovitz; il en était absent depuis plusieurs années. Je l'ai connu autrefois; il avait vu Lamberti dans la petite ville de Nyon, où cet écrivain était retiré, et où j'ai été souvent. Ce même homme m'a avoué qu'il n'avait parlé à Lamberti que %des bruits qui couraient alors.

Qu'on voie, par cet exemple, combien il était plus aisé autrefois à un seul homme en flétrir un autre dans la mémoire des nations, lorsque, avant l'imprimerie, les histoires manuscrites, conservées dans peu de mains, n'étaient ni exposées au grand jour, ni contredites par les contemporains, ni à la portée de la critique universelle, comme elles le sont aujourd'hui. Il suffisait d'une ligne dans Tacite ou dans Suétone, et même dans les auteurs des légendes, pour rendre un prince odieux au monde, et pour perpétuer son opprobre de siècle en siècle.

Comment se serait-il pu faire que le czar eût trancM de sa main la tête de son Jils, à qui on donna l'extrême onction en présence de toute la cour? étaitil sans tête quand on répandit l'huile sur la tête même? en quel temps put-on recoudre cette tête à son corps? Le prince ne fut pas la's'sé seul un moment depuis la lecture de son arrêt jusqu'à sa mort.

Cette anecdote, que son père se servit du fer, détruit celle qu'il se servit du poison. Il est vrai might.. 'corne. of the report.. were handed about. 'to destroy the reputation of. 'submitted to the exàmination. was it possible. TM could have beheadéd his son with his own hahd.

qu'il est très rare qu'un jeune homme expire d'une révolution subite, causée par la lecture d'un arrêt de mort, et surtout d'un arrêt "auquel il s attendait; mais' "enfin les médecins avouent que la chose est possible.

Si le czar avait empoisonné son fils, comme tant d'écrivains l'ont *vdébité,* il perdait par-là le fruit de tout ce qu'il avait fait pendant le cours de ce procès fatal, pour convaincre l'Europe du droit qu'il avait de le punir: tous les motifs de la condamnation devenaient suspects, et le czar s"condamnait luimême. S'il eût *voulu* la mort d'Alexis, il eût fait exécuter l'arrêt; n'en était-il pas le maître absolu? Un homme prudent, un monarque sur qui la terre a les yeux, se résout-il à faire empoisonner lâchemeut celui qu'il peut faire périr par le glaive de la justice? *'Veut-on se noircir* dans la postérité par le titre d'empoisonneur et de parricide, quand on peut si aisément ne se donner que celui d'un juge sévère?

. " *Il parait qa'il* résulte de tout ce que j'ai rapporté que Pierre futplns *roi quepère,* qu'il sacrifia son propre fils aux intérêts d'un fondateur et d'un législateur, et à ceux de sa nation, qui retombait dans l'état "*dont* il l'avait *tirée,sans* cette sévérité malheureuse. Il est évident qu'il n'immola point son fils à une marâtre et à l'enfant mâlequ'ilavait "*d'elle,*puisqu'il le menaça souvent de le déshériter avant que Catherine lui eût donné ce fils, dont l'enfance infirme était menacée d'une mort prochaine, et qui mourut en; effet bientôt après. Si Pierre avait fait un si grand éclat uniquement pour complaire à sa femme, il eût été faible, insensé et lâche, et certes il ne l'était paS. Il prévoyait ce qui arriverait à ses *y fondations et* à sa nation, si l'on suivait après lui ses which he expected. after ail. related. q wished for. 'will a man sully his memory. 'it appears. 'the king than th" parent. 'from which. taken. " by her 'establishments.' vues. Toutes ses entreprises ont été perfectionnées selon ses prédictions; sa nation est devenue célèbre et respectée dans l'Europe, dont elle était auparavant séparée; et si Alexis eût régné, tout aurait été détruit. Enfin, quand on considère cette catastrophe, les cœurs *sensïbles* frémissent, et les sévères approuvent.

Ce grand et terrible événement est encore si frais dans la mémoire des hommes, on en parle si souvent avec étonnement, qu'il est absolument nécessaire d'examiner ce qfl'en ont dit les auteurs contemporains. Un de ces écrivains faméliques, qui prennent hardiment le titre d'historien, parle ainsi dans son livre dédié au comte de Brulh, premier ministre du roi de Pologne, dont le nom peut donner du poids à ce qu'il avance: *Toute la Russie est persuadée que le czarovitz ne mourut que du poison préparé par la main d'une marâtre.* Cette accusation est détruite par l'aveu que fit le czar au duc de Holstein, que la czanne Catherine lui avait conseillé d'enfermer dans un cloître son fils condamné.

A l'égard du poison donné depuis par cette impératrice même a Pierre, son époux, ce conte se détruit lui-même par le seul récit de l'aventure du page et des tablettes. *Un homme s'avise-t-U* d'écrire sur des tablettes: *Il faut que je me ressouvienne de faire enfermer ma femme? Soni-ce-là de ces détails* qu'on puisse oublier, et dont on soit obligé de tenir registre? Si Catherine avait empoisonné son beau-fils et son mari, elle eût fait d'autres crimes: non-seulement on ne lui a jamais reproché aucune cruauté, mais elle ne fut connue que par sa douceur et par son indulgence.

Il est necessaire à présent de faire voir ce qui fut la première cause de la conduite d'Alexis, de son évasion, de sa mort, et de celle des complices qui périrent par la main du bourreau. Ce fut l'abus de la religion, ce furent des prêtres et des moines; et cette source de tant de malheurs est assez indiquée dans quelques aveux d'Alexis, que nous avons rapportés, et surtout dans cette expression du czar Pierre dans une lettre à son fils: *Ces longues barbes pourront vous tourner à leur fantaisie.* compas'ionate. wilh regard to the. what man would think. Is this a circumstance of so trivial a nature.

Voici presque mot à mot comment les mémoires d'un ambassadeur à Pétersbourg expliquent ces paroles: "Plusieurs ecclésiastiques, dit-il, attachés a leur ancienne barbarie, et plus encore à leur autorité, qu'ils perdaient *à mesure que* la nation "*s'éclairait,* languissaient après le règne d'Alexis, qui leur promettait de les replonger dans cette barbarie si chère. De ce nombre était Dozithéej évêque de Rostou. Il supposa une révélation de saint Démétrius. Ce saint lui était apparu, et l'avait assuré, de la part de Dieu, que Pierre n'avait pas trois mois à vivre*;* qu'Eudoxie, renfermée dans le couvent de Susdal, et religieuse sous le nom d'Hélène, ainsi que la princesse Marie, sœur du czar, *'devait monter* sur le trône, et régner conjointement avec son fils Alexis. Eudoxie et Marie eurent la faiblesse de croire cette imposture; elles en furent si persuadées, qu'Hélène quitta dans son couvent l'habit de religieuse, reprit le nom d'Eudoxie, *se fit traiter* de majesté, et *fit effacer* des prières publiques le nom de sa rivale Catherine; elle ne parut plus que revêtue des anciens habits de cerémonie que portaient les czarines. La *Hrésorière* du couvent se déclara contre cette entreprise. Eudoxie répondit hautement: *Pierre a puni les strélitz, qui avaient outragé sa mère; mon fils Alexis punira quiconque* in proportion as. became enlightened. 'should ascend. assumed thc title. '' caused to be struck out. lady-abncss.

aura insulté la sienne. Elle fit renfermer la trésorière dans sa cellule. Un officier, nommé Etienne Glého, fut introduit dans le couvent. Eudoxie en fit l'instrument de ses desseins, et l'attacha à elle par ses faveurs. Glébo répand, dans la petite ville de Susdal et dans les environs, la prédiction de Dozithée. Cependant les trois mois s'écoulèrent. Eudoxie reproche à l'évêque que le czar est encore *en vie. Les péchés de mon père en sont cause,* dit Dozithée; *il est en purgatoire, et il m'en a averti.* Aussitot Eudoxie fait dire *mille messes des morts;* Dozithée l'assure 3u'elles *opèrent;* il vient au bout d'un mois lui ire que son père a déjà la tête hors du purgatoire; un mois après le défunt n'en a plus que jusqu'à la ceinture: enfin "*il ne tient plus* au purgatoire que par les pieds; et quand les pieds seront dégagés, ce qui est le plus difficile, le czar Pierre mourra infailliblement.

"La princesse Marie, persuadée par Dozithée, *se livra* à lui, à condition que le père du prophète sortirait incessamment du purgatoire, et que la prédiction s'accomplirait; et Glébo continua son *vcommerce* avec l'ancienne czarine.

"Ce fut principalement sur la foi de ces prédictions que le czarovitz s'évada, et alla *attendre* la mort de son père dans les pays étrangers. Tout cela fut bientôt découvert. Dozithée et Glébo furent arrêtés; les lettres de la princesse Marie à Dozithée et d'Hélène à Glébo furent lues en plein sénat. La princesse Marie fut enfermée à Shlusselbourg; l'ancienne czarine transférée dans un autre couvent où elle fut prisonnière. Dozithée et Glébo, tous les complices de cette vaine et superstitieuse intrigue furent appliqués à la question, alive 'masses for the dead. have the desired effect.

he only sticks. gave herself up. 'correspondenee. to wait for. ainsi que les confidents de l'évasion d'Alexis. Son confesseur, son gouverneur, son *'maréchal de cour,* moururent tous dans les supplices."

On voit donc à quel prix cher et funeste Pierre le grand *"acheta* le bonheur qu'il procura à ses peuples, combien d'obstacles publics et secrets il eut à surmonter au milieu d'une guerre longue et difficile, des ennemis au dehors, des rebelles au dedans, la moitié de sa famille animée contre lui, la plupart des prêtres obstinément *déclarés* contre ses entreprises, presque toute la nation irritée longtemps contre sa propre félicité, qui ne lui était pas encore sensible; des préjugés a détruire dans les têtes, le mécontentement à calmer dans les cœurs. Il fallait qu'une génération nouvelle, formée par ses soins, embrassât enfin les idées de bonheur et de gloire que n'avaient pu supporter leurs pères.

CHAPITRE XI.
Travaux et établissements vers Van 1718 et suivans.
Pendant cette horrible catastrophe, il parut bien que Pierre n'était que le père de sa patrie, et qu'il considérait sa nation comme sa famille. Les supplices, *"dont* il avait été obligé de punir la partie de la nation qui voulait empêcher l'autre d'être heureuse, étaient des sacrifices faits au public par une nécessité

douloureuse.

Ce fut dans cette année 1718, époque de l'exhérédation et de la mort de son fils aîné, qu'il

'steward of the housebold. 'purchased. bent.

'with wbicb.

procura le plus d'avantages à ses sujets, par la police générale auparavant inconnue, par les manufactures et les fabriques en tout genre, ou établies ou perfectionnées, par les branches nouvelles d'un commerce qui commençait à fleurir, et par ces canaux qui joignent les fleuves, les mers et les peuples que la nature a séparés. Ce ne sont pas là de ces événements frappants qui charment *"le commun des lecteurs,* de ces intrigues de cour qui amusent la malignité, de ces grandes révolutions qui intéressent la curiosité ordinaire des hommes; mais ce sont les *ressorts* véritables de la félicité publique, que les yeux philosophiques aiment à considérer.

Il y eut donc un lieutenant général de la police de tout l'empire, établi à Pétersbourg, à la tête d'un tribunal qui veillait au maintien de l'ordre d'un bout de la Russie à l'autre. Le luxe dans *les habits,* et les jeux de hasard, plus dangereux que le luxe,-furent sévèrement *zdéfendus.* On établit des écoles d'arithmétique déjà ordonnées en 1716, dans toutes les villes de l'empire. Les maisons pour les orphelins et pour *Hesenfans,trouvés,* déjà commencées, furent achevées, *dotées* et remplies.

Nous joindrons ici tous les établissements utiles, auparavant projetés, et finis quelques années après. Toutes les grandes villes furent délivrées de la foule odieuse de ces mendiants, qui ne veulent avoir d'autre métier que celui d'importuner ceux qui en ont, et de traîner, aux dépens des autres hommes, une vie misérable et honteuse; abus trop *"souffert* dans d'autres Etats.

Les riches furent obligés de bâtir à Pétersbourg des maisons régulières suivant leur fortune. Ce fut une excellente police de faire venir *sans frais*

"common readers. springs.- dress. prohibited. foundlings. endowed. overlooked. carriage-free.

V tous les matériaux à Pétersbourg, par toutes les barques et chariots qui revenaient *z vide* des provinces voisines.

Les poids et les mesures furent fixés et rendus uniformes *ainsi que* les lois. Cette uniformité tant désirée, mais si inutilement, dans des Etats dès longtemps policés, fut établie en Russie sans difficulté et sans murmure; et nous pensons que, parmi nous, cet établissement salutaire serait impraticable. Le prix des *denrées nécessaires* fut réglé; ces *fanaux,* que Louis XIV. établit le premier dans Paris, qui ne sont pas même encore connus à Rome, éclairèrent pendant la nuit la ville de Pétersbourg; les pompes pour les incendies, les *'barrières* dans les rues solidement pavées; tout ce qui regarde la *ksûreté,* la *propreté* et le bon ordre; les *facilités* pour le *"commerce intérieur,* les privilèges donnés à des étrangers, et les règlements qui empêchaient l'abus de ces privilèges; tout *fit* prendre à Pétersbourg et à Moscou une face nouvelle.

On perfectionna plus que jamais les fabriques des armes, surtout celle que le czar avait formée à dix milles environ de Pétersbourg; il en était le premier intendant; mille ouvriers y travaillaient souvent sous ses yeux. Il allait donner ses ordres lui-même à tous les entrepreneurs des *vmoulins à grains,* à poudre, *là scie;* aux directeurs des fabriques de corderies et de voiles, des briqueteries, des ardoises, des manufactures de toiles; beaucoup d'ouvriers de toute espèce lui arrivèrent de France: c'était le fruit de son voyage.

Il établit un *'tribunal de commerce,* dont les membres étaient mi-partie nationaux et étrangers, afin que la faveur fût égale pour tous les fabricants empty. 'in the same manner as. necessaires of life. "lamps. 'rails. safety. 'cleanliness. convenience.

inland-trade. caused. "corn-mills. for sawing timber. 'board of trade. et pour tous les artistes. Un Français forma une manufacture de très belles glaces à Pétersbourg, avec les secours du prince Menzikoff; un autre *Ifit travailler à des tapisseries de haute-lice* sur le modèle de celles des Gobelins, et cette manufacture est encore aujourd'hui très encouragée; un troisième fit réussir les fileries d'or et d'argent, et le czar ordonna qu'il ne serait employé par année, dans cette manufacture, que quatre mille marcs, soit d'argent, soit d'or, afin de n'en point diminuer la masse dans ses Etats.

Il donna trente mille roubles, c'est-à-dire, cent cinquante mille livres de France, avec tous les. matériaux et tous les instruments nécessaires, à ceux qui entreprirent les manufactures de draperies et des autres étoffes de laine. Cette libéralité utile *He mit en état d'habiller* ses troupes de draps faits dans son pays: auparavant on tirait ces draps de Berlin et d'autres pays étrangers.

On fit à Moscou d'aussi belles toiles qu'en Hollande; et, à sa mort, il y avait déjà à Moscou et à Jaroslau quatorze fabriques de toiles de lin et de chanvre.

On n'aurait certainement pas imaginé autrefois, lorsque la soie était vendue en Europe au poids de l'or qu'un jour au-delà du lac Ladoga, sous un climat glacé, et dans des marais inconnus, il s'élèverait une ville opulente et magnifique, dans laquelle la soie de Perse se manufacturerait aussibien que dans Ispahan. Pierre l'entreprit et y réussit. Les mines de fer furent exploitées mieux que jamais: on découvrit quelques mines d'or et d'argent; et un conseil des mines fut établi pour constater si les exploitations donneraient plus de profit qu'elles ne coûteraient de dépense.

Pour faire fleurir tant de manufactures, tant

'set up a lopm for working fine tapestry. enabled Mm *to* clothe.

d'arts différents, tant d'entreprises, ce n'était pas assez de signer des patentes et de nommer des inspecteurs; il fallait, dans ces commencements, 3u'il vît tout par ses yeux, et qu'il travaillât même e ses mains, comme on l'avait vu auparavant construire des vaisseaux, *les appareiller* et les conduire. *Quand il s'agissait de creuser des canaux* dans des terres fangeuses et presque impraticables, on le voyait quelquefois se mettre à la tête des travailleurs, fouiller la terre,et la transporter luimême.

Il fit, cette année 1718, le plan du canal et des écluses de Ladoga. *Il s'agissait*

défaire communiquer la Néva a une autre rivière navigable, pour amener facilement les marchandises à Petersbourg, sans faire un grand *'détour* par le lac Ladoga, trop sujet aux tempêtes, et souvent impraticable pour les barques; il nivela lui-même le terrain; on conserve encore les instruments dont il se servit pour ouvrir la terre et la voiturer; cet exemple fut suivi de toute sa cour, et hâta un ouvrage qu'on regardait comme impossible; il a été achevé après sa mort; car aucune de ses entreprises reconnues' possibles n'a été abandonnée.

Le grand canal de Cronstadt, *quon met aisément à sec,* et dans lequel on carène et on radoube les vaisseaux de guerre, fut aussi commencé dans le temps même des procédures contre son fils.

Il bâtit, cette même année, la ville neuve de Ladoga. Bientôt après, il tira ce canal qui joint la mer Caspienne au golfe de Finlande et a l'Océan; d'abord les eaux des deux rivières qu'il fit communiquer reçoivent les barques qui ont remonté le Volga: de ces rivières, on passe par un autre canal dans le lac d'Ilmen; on entre ensuite dans le canal de Ladoga, d'où les marchandises peuvent être

'to rig them. when canals were to *le* dug. it was intendcd to make a communication circuit.

'which is easily drained of its waters. *transportées* par la grande mer, dans toutes les parties du monde.

Occupé de ces travaux qui s'exécutaient sous ses

Jeux, il *portait* ses soins jusqu'au Kamsbatka à 'extrémité de l'Orient, et il fit bâtir deux forts dans ce pays si long-temps inconnu au reste du monde. Cependant des ingénieurs de son académie de marine, établie en 1715, marchaient déjà dans tout l'empire pour *lever* des cartes exactes, et potir mettre sous les yeux de tous les hommes cette vaste étendue de contrées qu'il avait policées et enrichies.

CHAPITRE XII.
Du commerce.
Le commerce extérieur était presque tombé entièrement avant lui, il *le fit re-*

naître. On sait assez que le commerce a changé plusieurs fois son cours dans le monde. La Russie méridionale était, avant Tamerlan, "l'entrepôt de la Grèce et même des Indes; les Génois etaient les principaux facteurs. Le Tanaïs et le Borysthène étaient chargés des productions de l'Asie. Mais, lorsque Tamerlan eut conquis, sur la fin du quatorzième siècle, la Chersonèse taurique, appelée depuis la Crimée, lorsque les Turcs furent maîtres d'Azoph, cette grande branche du commerce du monde fut anéantie. Pierre avait voulu la faire revivre en se rendant maître d'Azoph. La malheureuse campagne du Pruth lui fit perdre cette ville, et avec elle toutes les vues du commerce par la hier Noire: il restait à s'ouvrir la voie d'un négoce non moins étendue par la mer Caspienne. Déjà, dans le conveyed. » extended. to draw. revived it.-"staple.,,. seizième siècle et au commencement du dix-septième, les Anglais, qui avaient fait naître le commerce à Archangel, Pavaient tenté sur la mer Caspienne; mais toutes ces épreuves furent inutiles.. Nous avons déjà dit que le père de Pierre le

Srand avait *fait bâtir un vaisseau* par un Hollanais, pour aller trafiquer d'Astracan sur les côtes de la Perse: le vaisseau fut brûlé par le rebelle Stenko-Basin. Alors toutes les espérances de négocier en droiture avec les Persans s'évanouirent. Les Arméniens, qui sont les facteurs de cette partie de l'Asie, furent reçus par Pierre le grand dans Astracan *i* on fut obligé de passer *%* par leurs mains, et de leur laisser tout l'avantage du commerce: c'est ainsi que dans l'Inde on en use avec les Banians, et que les Turcs, ainsi que beaucoup d'Etats chrétiens, *en usent* encore avec les Juifs; car ceux qui n'ont *qi'une ressource* se rendent toujours très savants dans l'art qui leur est nécessaire: les autres peuples deviennent volontairement tributaires d'un *savoir faire* qui leur manque.

Pierre avait déjà remédié à cet inconvénient, en faisant un traité avec l'empereur de Perse, par lequel toute la soie, qui ne serait pas destinée aux manufactures persanes, *serait livrée* aux

Arméniens d'Astracan, pour être par eux transportée en Russie.

Les troubles de la Perse détruisirent bientôt cet arrangement. Nous verrons comment le sha ou empereur persan, Hussein, persécuté par des rebelles, implora l'assistance de Pierre, et comment Pierre, après avoir soutenu des guerres si difficiles contre les Turcs et contre les Suédois, alla conquérir trois provinces de Perse; mais il n'est ici question que du commerce.

L'entreprise de négocier avec la Chine semblait

'caused a ship to be built. through. deal one way of living. industry. 'was to be delivered.

devoir être plus avantageuse. Deux Etats immenses qui se touchent, et dont l'un possède réciproquement ce qui manque à l'autre, paraissaient être tous deux dans l'heureuse nécessité *de lier* une correspondance utile, surtout depuis la paix jurée solennellement entre l'empire russe et l'empire chinois, en l'an 1689, selon notre manière de compter.

Les premiers fondements de ce commerce avaient été *"Jetés* dès l'année 1653. Il se forma, dans Tobol, des compagnies de Sibériens et de familles de Boukarie établies en Sibérie. Ces caravanes passèrent par les plaines des Calmouks, traversèrent ensuite les déserts jusqu'à la Tartarie chinoise, et firent des profits considérables: mais les troubles survenus dans le pays des Calmouks, et les querelles des Russes.et des Chinois *"pour* les frontières, dérangèrent ces entreprises.

Après la paix de 1689, il était naturel que les deux nations P*convinssent* d'un lieu neutre où les marchandises seraient portées. Les Sibériens, ainsi que tous les autres peuples, avaient plus besoin des Chinois que les Chinois n'en avaient d'eux: ainsi on demanda la permission à l'empereur de la Chine d'envoyer des caravanes à Pekin, et on l'obtint aisément au commencement du siècle où nous sommes.

Il est très remarquable que l'empereur Cam-hi avait permis qu'il y eût déjà, dans un faubourg de Pékin, une église russe desservie par quelques prêtres de Sibérie, aux dépens mêmes du tresor impérial. Cam-hi avait eu l'indulgence de bâtir cette église en faveur de plusieurs familles de la Sibérie orientale, dont les unes avaient été faites prisonnières avant la paix de 1689, et les autres étaient des transfuges. Aucune d'elles, après la paix de Nipchou, n'avait voulu retourner dans sa opening. » laid. in regard to. should fix. patrie: le climat de Pékin, la douceur des mœurs chinoises, la facilité de se procurer une vie commode par un peu de travail, les avaient toutes fixées à la Chine. Leur petite église grecque n'était point dangereuse au repos de l'empire, comme l'ont été les établissements des jésuites. L'empereur Cam-hi favorisait d'ailleurs la liberté de conscience; cette tolérance fut établie de tout temps dans toute l'Asie, ainsi qu'elle le fut autrefois dans la terre entière jusqu'au temps de l'empereur romain Théodose I. Ces familles russes s'étant mêlées depuis aux familles chinoises, ont abandonné leur christianisme; mais leur église subsiste encore.

Il fut établi que les caravanes de Sibérie jouiraient toujoursde cette église-jquand elles viendraient apporter des fourrures et d'autres objets de commerce à Pékin: le voyage, le séjour et le retour *se faisaient en* trois années. Le prince Gagarin, gouverneur de la Sibérie, fut vingt ans à la tête de ce commerce. Les caravanes etaient quelquefois très nombreuses, et il était difficile *de contenir* la populace qui composait le plus grand nombre.'

On passait sur les terres d'un prêtre lama, espèce de souverain qui réside sur la rivière d'Orkon, et qu'on appelle le Koutoukas: c'est un vicaire du grand lama, qui s'est rendu indépendant en changeant quelque chose à la religion du pays, dans laquelle l'ancienne opinion indienne de la métempsycose est l'opinion dominante. On ne peut mieux comparer ce prêtre qu'aux évêques luthériens de Lubeck et d'Osnabruck, qui ont secoué le joug de l'évêque de Rome. Ce prélat tartare fut insulté par les caravanes; les Chinois le furent aussi. Le commerce fut encore *"dérangé* par cette mauvaise conduite; et les Chinois menacèrent de fermer l'entrée de leur empire à ces took up. 'to keep within proper bounds. 'disturbed. caravanes, si on n'arrêtait pas ces désordres. Le commerce avec la Chine était alors très avantageux aux Russes: ils rapportaient de l'or, de l'argent et des pierreries. Le plus gros rubis qu'on connaisse dans le monde fut apporte de la Chine au prince Gagarin, passa depuis dans les mains de Menzikoff, et est actuellement un des ornements de la couronne impériale.

Les *"vexations du* prince Gagarin nuisirent beaucoup au commerce qui l'avait enrichi; mais enfin elles *"le perdirent lui-même:* il fut accusé devant la chambre de justice établie par le czar, et *on lui trancha la tête* une année après que le czarovitz fut condamné, et que la plupart de ceux qui avaient eu des liaisons avec ce prince furent exécutés à mort.

En ce temps-là même l'empereur Cam-hi se sentant affaiblir, et ayant l'expérience que les mathématiciens d'Europe étaient plus savants que les mathématiciens de la Chine, crut que les médecins d'Europe valaient aussi mieux que les siens; il fit prier le czar, par les ambassadeurs qui revenaient de Pékin à Pétersbourg, de lui envoyer un médecin. Il se trouva un chirurgien anglais à Pétersbourg qui s'offrit »*à faire ce personnage;* il partit avec un nouvel ambassadeur, et avec Laurent Lange, qui a laissé une description de ce voyage. Cette ambassade fut reçue et défrayée avec magnificence. Le chirurgien anglais trouva l'empereur en bonne santé, et passa pour un médecin trèshabile. La caravane, qui suivit cette ambassade, gagna beaucoup; mais de nouveaux excès, commis

J1ar celte caravane même, indisposèrent tellement es Chinois, qu'on renvoya Lange, alors résident du czar auprès de l'empereur de la Chine, et qu'on renvoya avec lui tous les marchands de Russie.

a stop was not put. exactions. "ended in his own destruction. he was bebeaded. to undertake the journey in tbat character.

L'empereur Cam-hi mourut; son fils Yontchin, aussi sage et plus ferme que son père, celui-là même qui chassa les jésuites de son empire, comme le czar les en avait chassés en 1718, conclut avec Pierre un traité par lequel les caravanes russes ne commerceraient plus que sur les frontières des deux empires. Il n'y a que les facteurs, dépêchés au nom du souverain ou de la souveraine de la Russie, qui aient la permission d'entrer dans Pékin; ils y sont logés dans une vaste maison que l'empereur Cam-hi avait assignée autrefois aux envoyés de la Corée. Il y. a long-temps qu'on n'a fait partir ni de caravanes ni de facteurs de la, couronne pour la ville de Pékin. Ce commerce est *languia sont,* mais prêt à se ranimer.

Gn voyait dès-lors plus de deux cents vaisseaux étrangers aborder chaque année à la nouvelle ville impériale. Ce commerce *'s'est accru* de jour en jour, et *avalu* plus d'une fois cinq millions (argent de France) à la couronne. C'était beaucoup plus que l'intérêt des fonds que cet établissement avait coûté. Ce commerce diminua beaucoup celui d'Archangel: et c'est ce que voulait le fondateur, parce qu'Archangel est trop impraticable, trop éloigné de toutes les nations, et que le commerce, qui *sejàit* sous les yeux d'un souverain appliqué, est toujours plus avantageux. Celui de la Livonie resta toujours sur le même *pied.* La Russie, en général, a trafiqué avec succès; mille à douze cents vaisseaux sont entrés tous les ans dans ses ports, et Pierre a su joindre l'utilité à la gloire.

in. a declining way. has continuee! in-creasing. brought in. "is carried on. 'footing.

CHAPITRE XIII.
Des lois.

On sait que les bonnes lois sont rares, mais que leur exécution l'est encore davantage. Plus un Etat est vaste et composé de nations diverses, plus il est difficile de les reunir par une même jurisprudence. Le père du czar Pierre avait fait rédiger un code sous le titre *d'Ouhgênie;* il était-même imprimé, mais *il s"en fallait beaucoup* çw'il pût suffire.

Pierre avait, dans ses voyages, % *amassé* des matériaux pour rebâtir ce

grand édifice qui *'croulait* de toutes parts: il *Hira* des instructions du Danemarck, de la Suède, de l'Angleterre, de l'Allemagne, de la France, et *prit* de ces différentes nations ce qu'il crut qui *convenait* à la sienne.

Il y avait une cour de boyards qui décidait en dernier ressort des affaires contentieuses: le rang et la naissance y donnaient *sêance;* il fallait que la science la donnât: cette cour fut *"cassée.*

Il créa un procureur général, auquel il joignit 3uatre assesseurs dans chacun des gouvernements e l'empire: ils furent chargés de veiller à la conduite des juges, dont les sentences *"ressortissant* au sénat qu il établit: chacun de ces juges fut f*pourvu* d'un *exemplaire* de l'Oulogênie, avec les additions et les changements nécessaires, en attendant qu'on pût *"rédiger* un corps complet de lois.

Il défendit à tous ces juges, sous peine de mort de recevoir ce que nous appelons *es épkes:* elles it is wellknown. by no means. collected.

"was falling to decay. 'derived. selec-ted. 'was suitable. a seat. "dissolved. are subject to an appeal. furnished with. q copy. form. 'fees.

sont *Médiocres chez* nous, mais il serait bon qu'il n'y en eût point. Les grands frais de notre justice sont les salaires des subalternes, la multiplicité des écritures, et surtout cet usage onéreux, dans les procédures, de composer les lignes de trois mots, et d'accabler ainsi, sous un tas immense de papiers, les fortunes des citoyens. Le czar eut soin que les' *frais* fussent médiocres et la justice prompte. Les juges, les *"greffiers* eurent des *ap-pointements du* tresor public, et n'achetèrent point leurs '*charges.*

Ce fut principalement dans l'année 1718, pendant qu'il *'instruisait* solennellement le procès de son fils, qu'il fit ces règlements. La plupart des lois qu'il *"porta* furent *Hirées* de celles de la Suède; et il ne fit point de difficulté d'admettre dans les tribunaux les prisonniers suédois instruits de la jurisprudence de leur pays, et qui, ayant appris la langue de l'empire, voulurent rester en Russie.

Les causes des particuliers *ressor-*

tirent au gouverneur de la province et à ses assesseurs; ensuite on pouvait en appeler au sénat; et si quelqu'un, après avoir été condamné par le sénat, en appelait au czar même, il était déclaré digne de mort, en cas que son appel fût injuste: mais, pour tempérer la rigueur de cette loi, il créa un maître général des requêtes qui recevait les placets de tous ceux 3ui avaient au sénat, ou dans les cours inférieures, es affaires sur lesquelles la loi ne s'était pas encore expliquée.

Enfin il acheva, en 1722, son nouveau code, et il défendit, sous peine de mort, *à* tous les juges de s'en *écarter,* et de substituer son opinion particulière à la loi générale. Cette ordonnance terrible fut affichée, et l'est encore dans tous les tribunaux de l'empire.

'moderate among. "expenscs. clerks. salaries appointee! them outofthe. 'offices. was conducting. enacted. borro-vred, were brought before the.

to dev'ute. 11 créait tout; il n'y avait pas jusqu'à la société qui ne fût son ouvrage. Il regla les rangs entre les hommes suivant leurs emplois, depuis l'amiral et le maréchal jusqu'à l'enseigne, sans aucun égard pour la naissance.

Ayant toujours *dans Tesprit,* et voulant apprendre à sa nation que des services étaient préferables à des aïeux, les rangs furent aussi fixés pour lesfemmes, et quiconque, dans une assemblée, prenait une place qui ne lui était pas assignée, payait *une amende.*

Par un règlement plus utile, tout soldat, *gui devenait officier,* devenait gentilhomme, et tout boyard, *flétri* par la justice, devenait roturier.

Après la rédaction de ces lois et de ces règlements, il arriva que l'augmentation du commerce, l'accroissement des villes et des richesses, la population de l'empire, les nouvelles entreprises, la création de nouveaux emplois *amenèrent* nécessairement une multitude d'affaires nouvelles et de cas imprévus, qui tous étaient *Ha suite* des succès mêmes de Pierre dans la réforme générale de ses Etats.

L'impératrice Elisabeth *acheva* le

corps des lois, que son père avait commencé, et ces lois *se sont ressenties* de la douceur de son règne.

in his own nrnd. a fine. on being made an officer. whose character had been impeached.

'introduced. consequences. complete-tee!.

" were impressed.

. .". CHAPITRE XIV. *De la religion.*

Dans ce temps-là même, Pierre travaillait plus que jamais à la réforme du clergé. Il avait aboli le *"patriarchat,* et cet acte d'autorité ne lui avait pas gagné les cœurs des ecclésiastiques. Il voulait que l'administration impériale fût toute-puissante, et que l'administration ecclésiastique fût respectée et *'obéissante.* Son dessein était d'établir un conseil de religion *vtoiijours subsistant,* qui dépendît du souverain, et qui ne donnât de lois à l'Eglise *que* celles qui seraient approuvées par le maître de l'Etat, dont l'Eglise fait partie. Il fut aidé, dans cette entreprise, par un archevêque de Novogorod, nommé Théophane Procop, ou Procop vitz, c'est-àdire, fils de Procop.

Ce prélat était savant et sage; ses voyages en diverses parties de l'Europe l'avaient instruit des abus qui y régnent; le czar, qui en avait été témoin lui-même, avait, dans tous ses établissements, avait, ce grand avantage, de pouvoir, sans contradiction, choisir l'utile et éviter le dangereux. Il travailla lui-même, en 1718 et 1719, avec cet archevêque. Un synode perpétuel fut établi, composé de douze membres, *'soit* évêques, soit archimandrites, tous choisis par le souverain. Ce collège fut augmenté depuis jusqu'à quatorze.

Ies motifs de cet établissement furent expliqués par le czar dans un discours préliminaire: le plus remarquable et le plus grand de ces motifs, est "qu'on n'a point à craindre, sous l'administration d'un collège de prêtres, les troubles et les *'soulèvements* qui pourraient arriver sous le gouvernement

"patriarchal office. eubmissive-which slionlj alway subiiat. but. partly. insurrection d'un seul chef ecclésiastique; que le peuple, toujours enclin à la superstition, pourrait, en voyant d'un côté un chef de l'Etat, et de l'autre un chef de l'Eglise, imaginer qu'il y a en effet *devcc puissaîices.'"* Il cite, sur ce point important, l'exemple des longues divisions entre l'empire et le sacerdoce, qui ont *'ensanglanté* tant de royaumes. Il pensait et il disait publiquement,que l'idée de deux puissances, fondée sur l'allégorie de deux épées qui se trouvèrent chez les apôtres, était une idée absurde.

Le czar *attribua à ce tribunal* le droit de régler toute la discipline ecclésiastique, l'examen des mœurs et de la capacité de ceux qui sont nommés aux évêchés par le souverain,-le jugement définitif des causes religieuses, dans lesquelles on appelait autrefois au patriarche, la *connaissance* des revenus des monastères et des distributions des aumônes.

Cette assemblée eut le titre de *très saint synode,* titre qu'avaient pris les patriarches. Ainsi le czar rétablit en effet la dignite patriarchale, partagée en quatorze membres, mais tous dépendants du souverain, et tous *faisant serment de lui obéir,* serment 3ue les patriarches ne faisaient pas. Les membres e ce sacré synode assemblés avaient le même rang que les sénateurs; mais aussi ils dépendaient du prince, ainsi que le sénat.

Cette nouvelle administration et le nouveau code. ecclésiastique ne furent en vigueur et ne reçurent une forme constante *que* quatre ans après, en l'année 1722. Pierre voulut d'abord que le synode lui présentât ceux qu'il jugerait les plus dignes des prélatures. L'empereur choisissait un évèque, et le synode le sacrait. Fierre présidait souvent à two different powers. stained with blood. invested this court with. cognizance. » taking an oath.

but. cette assemblée. Un jour qu'iZ *s'agissait de présenter un évêque,* le synode remarqua qu'il n'avait encore que des ignorants à présenter au czar: *Eh bien!* dit-il, *il n'y a qu'à cJioisir le plus honnête Iwmme; cela vaudra bien un savant.*

Il est à remarquer que, dans l'Eglise grecque, il n'y a point de ce que nous appelons *abbés séculiers:* le *"petit collet* n'y est connu que par son ridicule; mais, par un autre abus, *A puisqu'il faut que* *tout soit* abus dans le monde, les prélats sont *"tirés de* l'ordre monastique. Les premiers moines *n'étaient que des séculiers,* les uns dévots, les autres fanatiques, qui se retiraient dans les déserts: ils furent *%rassemblés* enfin par saint Basile, reçurent de lui une règle, firent des vœux, et furent comptés pour *le dernier* ordre de la hiérarchie, par lequel il faut commencer pour monter aux dignités. C'est ce qui remplit de moines la Grèce et l'Asie. La Russie *'en était inondée:* ils étaient riches, puissants; et, quoique très ignorants, ils étaient, à *H'avènement* de Pierre, presque les seuls qui sussent écrire: ils en avaient abusé dans les premiers temps, où ils furent si étonnés et si scandabsés des innovations que faisait Pierre en tout genre. Il avait été' obligé, en 1703, de *défendre* l'encre et les plumes aux moines: il fallait une permission expresse de l'archimandrite, qui répondait de ceux à qui il la donnait.

Pierre voulut que cette ordonnance subsistât. Il *avait voulu* d'abord *"qu'm n'entrât,* dans l'ordre' monastique, qu'à l'âge de cinquante ans; mais c'était trop tard; la vie de l'homme est trop courte, on n'avait pas le temps de former des évêques: il a bishop was to be presented. you have only to pitch upon. amall band. as every thing must be subject to. "chosen from. 'were only laymen.

'gathered together. the lower. 'was over-run; the accession. to forbid. intended. that no one should be admittcd.

régla, avec son synode, qu'il serait permis de faire un moine à trente ans *"passés,* mais jamais audessous; F'*défense* aux militaires et aux cultivateurs,' d'entrer jamais dans un couvent, o *moins* d'un ordre exprès de l'empereur ou du synode: jamais un homme marié ne peut être reçu dans un monastère, même après le divorce, o *moins que* sa femme *'ne sejhsse aussi religieuse* de son plein consentement, et qu'ils n'aient point d'enfants. Quiconque est *au service de l'Etat* ne peut se faire moine, à moins d'une permission expresse. Tout moine doit travailler de ses mains à quelque métier. Les religieuses ne doivent jamais sortir de leur monastère; on leur donne la tonsure à l'âge de cinquante ans, comme aux diaconesses de la primitive Eglise; et si avant d'avoir reçu la tonsure, elles veulent se marier, non-seulement elles *"le peuvent,* mais on les y exhorte: règlement admirable dans un pays où la population est beaucoup plus nécessaire que les monastères.

Pierre voulut que ces malheureuses filles, que Dieu a fait naître pour peupler l'Etat, et qui, par une dévotion *"mal entendue,* ensevelissent dans les cloîtres la race dont elles devaient être mères, fussent du moins de quelque utilité à la société qu'elles trahissent: il ordonna qu'elles fussent toutes employées à des ouvrages de la main convenables à leur sexe. L'impératrice Catherine *se chargea défaire venir* des ouvrières du Brabant et de la Hollande; elle les distribua dans les monastères, et on y fit bientôt des ouvrages *dont* Catherine et les dames de la cour *se parèrent.* 11 n'y a peut-être rien au monde de plus sage que

"complete. it was prohibited. without. unies. "should embrace a religions life. 'in employ under government. may do so. " mistaken. took upon herself the care of sending for. which.

wore as a part of their dress. toutes ces institutions; mais ce qui mérite l'attention de tous les siècles, c'est le règlement que Pierre porta lui-même, et qu'il adressa au synode en 1724. Il, fut aidé en cela par Théophane Procopvitz. L'ancienne institution ecclésiastique est très savamment expliquée dans cet écrit; l'oisiveté monacale y est *"combattue* avec force; le travail non-seulement recommandé, mais ordonné; et la principale occupation doit être de servir les pauvres: il ordonne que les soldats invalides soient *répartis* dans les couvents; qu'il y ait des religieux préposés pour avoir soin d'eux; que les plus robustes cultivent les terres appartenantes aux couvents: il ordonne la même chose dans les monastères des filles; les plus fortes doivent avoir soin des jardins; les autr.es *"doivent servir* les femmes et les filles malades, *qu'on amène* du voisinage dans le couvent. Il entre dans les *"pluspetits* détails de ces différents services: il destine quelques monastères de

l'un et de l'autre sexe à recevoir les orphelins et à les élever.

Il semble, en lisant cette ordonnance de Pierre le grand, du 31 janvier 1724, qu'elle soit composée à la fois par un ministre d'Etat et par un père de l'Eglise.

Presque tous les usages de l'Eglise russe sont différents des nôtres. Des qu'un homme est sousdiacre parmi nous, le mariage lui est interdit; et c'est un sacrilège pour lui de servir à peupler sa patrie. Au contraire, sitôt qu'un homme est ordonné sous-diacre en Russie, on l'oblige de prendre une femme: il devient prêtre, archi-prêtre; mais, pour devenir'évêque, *'il faut qu'il soit veuf* et moine.

Pierre *%défendit à* tous les curés d'employer plus opposed. quartered'. 'are to wait on.
wbo shall be brought. minutest. 'he muit be a widowcr. prohibited. d'un de leurs enfants au service de leur église, de lïeur qu'une famille trop nombreuse ne tyrannisât a paroisse; et il ne leur fut permis d'employer plus d'un de leurs enfants, que quand la paroisse le demanderait elle-même. On voit que, dans les plus petits *détails* de ces ordonnances ecclésiastiques, tout est dirigé au bien de l'Etat, et qu''ora *prend toutes les mesures possibles* pour que les prêtres soient considérés, sans être dangereux, et qu'ils ne soient ni *kavilis* ni puissants.

Je trouve dans des mémoires curieux, composés par un officier fort aimé de Pierre le grand, qu'un jour on lisait à ce prince le chapitre du *Spectateur anglais,* qui contient un parallèle entre lui et Louis XIV.; il dit, après l'avoir écouté: "Je ne crois pas mériter la préférence qu'on me donne sur ce monarque; mais j'ai été assez heureux pour lui être supérieur dans un point essentiel: j'ai forcé mon clergé à l'obéissance et à la paix, et Louis XIV. *s'est laissé subjuguer* par le sien."

Un prince, qui passait les joun, au milieu des fatigues de la guerre, et les nuits à rédiger tant de lois, à policer un si vaste empire, *à conduire* tant d'immenses travaux *tdans l'espace* de xleux mille lieues, avait besoin de dé-

lassements. Les plaisirs ne pouvaient être alors ni aussi nobles, m aussi *"délicats* qu'ils le sont devenus depuis, *vil ne faut pas s'étonner* si Pierre s'amusait à sa fête des cardinaux dont nous avons déjà parlé, et à quelques autres divertissements de cette espèce; ils furent quelquefois aux dépens de l'Eglise romaine, pour laquelle il avait une aversion très pardonnable a un ? rince du rite grec, qui veut être le maître chez lui. 1 donna aussi de pareils spectacles aux dépens des moines de sa patrie, mais des anciens moines qu'il circumstances. 'every precaution is taken. con temptible. » has suflèred himself to be ruled. in directing. through a space. elegant. we must not wonder.

voulait rendre ridicules, tandis qu'il réformait les nouveaux.

Nous avons déjà vu qu'avant qu'il promulguât ses lois ecclésiastiques, il avait créé pape un de ses fous, et qu'il avait célébré la fête du conclave. Ce fou, nommé Sotof, était âgé de quatrevingtquatre ans. Le czar imagina de lui faire épguserune veuve de son âge, et de célébrer solennellement cette noce; il fit faire l'invitation par quatre bègues; des vieillards décrépits conduisaient la mariée; quatre des plus gros hommes de Russie servaient *de coureurs:* la musique était sur un char *'conduit par des ours,* qu'on *piquait* avec despointes de fer, et qui, par *des mugissements,* formaient une basse *'cligne* des airs qu'on jouait sur lé chariot. Les mariés *"furent bénis* dans la cathédrale *par* un prêtre aveugle et sourd, à qui on avait mis des lunettes. La procession, le mariage, le *repas des noces,* le déshabillé des mariés, la cérémonie de les mettre au lit, tout fut *également convenable à* la bouffonnerie de ce divertissement.

Une telle *"fête* nous paraît bien *bizarre;* mais Test-elle plus que nos divertissements du carnaval? est-il plus beau de voir cinq cents personnes portant sur le visage des masques hideux, et sur le corps des habits ridicules, sauter toute une nuit dans une salle sans se parler?

Nos anciennes fêtes des fous, et de Tâne, et de l'abbé des cornards, dans nos Eglises, étaient-elles plus majestueuses? et nos comédies de la *Mère*

sotte montraient-elles plus de génie?
as runninç footmen. drau n. they pricked.
'their roaring. in perfect unison with.
_ received the benediction. from the hands of. marriage feast. of a piece with. entertainment. ridiculous.
foolisn mother.

CHAPITRE XV.

Des négociations d'Aland. De la mort de Charte XII. De la paix de Neustadt.

Ces travaux immenses du czar, ce détail de tout l'empire russe et le malheureux procès du prince Alexis, n'étaient pas les seules affaires qui l'occu)assent: il fallait *se couvrir* au-dehors, en réglant 'intérieur de ses Etats. La guerre continuait toujours avec la Suède, mais *"mollement,* et ralentie par les espérances d'une paix prochaine.

Il est constant que, dans l'année 1717, le cardinal Albéroni, premier ministre de Filhippe V. roi d'Espagne, et le baron de Gortz, devenu maître de l'esprit de Charles XII. avaient voulu changer la face de l'Europe, *%en réunissant* Pierre avec Charles, en détrônant le roi d'Angleterre George I., en rétablissant Stanislas en Pologne, tandis qu'Albéroni *donnerait* à Philippe son maître la regence de la France. Gortz s'était, comme on Ta vu, ouvert au czar même. Albéroni avait *'entamé* une négociation avec le prince Kourakin, ambassadeur du czar à la Haye, par l'ambassadeur d'Espagne Baretti Landi, Mantouan, transplanté en Espagne ainsi que le cardinal.

C'étaient des étrangers qui voulaient tout boule verser pour des maîtres dont ils n'étaient pas nés sujets, ou plutôt pour eux-mêmes. Charles.XII. donna dans tous ces projets, et le czar se contenta, de les examiner. Il n'avait fait, dès Tannée 1716, que de faibles efforts contre la Suède, plutôt poux la forcer à acheter la paix par la cession des provinces qu'il avait conquises, que pour achever de l'accabler.

to secure hiraself. faintly. 'tis a known fact.
'by eff'ecting a reconciliation between. was to procure. 'begun.

Déjà l'activité du baron de Gortz avait obtenu du czar qu'il envoyât des plénipotentiaires dans l'île ·d'Aland, pour traiter de cette paix. L'Ecossais Bruce, grand-maître d'artillerie en Russie, et le célèbre Osterman, qui depuis fut à la tête des affaires, arrivèrent au congrès précisément dans le temps qu'on arrêtait le czarovitz dans Moscou. Gortz et Gyllembourg étaient déjà au congrès de la part de Charles XII., tous deux impatients d'unir ce prince avec Pierre, et de se venger du roi d'Angleterre. Ce qui était étrange, c'est qu'il y avait un congrès et point d'armistice. La flotte du czar *kcroisait toujours* sur les côtes de Suède, et faisait des prises: il prétendait par ces hostilités accélérer la conclusion d'une paix si nécessaire à la Suède, et qui *devait être* si glorieuse à son vainqueur.

Deja malgré les petites hostilités qui duraient encore, toutes les apparences d'une paix prochaine étaient manifestes. Les préliminaires étaient des actions de générosité qui font plus d'effet que des signatures. Le czar renvoya sans rançon le maréchal Renschild, que lui-même avait fait prisonnier, et le roi de Suède rendit de même les généraux Trubetskoy et Gollovin, prisonniers en Suède depuis la journée de Narva.

Les négociations avançaient; tout allait changer dans le Nord. Gortz proposait au czar l'acquisition du Mecklenbourg. Le duc Charles, qui possédait ce duché, avait epousé une fille du czar Ivan, frère aîné de Pierre. La noblesse de son pays *était soulevée* contre lui. Pierre avait une armée dans le Mecklenbourg, et *"prenait le parti* du prince qu'il regardait comme son gendre. Le roi d'Angleterre, electeur du Hanovre, se déclarait pour la noblesse: c'était encore une manière de mortifier continuel! cruizing. 'must prove, had taken arma. "espoused the cause.
le roi d'Angleterre, en assurant le Mecklenbourg à Pierre déjà maître de la Livonie, et qui allait devenir plus puissant en Allemagne qu'aucun électeur. On donnait en équivalent au duc de Mecklenbourg le duché de Courlande et une partie de la Prusse, aux dépens de la Pologne à laquelle on rendait le roi Stanislas. Brême et Verden *"devaient revenir* à la Suède; mais Pore *ne pouvait*

en dépouiller le roi George I. que par la force des armes. Le projet de Gortz était donc, comme on Ta déjà dit, que Pierre et Charles XII., unis nonseulement par la paix, mais par une alliance offensive, envoyassent en Ecosse une armée. Charles XII., après avoir conquis la Norvège, devait descendre en personne dans la Grande-Bretagne, et *se flattait* d'y faire un nouveau roi, après en avoir fait un en Pologne. Le cardinal Albéroni promettait des subsides à Pierre et à Charles. Le roi George en tombant entraînait probablement dans sa chute le régent de France son allié, qui demeurant sans support était livré à l'Espagne triomphante et à la France soulevée.

Albéroni et Gortz se croyaient sur le point de *"bouleverser* l'Europe d'un bout à l'autre. Une balle de coulevrine, lancée au hasard des bastions de Frédérichshall en Norvège, confondit tous ces projets; Charles XII. fut tué, la flotte d'Espagne fut battue par les Anglais, la conjuration fomentée en France découverte et *"dissipée,* Albéroni *chassé* d'Espagne, Gortz décapité à Stockholm; et de toute cette ligue terrible, à peine commencée, il ne resta de puissant que le czar qui, *ne s'ètant compromis avec personne,* donna la loi à tous ses voisins.

were to revert. they could not be wrested out oi'thc hands of. q he fondly imagined. 'overturuing the System of. "quelled. driven out. by not having put bimself in the power of any one.

Toutes les mesures furent changées en Suède après la mort de Charles XII.: il avait été despotique; et on n'élut sa sœur Ulrique reine qu'à condition qu'elle renoncerait au despotisme. Il avait voulu s'unir avec le czar contre l'Angleterre et ses alliés, et le nouveau gouvernement suédois s'unit avec ses alliés contre le czar.

Le congrès d'Aland ne fut pas à la vérité *rompu;* mais la Suède liguée avec l'Angleterre espéra que des flottes anglaises, envoyées dans la Baltique, lui procureraient une paix plus avantageuse.—Février 1716. Les troupes hanovriennes entrèrent dans les Etats du duc de Mecklenbourg; mais les troupes du czar les en chassèrent.

Il *entretenait* aussi un corps de troupes en Pologne, qui *en imposait à la J'ois* aux partisans d'Auguste et à ceux de Stanislas; et *à l'êgard de* la Suede, il tenait une flotte prête qui *"devait* ou faire une descente sur les côtes, ou forcer le gouvernement suédois à ne pas *faire languir* le congrès d'Aland. Cette flotte fut composée de douze grands vaisseaux de ligne, de plusieurs du second rang, de frégates et de galères; le czar en était le vice-amiral, commandant toujours sous l'amiral Apraxin.

Une escadre de cette flotte se signala d'abord contre une escadre suédoise, et après un combat opiniâtre, prit un vaisseau et deux frégates. Pierre, qui encourageait par tous les moyens possibles la marine qu'il avait créée, donna soixante mille livres de notre monnaie aux officiers de l'escadre, des médailles d'or et surtout des marques d'honneur.

Dans ce temps-là même, la flotte anglaise, sous le commandement de l'amiral Norris, entra dans la mer Baltique pour favoriser les Suédois. Pierre eut assez de confiance dans sa nouvelle marine

"broken up. had. kept in awe both. as to. "was. to protract.

"pour ne se pas laisser imposer par les Anglais; il tint hardiment la mer, et envoya demander à l'amiral anglais s'il venait simplement comme ami des Suédois, ou comme ennemi de la Russie. L'amiral répondit qu'il n'avait point encore d'ordre positif. Pierre, malgré cette réponse équivoque, *ne laissa pas de* tenir la mer.

Les Anglais en effet n'étaient venus que dans Fintention de se montrer, et d'engager le czar par ces démonstrations à faire aux Suédois des conditions de paix acceptables.—Juillet 1719. L'amiral Norris alla à Copenhague, et les Russes firent quelques descentes en Suède dans le voisinage même de Stockholm; ils *"ruinèrent* des forges de cuivre; ils brûlèrent près de quinze mille maisons, et*causèrent assez de mal* pour faire souhaiter aux. Suédois que la paix fût incessamment conclue.

En effet, la nouvelle reine de Suède pressa le renouvellement des négocia-

tions; Osterman même fut envoyé à Stockholm: les choses restèrent dans cet état pendant toute l'année 1719.
1720.—L'année suivante le prince de Hesse, mari de la reine de Suède, devenu roi de son chef, par la cession de sa femme, commença son règne par l'envoi d'un ministre à Pétersbourg, pour hâter cette paix tant désirée: mais au milieu de ces négociations la guerre durait toujours.

La flotte anglaise se joignit à la suédoise, mais sans commettre encore d'hostilités; il n'y avait point de rupture déclarée entre la Russie et l'Angleterre: l'amiral Norris offrait la médiation de son maître; mais il l'offrait *à main armée,* et cela même arrêtait les négociations. Telle est la situation des côtes de la Suède et de celles des nouvelles provinces de Russie sur la mer Baltique, que l'on peut aisément insulter celles de Suède, et que les autres sont d'un *abord* très difficile. —Juin 1719. *'Il y partit bien,* lorsque l'amiral Noms, ayant *lcvé* le masque, fit enfin une descente conjointement avec les Suedois, dans une petite île de l'Estonie, nommée Narguen, appartenante au czar: ils brûlèrent une cabane; mais les Russes dans le même temps descendirent vers Vasa, brûlèrent quarante et un villages et plus de mille maisons, et causèrent dans tout le pays un dommage inexprimable. Le prince Gallitzin *prit quatre frégates suédoises à Tabordage;* il semblait que l'amiral anglais ne fût venu que pour voir de ses yeux à quel point le czar avait rendu sa marine redoutable. Norris ne fit presque que se montrer à ces mêmes mers sur lesquelles on menait les 'quatre frégates suédoises en triomphe au port de Cronslot devant Pétersbourg. Il paraît que les Anglais en firent trop s'ils n'étaient que médiateurs, et trop peu s'ils étaient ennemis.

'not to be frightened. continuee!. destroyed.

'did mischief enough. with arms in hand.

Novembre 1720. Enfin le nouveau roi de Suède demanda une suspension d'armes; et n'ayant pu réussir jusqu'alors par les menaces de l'Angleterre, il employa la médiation du

duc d'Orléans, régent de France: ce prince, allié de la Russie et de la Suède, eût l'honneur de la conciliation; il envoya Campredon plénipotentiaire à Pétersbourg et de là à Stockholm.—Février 1721. Le congrès s'assembla dans Neustadt, petite ville de Finlande; mais le czar ne voulut accorder l'armistice que 3uand on fut sur le point de conclure et de signer. 1 avait une armée en Finlande prête à subjuguer le reste de cette province; ses escadres menaçaient continuellement la Suède: il fallait que la paix ne se fit que suivant ses volontés. On souscrivit enfin à tout ce qu'il voulut: *on lui céda à perpétuité* tout ce qu'il avait conquis, depuis les access. 'this was clearly seen. thrown offi boarded and took four Swedish l'rigate-. he was to remain in perpetuai possession of. *V* frontières de la Courlande jusqu'au fond du golfe de Finlande, et *"par delà* encore, le long du pays de Kexholm, et cette *"lisière* de la Finlande même qui P*se prolonge* des environs de Kexholm au Nord: ainsi il resta souverain *reconnu* de la Livonie, de l'Estonie, de l'Ingrie, de la Carélie, du pays de Vibourg et des îles voisines qui lui *'assuraient* encore la domination de la mer, comme les îles d'Oesel, de Bago, de Mône et beaucoup d'autres. Le tout formait une étendue de trois cents lieues communes *'sur des largeurs inégales,* et composait un grand royaume, qui était le *prix* de vingt années de peines.

Cette paix de Neustadt fut signée le 10 septembre 1721, nouveau style, par son ministre Osterman et le général Bruce.

Pierre eut d'autant plus de joie que, se voyant *délivré* de la nécessite d'*entretenir* de grandes armées vers la Suède, libre d'inquiétude *avec* l'Angleterre et avec ses voisins, il se voyait *en état de* se livrer tout entier à la réforme de son empire, déjà si bien commencée, et *à faire fleurir* en paix les arts et le commerce, introduits par ses soins avec tant de travaux.

Dans les premiers transports de sa joie, il écrivit à ses plénipotentiaires: "Vous avez *"dressé* le traité comme si nous l'avions *rédigé* nous-mêmes, et si nous vous l'avions envoyé pour le faire signer aux Suédois; ce glorieux événement sera toujours présent à notre mémoire.'' *Des fêtes* de toute espèce signalèrent la satisfaction des peuples dans tout l'empire, et surtout à Pétersbourg. Les pompes triomphales que le czar avait *àétalées* pendant la guerre, *"n'approchaient pas* farther up. narrow slip. stretches out.

'acknowledged- securert. of unequal breadth.

'rewwd. freed. 'keeping. on the part. 'at hberty. to cherish. '-drawnup. framed. rejoicings. displayed. were nothing to compare to the. *des réjouissances paisibles au devant desquelles tous les citoyens allaient* avec transport: cette paix était le plus beau de ses triomphes; et ce qui plut bien plus encore que toutes ses fêtes éclatantes, ce fut *%une rémission entière* pour tous les coupables détenus dans les prisons, et l'abolition de tout ce qu'on devait d'impôts au trésor du czar *dans toute l'étendue de* Z'empire, jusqu'au jour de la publication de la paix. On brisa les chaînes d'une foule de malheureux: *'les voleurs publics,* les assassins, *Hes criminels de lèse majesté* furent seuls exceptés.

Ce fut alors que le sénat et le synode decernèrent à Pierre les titres de *grand, d'empereur* et de *père de la patrie.* Le chancelier Golofkin *porta la parole* au nom de tous les ordres de l'Etat dans l'église cathédrale; les sénateurs crièrent ensuite trois fois: *Vive notre empereur et notre père;* et ces acclamations furent *"suivies* de celles du peuple. Les ministres de France, d'Allemagne, de Pologne, de Danemarck, de Hollande, le félicitèrent le même jour, le nommèrent de ces titres qu'on venait de lui donner, et reconnurent empereur celui qu'on avait déjà désigné publiquement par ce titre en Hollande, après la bataille de Pultava. Les noms de *père* et de *grand* étaient des noms glorieux que personne ne pouvait lui disputer en Europe; celui *à'empereur,* n'était qu'un titre honorifique décerné par l'usage à l'empereur d'Allemagne, comme roi titulaire des Romains; et ces appellations *demandent* du temps pour être formellement *vusitées* dans les chancelleries des cours, où l'étiquette est différente de la gloire. Bientôt après, Pierre fut reconnu empereur par toute l'Europe, excepté par la Pologne, que la discorde divisait toujours, et par le pape, dont le

'which every citizen hailed. a free pardon. throughout the whole. 'highwaymen. those guilty of high-treason. made a speech. long live. joined. require.

adopted. suffrage est devenu *Jbrt inutile* depuis que la cour romaine a perdu son crédit à *mesure que* les nations se *sont éclairées.*

CHAPITRE XVI.
Des conquêtes en Perse.

La situation de la Russie est telle qu'elle a nécessairement *des intérêts à ménager* avec tous lesIjeuples qui habitent vers le cinquantième degré de atitude. Quand elle fut mal gouvernée, elle fut en proie tour à tour aux Tartares, aux Suédois, aux Polonais; et sous un gouvernement ferme et vigoureux, elle fut redoutable à toutes les nations. Pierre avait commencé son règne j5hr un traité avantageux avec la Chine. Il avait a la fois combattu les Suédois et les Turcs: il finit par conduire des armées en Perse.

La Perse commençait à tomber dans cet état déplorable où elle est encore de nos jours. *Qu'on se figure* la guerre de trente ans dans l'Allemagne, les temps de la Fronde, les temps de la Saint Barthélemi, de Charles VI et du roi Jean en France, les guerres civiles d'Angleterre, la longue dévastation de la Russie entière par les Tartares, ou ces mêmes Tartares envahissant la Chine; *"on aura* quelque idée des *Jlêaux* qui ont désolé la Perse.

11 suffit d'un prince faible et *inappliqué,* et d'un sujet puissant et entreprenant pour plonger un royaume entier dans cet abîme de désastres. Le of very little significance. in proportion as. became more enlightened 'to keep up certain connections. 'let us figure to ourselves. we shall have. miseries. indolent. sha ou shac, ou sophi de Perse Hussein, descendant lu grand Sha Abas, était alors sur le trône: *ist livrait* à la mollesse; son premier ministre commit des injustices et des cruautés que la faiblesse d'Hussein toléra: *voilà la source* de quarante ans de carnage.

La Perse, de même que la Turquie, a des provinces différemment gouvernées; elle a des sujets *Hntrnédiats,* des vassaux, des princes tributaires, des,

J)euples même à qui la cour payait un tribut sous e nom de pension ou de subside; tels étaient, par exemple, les peuples du Gaguestan, qui habitaient les branches du mont Caucase, à. l'occident de la mer Caspienne: ils faisaient autrefois partie de l'ancienne Albanie.; car tous les peuples ont changé leurs noms et leurs limites. Ccj peuples s'appellent aujourd'hui les Lesguis; ce sont des montagnards

Îjlutôt sous la protection que sous la domination de a Perse: on leur payait des subsides pour défendre ces frontières.

A l'autre extrémité de l'empire vers les Indes était le prince de Candahar, qui commandait à la milice des Aguans. Ce prince était un vassal de la Perse, comme les hospodars de Valachie et de Moldavie sont vassaux de l'empire turc: ce vasselage n'est point héréditaire; il ressemble parfaitement aux anciens fiefs établis dans l'Europe par les espèces de Tartares qui *bouleversèrent* l'empire romain. La milice des Aguans, gouvernée par le prince de Candahar, était celle de ces mêmes Albanois des côtes de la mer Caspienne, voisins du Daguestan, mêlés de Circasses et de Géorgiens, f1 areils aux anciens Mamelucs qui subjuguèrent 'Egypte: on les appela les Aguans par corruption. Timur, que nous nommons Tamerlan, avait mené cette milice dans l'Inde, et elle resta établie dans had wholly given himself up. this gave rise to. immediately under her dominion. overthrew.

cette province de Candahar, qui tantôt appartint à l'Inde, tantôt à la Perse. C'est par ces Aguans et par ces Lesguis que la révolution commença.

Myr Veitz, ou Mirivitz, intendant de la province, *préposê uniquement à la levée* des tributs, assassina le prince de Candahar, *"souleva* la milice, et fut maître du Candahar jusqu'à sa mort arrivée en 1717. Son frère lui succéda paisiblement en payant un léger tribut à la Porte persane: mais le fils de Mirivitz, né avec la même ambition que son père, assassina son oncle, et voulut devenir un conquérant. Ce jeune homme s'appelait Myr Mahmoud; mais il ne fut connu en Europe que sous le nom de son père qui avait commencé la rébellion. Mahmoud joignit à ses Aguans ce qu'il put ramasser de Guèbres-anciens Perses dispersés autrefois par le calife Omar, toujours attachés à la religion des mages, si florissante autrefois sous Cyrus, et toujours ennemis secrets des nouveaux Persans.. Enfin il marcha dans le cœur de la Perse à la tête de cent mille combattants.

Dans le même temps les Lesguis ou Albanois, à qui le malheur des temps n'avait pas permis qu'on payât leurs subsides, descendirent en armes de leurs montagnes; *de-sorte que l'incendie* s'alluma des deux bouts de l'empire jusqu'à la capitale.

Ces Lesguis ravagèrent tout le pays qui s'étend le long du bord occidental de la mer Caspienne jusqu'à Derbent ou la *%Porte de Jèr*. Dans cette contrée qu'ils dévastèrent est la ville de Shamachie, à quinze lieues communes de la mer: on prétend que c'est l'ancienne *demeure* de Cyrus, à laquelle les Grecs donnèrent le nom de Cyropolis; car nous ne connaissons que par les Grecs la position et les noms de ce pays: et de même que les Persans n'eurent jamais de prince qu'ils appelassent Cyrus, whose office was only to collect. armed. 'so that the flames of civil war. iron gate. "residence.

ils eurent encore moins de ville qui s'appelât Cyropolis. C'est ainsi que les Juifs, qui *se mêlèrent* d'écrire quand ils furent établis dans Alexandrie, imaginèrent une ville de Scythopolis, bâtie, disaient-ils, par les Scythes auprès de la Judée; comme si les Scythes et les anciens Juifs avaient pu donner des noms grecs à des villes.

Cette ville de Shamachie était opulente. Les Arméniens voisins de cette partie de la Perse y faisaient un commerce immense, et Pierre *kvenait d'y établir* à ses frais une compagnie de marchands russes qui commençait à être florissante. Les Lesguis surprirent la ville, la saccagèrent, égorgèrent tous les Busses

qui trafiquaient sous la protection de sha Hussein, et pillèrent leurs magasins, *demt on fit monter la perte* à près de quatre millions de roubles.

Pierre envoya demander satisfaction à l'empereur Hussein, qui disputait encore sa couronne, et au tyran Mahmoud qui l'usurpait. Hussein ne put lui rendre justice, et Mahmoud ne le voulut pas. Pierre résolut de se faire justice lui-même, et *de profiter* des désordres de la Perse.

Myr Mahmoud poursuivait toujours en Perse le cours de ses conquêtes. Le sophi apprenant que l'empereur de Russie se préparait à entrer dans la mer Caspienne, pour venger le meurtre de ses sujets égorgés dans Shamachie, le pria secrètement, *"par la voie* d'un Arménien, de venir en même temps au secours de la Perse.

Pierre méditait depuis long-temps le projet de dominer sur la mer Caspienne par une puissante marine, et de faire passer par ses Etats le commerce de la Perse et d'une partie de l'Inde. Il avait *"fait* sonder les profondeurs de cette mer, examiner . 'took it into their heads. had lately established there.

the loss on this occasion was said to amount. "' to take advantage. by the means of. caused. les côtes et *vdresser* des *caries* exactes. Il partit donc pour la Perse le 15 mai 1722. Son épouse l'accompagna dans ce voyage comme dans les autres. On descendit le Volga jusqu'à la ville d'Astracan. De là il *'courut* faire rétablir les canaux qui *"devaient* joindre la mer Caspienne, la mer Baltique et la mer Blanche; ouvrage qui a été achevé en partie sous le règne de son petit-fils.

Pendant qu'il dirigeait ces ouvrages, son infanterie, ses munitions étaient déjà sur la mer Caspienne. Il avait vingt-deux mille hommes d'infanterie, neuf mille dragons, quinze mille Cosaques: trois mille matelots manœuvraient et pouvaient servir de soldats dans les descentes. La cavalerie *prit le chemin de terre* par les déserts où l'eau manque souvent; et quand on a passé ces déserts, il faut *"franchir* les montagnes du Caucase, où trois cents hommes pourraient arrêter une armée: mais dans l'anarchie

où était la Perse on pouvait tout tenter.

Le czar vogua environ cent lieues au midi d'Astracan jusqu'à la petite ville d'Andréhof. On est étonné de voir le nom d'André sur le rivage de la mer d'Hircanie; mais quelques Géorgiens, autrefois espèce de chrétiens, avaient bâti cette ville, et les Persans l'avaient fortifiée: elle fut aisément prise. De là on s'avança toujours par terre dans le Daguestan; on répandit des manifestes en persan et en turc: il était necessaire *"de ménager* la Porte ottomane, qui comptait parmi ses sujets nonseulemeut les Circasses et les Géorgiens voisins de ce pays, mais encore quelques grands vassaux, rangés depuis peu sous la protection de la Turquie.

Entre autres il y en avait un fort puissant nommé Mahmoud d'Utmich, qui prenait le titre to be made. charts. hastened. 'were.

marched over land. to pass orer. to keep fair with. le sultan, et qui osa attaquer les troupes de l'empereur russe; il fut défait entièrement, et la relation porte qu'on fit de son pays *unfeu de joie.* ,14 septembre 1722.—Bientôt Pierre arriva à Derbent, que les Persans et les Turcs appellent T)emircapi, la porte de fer: elle est ainsi nommée,.parce qu'en effet il y avait une porte de fer du côté du midi. C'est une ville longue et étroite qui se joint par un bout à une branche escarpée du Caucase, et dont les murs sont *baignés* à l'autre bout par les vagues de la mer, qui s'élèvent souvent au-dessus d'eux dans les tempêtes. Ces murs Eouïraient passer pour une merveille de l'antiquité, auts.de quarante pieds, et larges de six, flanqués de tours carrées, à cinquante pieds l'une de l'autre,: tout cet ouvrage paraît d'une seule pièce; il. est bâti de *grès* et de coquillages *"broyés* qui ont servi *de mortier,* et le tout forme une masse plus dure que le marbre; on peut y entrer par mer, mais la ville du côté de terre paraît inexpugnable. Il reste encore les débris d'une ancienne muraille semblable à celle de la Chine, qu'on avait bâtie dans le temps de la plus haute antiquité; elle était.prolongée des bords de la mer Caspienne à ceux de la mer Noire, et c'était probablement un rempart élevé par les anciens rois de Perse contre cette foule de hordes barbares qui habitaient entre xes deux mers.

La tradition persane porte que la ville de Derhent fut en partie réparée et fortifiée par Alexandre. Arrien, Quinte-Curce disent qu'en effet Alexandre *Jit relever* cette ville: ils prétendent, à la vérité,. que ce fut sur les bords du Tanaïs, mais c'est que de leur temps les Grecs donnaient le nom de Tana'is au fleuve Cyrus, qui passe auprès de la ville. Il serait contradictoire qu'Alexandre eût bâti la a bonfire. washed. freestone. poundcd.

"as mortar. rebuilt.

Le grand seigneur fut *iprès* de déclarer la guerre. La cour de Vienne et celle de Paris l'en empê chèrent. L'empereur d'Allemagne notifia que, si les Turcs attaquaient la Russie, il serait obligé de la défendre. Le marquis de Bonac, ambassadeur de France à Constantinople, *vappuya* habilement par ses représentations les menaces des Allemands; il fit sentir que c'était même l'intérêt de la Porte de ne pas souffrir qu'un rebelle usurpateur de la Perse enseignât à détrôner les souverains: que l'empereur russe n'avait fait que ce que le grand seigneur *attrait dû faire.*

Pendant ces négociations délicates le rebelle Myr Mahmoud s'était avancé aux portes de Derbent: il ravagea les pays voisins, afin que les Russes n'eussent pas de quoi subsister. La partie de l'ancienne Hircanie, aujourd'hui Guilan, fut saccagée, et ces peuples désespérés se mirent d'eux-mêmes sous la protection des Russes,. qu'ils regardèrent comme leurs libérateurs.

Ils suivaient en cela l'exemple du sophi même. Ge malheureux monarque avait envoyé un ambassadeur à Pierre le grand pour implorer solennellement son secours. A peine cet ambassadeur fut-il en route, que le rebelle Mvr Mahmoud se saisit d'Ispahan et de la personne de son maître.

Le fils du sophi détrôné et prisonnier, nommé Thamaseb, échappa au tyran, rassembla quelques troupes, et combattit l'usurpateur. Il ne fut pa moins ardent que son père à presser Pierre le grand de le protéger, et envoya à l'ambassadeur les mêmes.instructions que sha Hussein avait données.

Auguste 1723.—Cet ambassadeur persan, nomme Ismaël-beg, n'était pas encore arrivé, et sa négociation avait déjà réussi. Il sut, en abordant à Astracan, que le général Matufkin allait partir. avec de nouvelles troupes pour renforcer l'armée du

"-on the point. seconded. ought to have donc Daguestan. On n'avait point encore pris la ville de Baku ou Bachu, qui donne à la mer Caspienne le nom de mer de Bachu chez les Persans. Il donna au général russe une lettre pour les habitants, par laquelle il les exhortait, au nom de son maître, à se soumettre à l'empereur de Russie. L'ambassadeur continua sa route pour Pétersbourg, et le général Matufkin alla *'mettre le siège devant* la ville de Uachu. L'ambassadeur persan arriva à la cour en même temps que la nouvelle de la prise de la ville.

Cette ville est près de Shamachie, où les facteurs russes avaient été égorgés; elle n'est pas si peuplée ni si opulente que Shamachie, mais elle est renommée pour le naphte qu'elle fournit à toute la Perse. Jamais traité ne fut plus tôt conclu que celui d'Ismael-beg.—Septembre 1723.—L'empereur Pierre,

ÎK1ur venger la mort de ses sujets, et pour secourir e sophi Thamaseb contre l'usurpateur, promettait de marcher en Perse avec des armées, et le nouveau sophi lui cédait nonseulement les villes de Bachu et de Derbent, mais les provinces de Guilan, de Mazanderan et d'Asterabath.

Le Guilan est, comme nous l'avons déjà dit, l'Hircanie méridionale; le-Mazanderan qui la touche est le pays des Mardes; Àsterabath joint le Mazanderan; et c'étaient les trois provinces principales des anciens rois mèdes: de sorte que Pierre se voyait maître, par ses armes et par les traités, du premier royaume de Cyrus.

Il n'est pas inutile de dire que dans les articles de cette convention "on régla le prix des *denrées qu'on devait fournir à.* l'armée. Un chameau "ne devait coûter que soixante francs de notre monnaie (douze roubles); la livre de pain "ne revenait pas à '*to* lay siege to.

'they settled. 'necessaires to be furnished. 'was to cost only. "could be had for

Jets than.

cinq liards, la livre de bœuf à peu près à six: ce prix était une preuve évidente de l'abondance qu'on voyait en ces pays des vrais biens qui sont ceux de la terre, et de la disette de l'argent qui n'est qu'un bien de convention.

Tel était le sort misérable de la Perse, que le malheureux sophi Thamaseb, errant dans son royaume, poursuivi par le rebelle Mahmoud assassin de son père et de ses frères, était obligé de conjurer à la fois la Russie et la Turquie de vouloir bien prendre une partie de ses Etats pour lui conserver l'autre.

L'empereur Pierre, le sultan Achmet III. et le sophi Thamaseb convinrent donc que la Russie garderait les trois provinces dont nous venons de parler, et que la Porte ottomane aurait Casbin, Tauris, Erivan, outre ce qu'elle prenait alors sur l'usurpateur de la Perse. Ainsi ce beau royaume était *à lajbis* démembré par les Russes, par les Turcs et par les Persans mêmes.

L'empereur Pierre régna ainsi jusqu'à sa mort *'du fond* de la mer Baltique *zpar-delà* les bornes méridionales de la mer Caspienne. La Perse continua d'être la proie des révolutions et des ravages. Les Persans, auparavant riches et polis, furent plongés dans la misère et dans la barbarie, tandis que la Russie *"parvint* de la pauvreté et de la frossièreté à l'opulence et à la politesse. Un seul omrae, parce qu'il avait un génie actif et ferme, éleva sa patrie; et un seul homme, parce qu'il était faible et indolent, fit tomber la sienne.

Nous sommes encore très mal informés *du détail de toutes les calamités* qui ont désolé la Perse si long-temps; *on a prétendu* que le malheureux sha Hussein fut *assez lâche pour* mettre luimême s» at once. » *(rora* the further part. heyond. arose.

of the private calamities. it has been said.. w pusillaniinous as. mitre persane, ce que nous appelons la couronne, sur la tête de l'usurpateur Mahmoud. On dit que ce Mahmoud tomba ensuite en démence; ainsi un imbécile et un fou décidèrent du sort de tant de milliers d'hommes. On ajoute que Mahmoud tua de sa main, dans un accès de folie, tous les fils et les neveux du sha Hussein au nombre de cent, qu'il se fit réciter l'évangile de saint Jean sur la tête pour se purifier et pour se guérir. Ces contes persans ont été *"débités* par nos moines et imprimés a Paris.

Ce tyran, qui avait assassiné son oncle, fut enfin assassiné à son tour par son neveu Eshreff, qui fut aussi cruel et aussi tyran que Mahmoud.

Le sha Thamaseb implora toujours l'assistance de la Russie. C'est ce même Thamaseb ou Thamas, secouru depuis et rétabli par le célèbre Koulikan, et ensuite détrôné par Kouli-kan même.

Ces révolutions et les guerres que la Russie eut ensuite à soutenir contre les Turcs *(dont* elle fut victorieuse, l'évacuation des trois provinces de Perse, qui coûtaient à la Russie beaucoup plus qu'elles *%ne rendaient* ne sont pas des événements qui concernent Pierre le grand; ils n'arrivèrent que plusieurs années après sa mort: il suffit de dire qu'il finit sa carrière militaire par ajouter trois provinces à son empire du côté de la Perse, *lorsqu'il venait d'en ajouter* trois autres vers les frontières de la Suède.

circulated. 'overwhom. they were worlh.

"after having just before added.

CHAPITRE XVII.

Couronnement et sacre de l'impératrice Catherine I. Mort de Pierre le grand.

Pierre, au retour de son expédition de Perse, se vit plus que jamais l'arbitre du Nord. Il se déclara le protecteur de la famille de ce même Charles XII. dont il avait été dix-huit ans l'ennemi. *'Ilfit venir* à la cour le duc de Holstein, neveu de ce monarque; il lui destina sa fille aînée, et se prépara dès-lors à soutenir ses droits sur le duché de Holstein-Slesvick;—févr. 1724—il s'y engagea même dans un traité d'alliance qu'il conclut avec la Suède.

Il continuait les travaux commencés dans toute l'étendue de ses Etats, jusqu'au fond du Kamhatka; et, pour mieux diriger ces travaux, il établissait à Pétersbourg son académie des sciences.

Les arts florissaient de tous côtés; les manufactures étaient encouragées, la marine augmentée, les armées bien *entretenues;* les lois observées: il jouissait en paix de sa gloire; il voulut *la partager* d'une manière nouvelle avec celle qui, *en réparant* le malheur de la campagne du Pruth, avait, disaitil, contribué à cette gloire même.

18 Mai 1724.—Ce fut à Moscou qu'il fit couronner et sacrer sa femme Catherine, en présence de la duchesse de Courlande, fille de son frère aîné, et du duc de Holstein qu'il allait faire son gendre. La déclaration qu'il publia mérite attention; *on y rappelle l'usage* de plusieurs rois chrétiens de faire couronner leurs épouses; on y he sent for. provided. 'to share k. .by retrieving. "he therein mentions the custom. rappelle les exemples des empereurs Basilide, Justinien, Héraclius, et Léon le philosophe. L'empereur y spécifie les services rendus à l'Etat par Catherine, et surtout dans la guerre contre les Turcs, lorsque son armée réduite, dit-il, à vingtdeux mille hommes, en avait plus de deux cent mille à combattre. Il n'était point dit dans cette ordonnance que l'impératrice dût régner après lui; mais il y préparait les esprits par cette cérémonie *"inusitée* clans ses Etats.

Ce qui pouvait peut-être encore faire regarder Catherine destinée à posséder le trône après son époux, c'est que luimême marcha devant elle à pied le jour du couronnement, en qualité de capitaine d'une nouvelle compagnie qu'il créa sous le nom de *chevaliers de l'impératrice.*

Quand on fut arrivé à l'église, Pierre lui posa la couronne sur la tête; elle voulut lui embrasser les genoux; il l'en empêcha; et *au sortir de* la cathédrale, il *Ifit* porter le sceptre et le globe devant elle. La fête fut digne en tout d'un empereur. Pierre *'étalait* dans les *occasions d'éclat* autant de magnificence qu'il *mettait* de simplicité dans sa vie privée.

Ayant couronné sa femme, il se résolut enfin à donner sa fille aînée Anne Pétrona au duc de Holstein. Cette princesse avait beaucoup de *traits* de son père: elle était d'une taille majestueuse et d'une grande beauté. *On la fiança* au duc de Holstein, mais sans grand *appareil.*—24 Nov. 1724.—Pierre sentait déjà sa santé très *'altérée,* et un chagrin domestique, qui peut-être *agrit encore le mal* dont il mourut, rendit ces derniers temps de sa vie peu convenables à la pompe des fêtes.

unusual. at their return from. caused. 'displayed., ' public occasions. 'shewed. features. "she was betrothed- ceremony. impaired. Jncreased the disorder.

Catherine avait un jeune chambellan, nommé Moëns de la Croix, né en Russie d'une famille flamande: il était *"(Fune figure distinguée;* sa sœur, madame de Baie, était dame d'atour de l'impératrice: tous deux *gouvernaient sa maison.* On les accusa l'un et l'autre auprès de l'empereur; ils furent mis en prison; *on leur fit leur procès* pour avoir reçu des présents. Il avait été *défendu* dès l'an 1714, à tout homme en place d'en recevoir, *"souspeine* d'infamie et de mort; et cette *défense* avait été plusieurs fois renouvelée.

Le frère et la sœur furent *% convaincus:* tous ceux qui avaient ou acheté bu récompensé leurs services, furent nommés dans la sentence, excepté le duc de Holstein et son ministre le comte de Bassevitz: il est *vraisemblable* même que les présents faits par ce prince à ceux qui avaient contribué *'à faire réussir* son mariage, ne furent pas regardés comme une chose criminelle.

Moëns fut condamné *à perdre la tête,* et sa sœur, favorite de l'impératrice, à recevoir onze *coups* de knout. Les deux fils de cette dame, l'un chambellan et l'autre page, furent dégradés et envoyés en qualité de *simples* soldats dans l'armée de Perse.

Ces sévérités qui *"révoltent* nos mœurs, étaient peut-être nécessaires dans un pays où le *"maintien* des lois semblait *vexiger* une rigueur effrayante. L'impératrice demanda *la grâce de sa dame d'atour,* et son mari irrité la refusa. Il cassa dans Mémoires du comte de Bassevitz.

remarkably handsome. had the whole management of her household. they werc brought to their trial. forbidden. "under pain. 'prohibition found guilty. probable 'to bring about. tobe beheaded. 'strokes. "private. "shock. observance. to demand. « the pardon of her Hed chauibcr woman.

sa colère une glace de Venise, et dit à sa femme: "Tu vois qu'il ne faut qu'wn *coup* de ma main *"pour faire rentrer* cette glace *dans la poussière dont elle est sortie?* Catherine le regarda avec une douleur *attendrissante,* et lui dit: "Eh bien! vous avez cassé ce qui faisait l'ornement de votre palais, croyez-vous qu'il en devienne plus beau?" Ces paroles appaisèrent l'empereur; mais *"toute la grâce* que sa femme put obtenir de lui, fut que sa dame d'atour ne recevrait que cinq coups de knout au lieu de onze.

Je ne rapporterais pas ce fait s'il n'était attesté par un ministre *témoin oculaire,* qui, lui-même ayant fait des présents au frère et à la sœur, fut

E ut-être une des principales causes de leur maleur. Ce fut cette aventure qui enhardit ceux qui jugent de tout avec malignité,?à *débiter* que Catherine hâta les jours d'un mari qui lui inspirait plus de crainte par sa *colère* que de reconnaissance par ses bienfaits.

On se confirma dans ces soupçons cruels par l'empressement qu'eut Catherine de rappeler sa dame d'atour immédiatement après la mort de son époux, et de lui donner toute sa faveur. Le devoir d'un historien est *"-de rapporter* ces *bruits* publics qui ont *éclaté* dans tous les temps et dans tous les États à la mort des princes *àenlevés* par une mort prématurée, comme si la nature ne suffisait pas à nous détruire; mais le même devoir exige qu'on fasse voir combien ces bruits étaient téméraires et injustes.

Il y a une dista nce immense entre le mécontente ment *"passager* que peut causer un mari sévère, et 'one strokc. 'to reduce. 'to its original ilust

'melting. "the only favour. an eyewitness to sprcad the report. choleric disposition. to relate. reports. circulated. snatchcd away.

momentary. la résolution désespérée d'empoisonner un époux et un maître auquel on doit tout. Le danger d'une telle entreprise eût été aussi grand que le crime. Il y avait alors un grand parti

contre Catherine, en faveur du fils de l'infortuné czarovitz. Cependant ni cette faction, ni aucun homme de la cour ne soupçonnèrent Catherine, et les bruits vagues qui 'coururent ne furent que l'opinion de quelques étrangers mal instruits, qui %se livrèrent sans aucune raison à ce plaisir malheureux de supposer de grands crimes à ceux qu'on croit intéressés à les commettre. Cet intérêt même était fort douteux dans Catherine; il n'était pas sûr qu'elle dût succéder; elle avait été couronnée, mais seulement en qualité d'épouse du souverain, et non comme devant être souveraine après lui. La déclaration de Pierre n'avait ordonné cet appareil que comme une cérémonie et non comme un droit de régner: *elle rappellait* les exemples des empereurs romains qui avaient fait couronner leurs.épouses, et aucune d'elles ne fut maîtresse de l'em pire. Enfin, dans le temps même de la maladie de Pierre, plusieurs crurent que la princesse Anne Pétrona lui succéderait, conjointement avec le duc de Holstein son époux, ou que l'empereur nommerait son petit-fils pour son successeur; ainsi, 'bien loin que Catherine eût intérêt à la mort de l'empereur, elle avait besoin de sa *conservation.*

Il était *constant* que Pierre était attaqué depuis long-temps d'un abcès et d'une rétention d'urine qui lui causait des douleurs aiguës. Les eaux minérales d'Olonitz et d'autres qu'il mit en usage ne furent que d'inutiles secours; on le vit s'affaiblir sensiblement depuis le commencement de l'année 1724. Ses travaux, dont il ne se relâcha jamais, augmentèrent son mal et hâtèrent sa fin: son état were spread. chose to indulge. it mentioned' .' so far from Catherine being interested in. preservation of his life. undeniable.

parut bientôt mortel;—Janvier 1725— il ressentit des chaleurs brûlantes qui le jetaient dans un délire presque continuel: il voulut écrire dans un moment d'intervalle que lui laissèrent ses douleurs, mais sa main ne forma que des caractères inlisibles, dont on ne put déchiffrer que ces mots *en russe; Rendez tout à. Ilcria qu'on fît venir* la princesse Anne Pétrona, à laquelle il voulait dic-

ter; mais lorsqu'elle parut devant son lit, il avait déjà perdu la parole, et il tomba dans une agonie qui dura seize heures. L'impératrice Catherine n'avait pas quitté son *"chevet* depuis trois nuits; il mourut enfin entre ses bras le 28 Janvier vers les quatre heures du matin.

P0m *porta son corps* dans la *grand'salle* du palais, suivi de toute la famille imperiale, du sénat, de toutes les personnes de la première distinction et d'une foule de peuple: il fut exposé sur un *Hit de parade,* et tout le monde eut la liberté de l'approcher et de lui baiser la main, jusqu'au jour de son enterrement qui *sefit* le 10-21 mars 1725.

On a cru, on a imprimé qu'il avait *"nommé* son épouse Catherine héritière de l'empire par son testament; mais la vérité est qu'il n'avait point fait de testament, ou que du moins il n'en a jamais paru: négligence bien étonnante dans un législateur, et qui prouve qu'il n'avait pas cru sa maladie mortelle.

On ne savait point à l'heure de sa mort qui remplirait son trône; il laissait Pierre, son petit-fils, né de l'infortuné Alexis; il laissait sa fille aînée, la duchesse de Holstein. Il y avait une faction considérable en faveur du jeune Pierre. Le prince Menzikoff, lié avec l'impératrice Catherine dans Mémoires manuscrits du Comte de Bassevitz.

in the Ttussian Ianguage. "he called out for. "bed-side. his body was conveyed. great hall, 'bedofstate. took place. 'it has been thought. 'appointed, *f* tous les temps, *"prévint* tous les partis et tous les. desseins. Pierre était *près* d'expirer, quand Menzikoff *fit passer* l'impératrice dans une salle où leurs amis étaient déjà assemblés; *onfait transporter le trésor* à la forteresse, on s'assure des gardes; le prince Menzikoff gagna l'archevêque de Novogorod; Catherine tint avec eux, et avec un secrétaire de confiance, nommé Macarof, un conseil secret, où assista le ministre du duc de Holstein.

L'impératrice, *"-au sortir* de ce conseil, revint auprès de son époux mourant, qui *rendit* les derniers soupirs entre ses bras. Aussitôt les sénateurs, les officiers généraux accoururent au palais; l'impératrice les harangua; Menzikoff répondit en leur nom; on délibéra pour la forme hors de la présence de l'impératrice. L'archevêque de Plescou Théophane déclara que l'empereur avait dit, la veille du couronnement de Catherine, qu'il ne la couronnait que pour la faire régner après lui; toute l'assemblée signa la proclamation, et Catherine succéda à son époux le jour même de sa mort.

Pierre le grand fut regretté en Russie de tous ceux qu'il avait formés, et la génération qui suivit celle des partisans des anciennes mœurs le regarda bientôt comme son père. Quand les étrangers ont vu que tous ses établissements étaient durables, ils ont eu pour lui une admiration constante, et ils ont aa)oué qu'il avait été inspiré plutôt par une sagesse extraordinaire que par H envie de faire des choses étonnantes, L'Europe a reconnu qu'il avait aimé la gloire, mais qu'il l'avait mise à faire du bien, que ses défauts n'avaient jamais affaibli ses grandes qualités, qu'en lui l'homme eut ses Haches, et que was beforehand with. on the point of.
removed "they had the royal treasures conveyed. at the breaking up. gave up. acknowledged. the desire. had made it consist in. le monarque fut toujours grand; il a forcé la nature en tout, dans ses sujets, dans lui-même, et sur la terre et sur les eaux: mais il Ta forcée pour l'embellir. Les arts, qu'il a transplantés %de ses mains dans des pays dont plusieurs alors étaient sauvages, ont, en fructifiant, rendu témoignage à son genie et éternisé sa mémoire; ils paraissent aujourd'hui originaires des pays mêmes où il les a portés. Lois, police, politique, discipline militaire, marine, commerce, manufactures, sciences, beauxarts, tout s'est perfectionné selon ses vues; et par une singularité dont il n'est point d'exemple, ce sont quatre femmes montées après lui successivement sur le trône qui ont maintenu tout ce qu'il acheva, et ont perfectionné tout ce qu'il entreprit.
Le palais a eu des révolutions après sa mort; l'Etat n'en a éprouvé aucune. La splendeur de cet empire s'est augmentée sous Catherine I.; il a triomphé des Turcs et des Suédois sous Anne Pétro-

na; il a conquis sous Elisabeth la Prusse et une partie de la Poméranie; il a joui d'abord de la paix, et il a vu fleurir les arts sous Catherine II.

C'est aux historiens nationaux d'entrer dans tous les détails des fondations, des lois, des guerres et des entreprises de Pierre le grand; ils encourageront leurs compatriotes en célébrant tous ceux qui ont aidé ce monarque dans ses travaux guerriers et politiques. Il suffit à un étranger, 'amateur désintéressé du mérite, d'avoir kessayé de montrer ce que fut le grand homme qui apprit de Charles XII. à le vaincre, qui sortit deux fois de ses Etats pour les mieux gouverner, qui travailla de' ses mains à presque tous les arts nécessaires, pour en donner l'exemple à son peuple, et qui fut le fondateur et le père de son empire.

'errors. with. undergone. 'a disinterested admirer. endeavoured.

Les souverains des Etats depuis longtemps policés se diront à eux-mêmes: " Si dans les climats glacés de l'ancienne Scythie un homme aidé de son seul génie a fait de si grandes choses, que devons-nous faire dans des royaumes où les travaux accumulés de plusieurs siècles nous ont rendu tout facile?" long since civilized.

SCHOOL BOOKS,
PUBLISHED BY
BOOSEY AND SONS,
BROAD STREET, ROYAL EXCHANGE.
Books to be considered Bound unless otherwise expressed.
ART of Working in Pasteboard, upon Scientific Principles, intended as a Sequel to Papyro-Plastics, or the Art of Modelling in Paper, with an Appendix, explaining the Mode of Constructing Architectural Models, with 8 plates; compiled from the German, with corrections and additions, by D. Boileau, 16mo. extra boards, 5s.
The art of Working in Pasteboard is admirably calculated for the amusement cf the young and fair portion of the high ranks of this country."—New Monthly Magazine.
The beneficial influence of ibis Art we sincerely beliere will not be limited for

that circle for whose use it is immediately intended."
—Monthly Review.
"This publication contains the principles of the Working of Pasteboard —choice of tools and materials—points out the means by which the Art may be attained—elegant baskets, urns, &c. may be thus constructed, forming a pleasing and useful recreation. The varnishing of paper is also a subject of much use," &c.— Times Newspaper.
"We cordially recommend this little Work to all fair architects, for ourselves we are advocates for all that calls forth female ingenuit' gracefully."—Literary Gazette.
ADAM'S History of Great Britain, 12-mo. 4». 6rf.
BLAIR'S School Dictionary, 12mo. 3.
BOAD'S Expositor and English Spelling Book, 12mo. s. (Id
BONNYCASTLE'S Introduction to Algebra, 12mo. 4».
  Key to Ditto, 12mo. 4». W.
  Arithmetic, 12mo. 3i. M.
  Key to ditto, 12mo. is. 6rf.
BROOKE'S General Gazetteer, 8vo. 15».
BROWNE'S Classical Dictionary, 12-mo. 8s.
DUBOST'S Elements of Commerce, Exchange, Banking Operations, and Exchange Circulations; Pars of Exchange and of Coins, Tables of Monies, Weights, Logarithms, &c. 8vo. boards, 14s.
  Commercial Arithmetic, 4s.
A very neat, clear, and precise Treatise on Arithmetic, within moderate limits, and drawn up with attention to accuracy and real principles."—Monthly Review.
ENFIELD'S Speaker, 12mo. 3s. 6d. .
  Exercises on Elocution, 12mo. 4s.
  Elegant Extracts in Prose, royal 8vo. boards, 15s.
    Verse ditto, 15s.
    Epistles ditto, 15s.
GOLDSMITH'S Abridged History of England, with Bewick's Heads, and upwards of a thousand Questions: continued to the death of George III. 12mo. 4s.
  Greece, 12mo. 3s. 6d.
  Rome, 12mo. 3s. 6d.

Geography and History, selected by a Lady, a new edition, enlarged, and illustrated with Maps, 12mo. 4s. *6d.*

GUTHRIE'S Geographical, Historical, and Commercial Grammar, 8vo. with Maps, 18s.

Atlas, 8vo. coloured, 12s. boards.

HISTORICAL LINES of Dr. Grey's Technical Memory, with various additions, chiefly as they apply to Modern History, (arranged for general use) 12mo. *new edition, Is.*

This art is rendered easy to beginners, and is most applicable to

Seminaries of education, or self-teaching practitioners.— *Weekly Review.*

HODGKIN'S Mercantile Letters, intended to give a General Knowledge of Business to those Young Persons whose views are directed to Commerce, 12mo. boards, 4s. 6rf.

HUTTQN'S Complete Measurer, 12mo. 4s.

JOHNSON'S Dictionary, Abridged from Todd's Edition by Chalmers, 8vo. 18s.

in Miniature, ISmo. 3s.

KEITH'S Practical Arithmetic, 12mo. 4s. *6d.'*

— Key, ditto, 5s. *6d.*

KELLY'S Elements of Book-keeping and Accounts, 8vo. 7s.

LAWRENCE'S Stories, selected from the History of Greece, for Children, 18mo. half-bound, 3s. firf.

PAPYRO-PLASTICS, or the Art of Modelling in Paper; with, ample directions-to draw with Ruler and Compass the flat paper figure of the object to be represented, and afterwards to cut, fold, join, and paint the same, second edition, 16mo. with 21 plates, in extra boards, 5s.

This ingenious Art is calculated to introduce children *to* the most common and practical applications of Geometry, in a way which occupies their hands, and thus enforces their attention, without any particular effort of their thinking powers. It is one of the happiest combinations of entertainment with instruction which we have ever seen; it is calculated *to* teach families how, in one pleasant circle, to speud a most

agreeable evening, and acquire valuable intelligence, while it is, we might say a play in the materials with the principles of a science."-*JUterary Gazelle.*

% *Sequel to the above IVorh—Art of JVbrlting in Pasteboard—Page* 1.

PALMER'S Arithmetical Tables, 18mo. sewed, 6rf. SHERIDAN'S Pronouncing Dictionary, abridged by Jones, square, 3s. 6d. THACKWRAY'S Practical Treatise on the Use of the Globes, with a Variety of Problems and Examples, 12mo. 3s.

Example Book for the Insertion of the

Answers to the Questions to the above, printed on fine writing paper, 4to. boards, 7s. 6d. —— Key to the above Works, 12mo. 2s.

TURNER'S Introduction to the A rts and Sciences, 18mo. 3s. fid.

WALKER'S Universal Gazetteer, 8vo. 15».

WALKER'S Atlas, 8vo. Coloured, half-bound, 12s.

FRENCH.

Grammars, Dictionaries, and Elementary Books. BUYER'S Dictionary, 2 vols. 4to. boards, £3 3s. — and Delatanville's French and English Dictionary, greatly improved by Boileau, in one very thick volume, 8vo.'(in *the press.)*

CHAMBAUD'S Grammar, 8vo. 5s. 6d. Exercises, 12mo. 3s. 6d.

CHAMBAUD'S Rudiments, 12mo. *t.i. 6â.*

Vocabulary, 12mo. 3s. *6d.* Dictionary, 2 vols. 4to. boards, £3 3f.

4 vols. 8vo. boards, £3 3».

CUBI ySoler, Le Traducteur Français, or New Practical System of Translating the French Language, 12mo. boards, 8s.

DE LA SERRE'S French Scholar's best Companion, or a Table of ail the Parts of Speech; exhibiting at one view, *a comprehensive Epitome of French Grammar*: in a neat case for the pocket, Is. 6d.

DES CARRIERES' French Idiomatical Phrases and Familiar Dialogues, 12mo. 3s. *6d.*

DOUVILLE'S Speaking French Grammar, forming a Series of Sixty Explanatory Lessons, with Colloquial Essays, adapted to render the speaking of

French easy, 8vo. boards, *7s..6d.*

GALOPIN'S French Teacher's Assistant, adapted to the Hamiltonian System, 8vo. boards, 4s. 6d.

GROS'S Theoretical and Practical Grammar of the French Tongue, with Exercises, new edition, improved, 12mo. 5s.

Key to the Exercises, 12ino. 3s. 6d.

—— Elements of French Conversation, 12mo. 2s. 6/.

KEEGAN, Le Négociant Universel: ou Recueil de Lettres, 9th Edition, 12mo. 5..

Instructeur Français, in French and English, for both Sexes, and Private Learners, &c. 12mo. 2s. 6d.

Commercial Phraseology, or Key to the Négociant

Universel, in French and English, 12mo. 3s. 6d.

—-New Dialogues, in French and English, on History, Arithmetic, Botany, Astronomy, the Opera, Singing, Music, Italian, Painting, Politeness, 12mo. 3s.

LEVIZAC'S Practical French Grammar, 12mo. 5s.

Key to the above, 3s.

NUGENT'S French and English Dictionary, sqre. 12mo. 7». 6f.

pocket size, 181110. 5s. 6f.

PERRIN'S French Spelling Book, by Gros, I2mo. 2s.

Elements of French Conversation, 12mo. Is. 6rf.

Fables, 12mo. 2s. 6rf.

—— French Grammar, 12mo. 4s.

PERRIN'S French Exercises, 12mo. 3. *6d.*

PORNEY'S French Spelling Book, 12mo. 2s.

The following Publications by the late Dr, Wanostrocht,

A Grammar of the French Language, with Practical Exercises, greatly improved by Mr. Josse, 12mo. 4s. 6tf.—Key to Ditto, 3s. 6tf.

A Classical Vocabulary, French and English, with Familier and Commercial Letters, Bills of Exchange, Promissoty Notes, &c. in both Languages, 12mo. 3s.

Recueil choisi de Traits Historiques et de Contes Moraux avec la Signif'ca tiondes Mots Francais au bas de chaque page. New edition, 12mo. 3.

Sequel to Dr. Wanostrocht's Recueil Choisi, or Nouveau Choix, de Faits Historiques et d'Auecdotes instructives propres à orner la mémoire de la jeunesse et a lui inspirer l'amour de toutes les vertus, avec la signification des Idiotismes en Anglais, par N. Wanostrocht, 12mo.

Easy and Familiar Dialogues in French and Engfish, containing Idioms and Conversations on the Subjects best adapted for Schools. New Edition, greatly improved, 12mo. 2.

Petite Encyclopédie des Jeunes Gens, ou Définition abrégée des Notions, relatives aux Arts et aux Sciences à l'Astronomie, au Blason, à la Géographie, &c. *avec.Jîg.* J2mo. *fis.*

Livre des Enfans, ou Syllabaire Francais, auquel ou à ajouté des Définitions des choses dont les Enfans doivent être instruits, 12mo. *2s..*

La Liturgie, ou Formulaire des Prières Publiques, selon l'usage d' l'Eglise Anglicane. New edition, 24mo. 4.

French Reading Books, ABREGE du Voyage du Jeune Anacharsis en Grèce, 12nio. new edition, 6. BEAUMONT, Lettres de Madame de Montier,—*particularly adapted to young Ladies of more mature Age, on their entrance into Life,* ISmo. 5. «.

BERNARD, Les Jeunes Vendéens; ou le Frère et la Sœur; a Taie founded on actual Facts, 12mo. 4s. "The style and Story of this book is pleasing; and, us Moral Taies in French for young people, do not appear with so much frequency as those in ourownlanguage, the present work maybe deemed an acquisition.—*Montkly Review.* BIBLE (Sainte) contenant le Vieux et le Nouveau Testament, 18mo. boards, 14s. BIBLIOTHEQUE Portative, (Abrégé de la) ou Recueil de

Morceaux Choisis, square 12mo. 5s. BOILEAU, Satires et Poesies Choisies, par Leviiac, 12mo. *6s.*

CHARLES XII. (Histoire de) par Voltaire, 12mo. 4s.

CHAUMIERE, (La) Indienne par St. Pierre, 18mo. 2s,

CHEFS-D'ŒUVRE Dramatiques, ou Recueil des meilleures

Pièces de Théâtre de Corneille, Racine, Crebillon, Voltaire, Molière, &c. 2 vols. 12mo. 12s.

FENELON, Leçons Choisies, par Levizac, 12m6. 5.

GRANDISSON (Le Petit) traduction libre du Hollandais, par

Bcrquin, new edition, 12mo. 4s.

HENRIADE (La) par Voltaire, 18mo. 3s.

INCAS, (les) par Marmontel, corrigé par Dr. 'Wanostroeht,

12mo. 6s. LA FONTAINE, Fables Choisies par Levizac, 12mo. 6s. LETTRES Choisies de Sévigné, et Maintenon, avec des notes, par Levizac, 12mo. 5s. LIVRE de Contes, par Madame Norton, 18mo. 2s. NUMA Pompilius, with Geographical Notes by Mr. Gros, 12mo. 4s. *6d.* PAUL et Virginie, par Saint Pierre, 12mo. boards, 4s. *6d.* PETIT Tfclèmaque ou Precis de ses Adventures, 18mo. 2». 6d. RACINE, (Théâtre de) avec les Jugemens de la Harpe, et Note3, par Boisjermain et Levizac, 3 tom. 12mo. 16s. 6d. TELEMAQUE avec Vocabulaire de Mythologie et de Geographie par C. Gros, 12mo. 4s. VIELLEES du Chateau, Contes choises des, par Miss Lawrence, 12mo. *Thefollowing with the Engîish signification of the most diffi-cuît wordt ai the bottomof each page,carefuUy corréctedby Dr. Wattostrocht and others.* ABREGE de l'Histoire de Gil Blas de Santillane, 12-mo. 6s. ABREGE de l'Histoire de Don Quixotte, 12mo. 5s. BELISAIRE, par Marmontel, 12mo. 4s. 6d. FLORIAN (Fables de) with explanations of the difficult words, intended to render the reading of French Poetry qnitc easy, by Jackson, 12mo. 3s. 6d. GONZALVE de Cordoue, par Florian, 12mo. 6s. NUMA Pomilius, second roi de Rome, par Florian, 12mo. 5s. RECUEIL Choisi de Contes Moraux, *Sec.* 12mo. 3s. SEQUEL to the Recueil Choisi, 12mo.

TELEMAQUE, (Adventures de) par Fénélon, 12mo. 4s. *64.* HISTOIRE de l'Empire de Russie, sous Pierre le Grand par

Voltaire, avec la signification des

Idiotismes en Anglais, par N. Wanostrocht, 12mo. 5s. The above may now be pot into the hands of the youth of both sexes as a suitable reading book.

LATIN.

AINSWORTH'S Latin and English Dictionary Abridged, 8vo.

I5s. BEZA'S Latin Testament, 12mo. 3s. 6d. CAESAR in usum Delphini, 8vo. 12s. CICERO in usum Delphini, 8vo. 10s. 6a CLARKE'S Introduction to the Making of Latin, 12mo. 3s. 6rf. ELLIS'S Latin Exercises, 12mo. 3s. *6d.* Key to Ditto, 12mo. 3s.

ENTICK'S Latin and English Dictionary, complete by Crakelt, square, *9s.*

Tyronis Thesaurus, Latin and English only, 5. 6d.

HORACE in usum Delphini, 8vo. 12s.

LOGGON, Corderii Colloquies, 12-mo. 2s.

MAVOR'S Eton Latin Grammar, with Notes, 12mo. 2s. *6d.*

OVlDII Metamorphoseon in usum Delphini, 8vo. 10s. 6d.

SCHREVELII Lexicon, Greek and Latin, 8vo. I2s.

SELECTS Vetri Testamento, 12mo. 2s.

é Profanis Scriptoribus, 12mo. 3s.

VIRGiLlI Opera in usum Delphini, 8vo. lis.

WALKER'S Student's Assistant, or Easy Hebrew Reading

Lessons, selected from the book of Psalms, with a literal

Translation, ISmo. sewed, Is.

WANOSTROCHT'S Latin Grammar, with Practical Exercises,

new edition, 12mo. 4s. *(id.* A KEY to the Exercises of Dr. Wanostrocht's Latin Grammar, by J. Kennedy, 12mo. 2s. 6Z.

Wanostrocht's Practical Latin Grammar will now be rendered extremely useful, by the above Key, to the very copious Exercises which it contains. It has been brought forward with the view of assisting Teachers, and those who are their own instructors.

ITALIAN.

ALBERTI'S French and Italian Dictionary, 2 vols. 4 to. *Venice,* 1810, sewed, *£1* 10s.

ANAYA, Grammaire Italienne, with Copious Exercises following the Rules, and a Supplement, containing a List of Verbs, with their Regiment, 8vo. boards, 6.

ANAYA, Manière d'Apprendre les Langues Vivantes; a Treatise on the Living Languages; containing the necessary Rules for acquiring a Knowledge of them, particularly of the Italian and Spanish, 12mo. boards, *is. 6d.*

ALFIERI, Scelte di Tragedie con annotazioni di lingua da G. Rolandi, 2 vols. 12mo. boards, 12.«.

BOTTARELLI'S Italian Exercises, 12nio. 3. *6d.* . Key to Ditto, by Rota, 12-mo. 2s. *6d.*

—— and Polidori's French, English, and Italian

Dictionary, 3 vols, square 12mo. boards, £1 Is.

B ARETTI'S Italian and English Dictionary, 2 vols. 8vo. £14.

BRANCIA, Antologia Italiana, 8vo. sewed, *Paris,* 1823, 12.

BRUNO'S Italian Pronunciation exemplified in English, with a Selection of Amusing Pieces, I2mo. boards, 5.

DEFFERRARI'S Selection of Classic Italian Poetry, from Tasso, Ariosto, Dante, and Petrarch, with the Grammatical order of the Words, and English Notes, 2 vols. 12nio. boards, 12s.

FAVOLE Esopiane di E. Grillo, 18-mo. sewed, 2s.

GALIGNANI'S Grammar and Exercises, in Twenty-four Lectures on the Italian Language, fourth edition, enlarged and improved by Dr. Montucci, 8vo. boards, 8s.

GALEOTTI'S Elements of Italian Conversation, Third Edition, much enlarged and improved, containing Dialogues, in elegant Italian, upon a variety of Subjects; including the usual topics of conversation in the Beau Monde, 12-mo. 4.

GRAGLIA'S Italian and English Pocket Dictionary, 18mo. 7.

ITALIAN Extracts, being a Selection from the best Authors, with a copious Vocabulary, Phrases, and Dialogues: intended as a Supplement to Galignani's Grammar; by Dr. Montucci, 8vo. boards, 9.

LITURGIA secondo l'uso della Chiesa Anglicana, 18mo. 6.

MARCONI'S Key to the Italian Language and Conversation, containing common expressions on a variety of Subjects; with an Introduction to the Italian Grammar, 18mo. 2. *6d.*

MARCONI, Soixante Fables Italienes en prose, choisies des plusieurs auteurs et accompagnées d'explications en

Français, 12mo. *2s.* 6rf. PERETTI, Vocabulario Poetico, 18mo. sewed, *2s. 6d.* ROLANDI, Aneddoti Storici-Morali, 12mo. sewed, *is.* —¡—— Raccolta di Letteri, 12mo. boards, 6î. *6d.* SANTAGNELLO, Novelle Sceltc di Bocaccio, con note In glesi, 12mo. port, boards, *7s.* TEATRO Italiano Moderno (Saggio del) con versioni degli

Idiomi, di Rolandi, 2 vols. 12mo. lfts. VENERONI's Italian Grammar, 12mo. 6.

SPANISH.

ANAYA'S Essay on Spanish Litcrature; containing its His tory to the present time; with an account of the best

Writers, and Specimen of their styles, 12mo. boards, 5í. AVENTURAS de Gil Blas de Santillana, por M. Le Sage, 4

Tois. 12mo. boards, £1 *s.*

CAMPE, El Nuevo Robinson, traducido al Castellano por Yriarte, 3 vols. 18mo. sewed, 9í.

CONNELLY (El Nuevo) ó Compendio de la Gramática Inglesa; para los Españoles, 12mo. bound, 6.

CUBI Y SOLER'S New Spanish Grammar, with Practical Exercises, 12-mo. boards, 9.

CUBI Y SOLER El Traductor Español, or a New and Practical System for Translating the Spanish Language, 12mo. boards, 8j.

DE LARA'S Key to the Spanish Language and Conversation, containing Idioms and Expressions on a variety of Subjects; with an Introduction to the Spanish Grammar, 18mo. 2s. *(h!.*

DIABLO Conjuelo, (El) 18mo. *4s.* 6rf.

DON QUIXOTE de la Mancha, 4 vols. 18mo. boards, £1 *s.*

FERAUD'S Vocabulary and Dialogues, in English, Spanish, and Portuguese, square 12mo. *3s. 6d.*

FLORESTA Española (la); or Select Passages in Proie, extracted from the most celebrated Spanish Authors. Fourth edition, considerably improved, corrected, and enlargcd, by A. Garrido, 12mo. boards, 6. 6rf.

JOSSE'S French and Spanish Grammar, 8vo. 11.

THEMES to the above, 12mo. 4.

MORDENTE'S Spanish Grammar, with a copious Vocabulary, h2mo. 6s.

Exercises, adapted to the above, 12-mo. 5.

NEUMAN and Baretti's Spanish and English Dictionary, 2 vols. 8vo. £1 7. The same Abridged, in pocket size, neatly printed, 9. NOT1CIA Selecta, or a Selection from the best Spanish Prose

Writers j with a literal Translation, intended for both

Nations, 12mo. *is.* PABLO e Virginia, 18mo. 4s. *6d.* TEATRO E8pafiol (el) con Notas Criticas y Explanatorias, 4 vols. 8vo. boards, £3 18s.

The following sold separately.

Vols. II. & III. CalderondelaBarca, 8vo. boards, each £1.

Vol. IV. Moratin, Comedias, 8vo. boards, 18s.

WHITEHEAD'S New Spanish and English Grammar, with copious Exercises; the whole rendered so easy as to be intelligible without the help of a Ma3ter, 12mo. 8s.

YRIARTE, Compendio de la Historia deEspana; cuidadosamente Revisto y Corregido, por Blazquez, 12mo. boards, 5s: lid.

PORTUGUESE.

DE LARA'S Key to the Portuguese Language; containing Idioms and Expressions on a variety of Subjects; with an Introduction to the Portuguese Grammar, 18mo. *2s. 6d.*

GIL BRAZ, trad, em Portuguez por Fernandez, 4 vols. 12mo. boards, 14s.

HISTORIA de Portugal, por Da Costa, 3 vols. 12mo. bds. 15.

LAYCOCK'S Grammar of the Portuguese Language, chiefly designed for the Use of Englishmen studying that Tongue without the help of a Master, 12mo. lit.

VIEYRA'S Portuguese and English Dictionary, 2 vols. 8vo. boards, £1 16s.

Abridged, in pocket size, 10s. 6rf.

GERMAN.

ART of German Writing, exemplified in a Set of easy Copper-plate Copies, for the Use of Student3 in that Language, by F. Jordan, Is. *6d.*

BOILEAU'S Key to the German Language and Conversation, containing common expressions.on a variety of Subjects, with an easy Introduction to the German Grammar, 18mo. 2s. *,6d.*

BOILEAU on the Nature and Genius of the German Language, displayed in a more extended Review of its Grammatical forms than is to be found in any Grammar extant; and elucidated by Quotations from the best Writers 8vo. boards, 12s.

"Every page of this work furnishes proof of Mr. Boileau's discrimination, judgment, and taste. The citations from the best German Authors are very numerous, and add much to the agreeableness as well as utility of the work— *Eclectic Review,* 1821.

BURCKHARDT'S Complete English and German, and German and English Dictionary, abstracted from the Dictionaries of Johnson, Adelung, and Chambers, square, sewed, *Berlin,* 12s.

CAMPE, Robinson der Jiingere, 18-mo. sewed, 4s. 6rf.

CRABB'S Extracts from the best German Authors, with the English Words at the bottom, and a Dictionary for Translating. Fourth edition, improved, 12mo. boards, *7s.*

Elements of German Conversation, much improved, by Mr. Bernays, 12mo. 3s. *6d.*

LUDWIG'S German and English Dictionary, printed at *Leipsic,* containing 1700 pages, 2 vols. 8vo. boards, £1 Is.

NOEHDEN'S (Dr.) Grammar of the German Language, 12mo. lis.

Exercises, 12mo. 8s. *6d.*

KEY to Noehden's Exercises, byS-chultz, 12mo. boards, 3s. *Sd.*

RABENHORST and Noehden's German and English Pocket Dictionary, greatly improved, by Mr. Lloyd, 18mo. 13s.

ROWBOTHAM'S Practical German Grammar, with Exercises, 12mo. 7s.

WENDEBORN'S Grammar of the German Language, with Practical Exercises, 7th edit. 12mo. 6s. 6rf.

DUTCH.

D'HASSENDONCK'S Grammar of the Dutch Language, with Vocabulary, Dialogues, Idioms, &c. 12mo. *5s. 6d.*

VVERNINCK'S Dutch and English, and English and Dutch Pocket Dictionary, square 16mo. 12s.

SWEDISH.

BRUNMARK'S Swedish Grammar, a new edition, with practical Exercises and Vocabulary, corrected by the Rev. C. Wahlin, 12mo. boards, 5. 6rf.

Mr, James Hamilton's Publications.

French Gospel of St. John, 8vo sewed, 3s. *Gd.*

Pernu's Fables, 12mu. boards, 5«.

Recueil Choisi,.12mo. boards, *7s. Gd.*

French Grammar, Svo. sewed, *2s.*

Latin Gospel of John, 8vo. sewed, 4s.

L'Humond Epitome Historiée Sacne, 8vo. sewed, 4s.

Cornelius Nepos, 12mo. boards, 6s. *Gd.*

Selectœ Profanis, 2 vols. 12mo. boards, 13s.

Latin Grammar, 12mo. sewed, 2a.

Greet Gospel of Matthew, 8to. boards, *7s. Gd.* ——— of John, 8vo. boards, 6s.

Italian Gespel of John, 8"o. sewed, *is.*

Raccolta di Favole, forming the Second Section to the Italian Course, 12-mo. boards, 5s. *Gd.*

Italian Grammar, 8vo. sewed, *2s.*

German Gospel of John, 8"o. sewed, *is.*

Campes Robinson der Jùngere, 2 vols, boards, 10.

A Large Assortment of Books, on various subjects, may be seen in Boosev and Sons' School Catalogue; and Grammars and Dictionaries, in various Languages, in their Linguist's Guide. % *Liberal allowance to Schools. K. JUSTINSand SON, Ptlnters, 41, Brick Lane, SpitaljleIds.*